区域文化与
文学研究集刊

Studies of Regional Culture and Literature

周晓风　熊飞宇　凌孟华 ◎ 主编

第 13 辑

中国当代文学研究会区域文学委员会
重庆师范大学区域文化与文学研究中心
重庆师范大学文学院
主办

中国社会科学出版社

图书在版编目（CIP）数据

区域文化与文学研究集刊. 第13辑 / 周晓风，熊飞宇，凌孟华主编. —北京：中国社会科学出版社，2023.12
ISBN 978 – 7 – 5227 – 2823 – 0

Ⅰ.①区… Ⅱ.①周…②熊…③凌… Ⅲ.①区域文化—中国—文集②中国文学—文学研究—文集 Ⅳ.①G122 – 53②I206 – 53

中国国家版本馆 CIP 数据核字（2023）第 244090 号

出 版 人	赵剑英
责任编辑	慈明亮
责任校对	冯英爽
责任印制	戴　宽

出　　版	中国社会科学出版社
社　　址	北京鼓楼西大街甲 158 号
邮　　编	100720
网　　址	http://www.csspw.cn
发 行 部	010 – 84083685
门 市 部	010 – 84029450
经　　销	新华书店及其他书店
印　　刷	北京明恒达印务有限公司
装　　订	廊坊市广阳区广增装订厂
版　　次	2023 年 12 月第 1 版
印　　次	2023 年 12 月第 1 次印刷
开　　本	710×1000　1/16
印　　张	19.5
插　　页	2
字　　数	284 千字
定　　价	109.00 元

凡购买中国社会科学出版社图书，如有质量问题请与本社营销中心联系调换
电话：010 – 84083683
版权所有　侵权必究

本刊学术委员会名单

学术顾问
　　杨　义　中国社会科学院文学研究所
　　吕　进　西南大学中国新诗研究所
　　曹顺庆　四川大学文学与新闻学院
　　周　勇　重庆市地方史研究会

学术委员会主任
　　杨匡汉　中国社会科学院文学研究所

学术委员会成员（以姓氏拼音为序）
　　程光炜　中国人民大学文学院
　　靳明全　重庆师范大学文学院
　　刘　勇　北京师范大学文学院
　　李　怡　四川大学文学与新闻学院
　　谭桂林　南京师范大学文学院
　　田建民　河北大学文学院
　　王本朝　西南大学文学院
　　吴进安　（台湾）云林科技大学汉学资料整理研究所
　　吴　俊　上海交通大学人文学院
　　杨匡汉　中国社会科学院文学研究所
　　袁盛勇　河南大学文学院
　　张福贵　吉林大学文学院
　　张全之　上海交通大学人文学院
　　张新科　陕西师范大学文学院
　　张中良　上海交通大学人文学院
　　张显成　西南大学文献研究所
　　朱栋霖　苏州大学文学院
　　朱寿桐　澳门大学中文系
　　朱晓进　南京师范大学文学院
　　赵学勇　陕西师范大学文学院
　　周裕锴　四川大学文学与新闻学院
　　周晓风　重庆师范大学文学院

本刊编委会人员名单

主　编
　　周晓风　熊飞宇　凌孟华

本辑执行主编
　　熊飞宇

编委会成员（以姓氏拼音为序）
　　李文平　李祖德　凌孟华　王昌忠
　　熊飞宇　杨华丽　杨　姿　周晓风

编　务
　　范国富　付冬生

目　录

区域文化与国别文学研究

主持人语 …………………………………………………… 伏飞雄(3)
本雅明与布莱希特:关于卡夫卡的论争 …………………… 曾艳兵(5)
唐·德里罗《名字》中美国神话的域外书写 ……………… 李　思(22)

区域文化与海外华人文学研究

主持人语 …………………………………………………… 邹建军(37)
地球村视域下新移民文学地图管窥 ………………………… 江少川(39)
中国文学地理学的理论创新问题 …………………………… 邹建军(58)
异域乌托邦的建构与解构:华裔美国文学中的安徽叙事 …… 陈富瑞(69)
城市文化的塑造与传承
　　——从《甲骨时光》透视一个城市的多重文化意蕴 …… 王冠含(83)

区域文化与中外文学的译介与研究

主持人语 …………………………………………………… 杨华丽(99)
二十世纪中叶以后斯里兰卡文学在中国的译介 …………… 熊飞宇(102)
京都大学《中国文学报》与中国文学的译介 ……… 刘　岩　王苇垚(138)
日本学界对萧红文学的译介与研究 ………………………… 杨延峰(157)

区域文化与古代文学研究

主持人语 …………………………………………… 郭　健（179）
乾嘉诗坛诗学风貌之承袭与嬗变 ………………… 陆　平（181）
白居易的苏州吟咏与吴中地域文化风物考略 …… 袁宙飞　李璐佳（201）

区域文化与艺术研究

主持人语 …………………………………………… 吴　伟（217）
抗日战争时期中国歌剧发展的两种路向 ………… 吴　伟　娄丰茜（219）
重庆青木关国立音乐院管乐教学研究 …………… 郑　华　张竞文（234）
图式转型：从中央大学徐悲鸿中国画教学中的"构图课"到
　　新中国"创作—作品"方法论的确立 ………… 杨树文（246）
中华民族共同体视野下新疆东部地区维吾尔族织绣纹样的
　　艺术体系构建 ……………………………… 李　楠　罗晓欢（262）

书评与会议综述

"美美交融，其美无穷"儿童世界的营构
　　——评钟代华儿童诗集《大风的嘴巴》 ………… 付冬生（279）
"纪念何其芳诞辰110周年学术研讨会"会议综述
　　……………………………………………… 袁洪权　李振龙（288）

稿　约

《区域文化与文学研究集刊》诚约稿件 ……………………（297）

后　记 ……………………………………………… 熊飞宇（301）

Contents

Studies on Regional Culture and National Literature

Moderator's View ·· Fu Feixiong(3)
Debate over Franz Kafka between Walter Benjamin and
    Bertolt Brecht ·· Zeng Yanbing(5)
On the Extraterritorial Writing of the American Myth in
    The Names by Don DeLillo ······································ Li Si(22)

Studies on Regional Culture and Overseas Chinese Literature

Moderator's View ·· Zou Jianjun(37)
A View on the New Immigrant Literature Map from the
    Perspective of Global Village ···························· Jiang Shaochuan(39)
On Theoretical Innovation Issues of Chinese Literary
    Geography ·· Zou Jianjun(58)
Anhui Narrative in Chinese American Literature: the
    Construction and Deconstruction of Exotic Utopia ······ Chen Furui(69)
The Shaping and Inheritance of Urban Culture
    ——Exploring the Multiple Cultural Connotations of a
        City from *Oracle Bone Time* ···················· Wang Guanhan(83)

Regional Culture & the Translation and Research of Chinese and Foreign Literature

Moderator's View ·· Yang Huali(99)

The Translation and Introduction of Sri Lankan Literature
  after the Mid-20th Century in China ················ Xiong Feiyu(102)

The Translation and Introduction of Chinese Literature in *Chinese*
  Literature Report by Kyoto University ······ Liu Yan Wang Feiyao(138)

The Translation and Research of Xiao Hong's Literature by the
  Japanese Academic Community ······················ Yang Yanfeng(157)

Studies on Regional Culture and Ancient Chinese Literature

Moderator's View ·· Guo Jian(179)

On the Inheritance and Transformation of the Poetic Style
  during the Qianlong and Jiaqing Periods ················ Lu Ping(181)

On Bai Juyi's Poetry about Suzhou and the Cultural Scenery of
  Mid-Wu Region ···························· Yuan Zhoufei Li Lujia(201)

Studies on Regional Culture and Art

Moderator's View ·· Wu Wei(217)

The Two Development Approaches of Chinese Opera during the
  Anti-Japanese War ························ Wu Wei Lou Fengqian(219)

Research on Wind Music Teachingin National Conservatory of
  Music at Chongqing Qingmuguan ······ Zheng Hua Zhang Jingwen(234)

The Pattern Transformation: From the "Composition Course" in
  Chinese Painting Teaching by Xu Beihong at National Central
  University to the Establishment of the Methodology of
  "Creation-Works" in New China ······················ Yang Shuwen(246)

The Artistic System Construction of Uyghur Weaving and Embroidery
    Patterns in the Eastern Region of Xinjiang from the Perspective
    of the Chinese National Community ········· Li Nan　Luo Xiaohuan(262)

Reviews of Book and Symposium

The Construction of a Children's World in Which the Beauty Caused
    by the Integration of Each Other is Infinite
        ——on the Children's Poetry Collection "The Mouth of the
        Strong Wind" by Zhong Daihua ················· Fu Dongsheng(279)
A Review of the Symposium on Commemorating the 110th
    Anniversary of He Qifang's Birthday
        ··· Yuan Hongquan　Li Zhenlong(288)

区域文化与国别文学研究

主持人语

主持人：伏飞雄教授

主持人语：

在20世纪的西方文学中，卡夫卡算是难以读懂的作家之一。他的人生经历与日常生活单调死板甚至灰色，但他的人格结构、精神气质、思想观念却异乎寻常，复杂微妙。他是一个矛盾体、一个几乎找不到任何归属的人，他很难在自己的社会、文化身份如国家、民族、阶层、职业、家庭成员、信仰等方面找到认同，旁人也很难对其归类。他习惯踟蹰于边界处看人世。他编织的文学世界图景，像一座莽莽苍苍的森林，或者就像他的同名小说"城堡"一样，幽深、玄奥、神秘，常常让读者难以找到释读的路径。正因为如此，他本人及其创作吸引了众多著名作家、理论家或思想家驻足打量与研究。研究这些大家对卡夫卡的研究，不失为一种有效的途径。

曾艳兵教授是国内"卡夫卡研究"的知名专家，他的《本雅明与布莱希特：关于卡夫卡的论争》一文，别开生面地以本雅明与布莱希特关于卡夫卡的争论为切入点，试图在他们三人的相似尤其差异中解答"卡夫卡研究"中的不少疑难问题，论文的辩难之中，也展示了各自的思想立场及其局限。卡夫卡的"病"（生活的软弱无力、思想与写作的局限），学界重视有限，就此而言，布莱希特对卡夫卡与老子关系的理解与批评，并非可以用本雅明强调的"个体主义"简单否定。本雅明的人生曲折传奇，不幸与磨难伴其一生，其职业，尤其学术身份上的"啥也不是"（"四不像"），使他最容易走近卡夫卡。他对卡夫卡《邻村》的解读，似乎更接近"卡夫卡式"的思想风格、深度，还有其悖谬，这自然不是布莱希特的"集体、历史"之宏大叙事能遮蔽的。没有一种思想框架能看遍世界,能完整解释人生。在与思想大家关于作家与文学的思考之交流中走近文学,既提升了读者感悟文学文本的层次,也提升了文学书写领悟世界与人生的境界。

李思博士的《唐·德里罗〈名字〉中美国神话的域外书写》一文,选题极具现实意义,"美国神话"长期以来成为美国域外扩张、推进世界霸权的口实。该文论述的解释框架厚实,既有美国文学史、美国文学批评史的考量,又有美国历史、世界历史、文论等的观照。在这样的解释框架之网与作者细腻的文本细读互文中,德里罗《名字》文本中"美国神话"深层的认知、话语与实践逻辑,形象具体、立体、层次分明地呈现出来。论述中涉及的宗教、经济、政治、历史、文化等,均有较强的历史知识基础,文学文本解读没有流于文本内容重述与乌托邦想象。也许,对他者文化、生活的历史化与日常生活化的讨论还可多关注。

本雅明与布莱希特：关于卡夫卡的论争[*]

曾艳兵[**]

内容提要：本雅明、布莱希特和卡夫卡均为20世纪德语文化名人。本雅明与布莱希特曾经因为卡夫卡展开过一场激烈而又深刻的讨论，并给我们留下了一笔丰富的文化遗产。本雅明与卡夫卡有许多相近或相似之处。本雅明论述卡夫卡，布莱希特评论本雅明，并通过本雅明研读卡夫卡。他们三人构成一幅20世纪德语文化的独特图景。在本雅明看来，卡夫卡的《邻村》源自《道德经》又不同于道家文化，也算是对老子语录的改写。《邻村》经过本雅明的阐释和分析之后，似乎注入了弥赛亚的力量，因而具备了某种宗教救赎的意义。这一点也许并不符合卡夫卡的意思，更是布莱希特不能认同，并坚决反对的。

关键词：本雅明；布莱希特；卡夫卡；老庄；《邻村》

一 三幅肖像

弗朗茨·卡夫卡（1883—1924），20世纪著名的德语犹太作家；瓦尔特·本雅明（1892—1940），20世纪德国著名犹太裔学者、理论家、翻译

---

[*] ［基金项目］国家社科基金重点项目"卡夫卡与中国文学、文化关系之研究"（17AWW002）。

[**] 曾艳兵（1957— ），男，中国人民大学文学院教授，博士生导师，主要研究方向为西方文学、中西比较文学，尤其注重于卡夫卡研究。

家;贝托尔特·布莱希特(Bertolt Brecht,1898—1956),20 世纪德国文坛上独树一帜的戏剧理论家、剧作家和诗人。这三位 20 世纪德语文化的名人,一度因为卡夫卡而联系并交集在一起。本雅明与布莱希特曾经因为卡夫卡展开过激烈而又深刻的讨论,并给我们留下了一笔丰富的文化遗产。本雅明与卡夫卡有许多相近或相似之处,本雅明潜心研读过卡夫卡,并撰写过专门研究卡夫卡的文章。阿多诺说:"把他(本雅明)比成卡夫卡是绝对不会错的。"① 本雅明与布莱希特是亲密好友,本雅明对卡夫卡的研读与布莱希特不无关系。可能在 20 世纪 20 年代中期,当本雅明在布莱希特身上发现这位诗人是最熟悉这个世纪的人后,便"开始认真研究卡夫卡"②。如此看来,本雅明研究卡夫卡竟然源自布莱希特。本雅明论述卡夫卡,布莱希特评论本雅明,并通过本雅明研读卡夫卡。他们三人构成一幅 20 世纪德语文化的独特图景,解读这幅图景对于我们认识和把握 20 世纪欧洲乃至世界文化都将不无裨益。

如果我们描画出卡夫卡、本雅明和布莱希特三幅肖像,并将它们放置在一起,那将会构成一幅多处重叠而又有差异的图画。卡夫卡属于犹太裔用德语写作的奥匈帝国作家;本雅明属于犹太裔德国理论家;布莱希特主要是一位德国剧作家,但他同时也是一位马克思主义者。他们具有相同的关怀和兴趣,但又都保持着自己的精神特质和写作风格。

有学者为卡夫卡描绘过如此一幅画像:"作为犹太人,他在基督徒中不是自己人;作为不入帮会的犹太人,他在犹太人当中不是自己人;作为说德语的人,他在捷克人当中不是自己人;作为波希米亚人,他也不完全属于奥地利人;作为劳工工伤保险公司的职员,他不完全属于资产阶级;作为资产者的儿子,他又不完全属于劳动者;但他也不是公务员,因为他觉得自己是个作家;而就作家来说,他也不是,因为他把精力常

---

① [德]西奥多·阿多诺:《瓦尔特·本雅明纪要》,刘健译,载张一兵主编《社会批评理论纪事》,江苏人民出版社 2021 年版,第 22 页。

② [德]瓦尔特·本雅明:《本雅明:作品与画像》,孙冰编,文汇出版社 1999 年版,第 224 页。

常花在家庭方面；但是在自己家里，他比陌生人还要陌生。"① 卡夫卡什么都不是，但他又什么都是，用他自己的话说，他甚至都不是他自己。他就是一个矛盾体，他甚至就是这个矛盾体的原因，而这个原因旁人是无法言说清楚的。

20世纪美国著名德裔犹太思想家、政治理论家汉娜·阿伦特说："在当代作家中，本雅明感到与卡夫卡之间最具有个人的亲切感，毫无疑问，当本雅明写到'要想理解（卡夫卡的）作品，在所有的事情里，首先要有一个简单的认识，那就是，他是一个失败者'这句话时，他脑子里想到的是他自己作品中的'废墟之地和灾难之区'。本雅明关于卡夫卡极其精当的评论也同样适合于他本人：'这个失败者的境况不一而足。你也许会说，一旦他成了永远的失败者，发生在他身上的每件事总是都像在梦中。'他不需要去读卡夫卡，而后才像卡夫卡那样思想。当他仅仅读了卡夫卡的《司炉》之后，他就在《论〈亲和力〉》一文中引用了歌德关于希望的说法：'希望从他们头上划过，就像星星从天空坠落'；他的论文用来作结尾的句子，读起来就像卡夫卡写的：'只是因为有了那些绝望的人，希望才赐予我们'。"② 阿伦特这样描绘和勾勒本雅明的画像：

> 他的学识是渊博的，但他不是学者；他研究的主题包括文本及其解释，但他不是语言学家；他曾被神学和宗教文本释义的神学原型而不是宗教深深吸引，但他不是神学家，而且对《圣经》没有什么兴趣；他天生是个作家，但他最大的野心是写一本完全由引文组成的著作；他是第一个翻译普鲁斯特和圣·琼·珀斯的德国人，而且在他翻译波德莱尔的《恶之花》之前，但他不是翻译家；他写书评，还写了大量关于在世或不在世的作家的文章，但他不是文学批评家；他写过一本关于德国巴洛克的书，并留下数量庞大的关于十九世纪法国的未完成的研究，但他不是历史学家，也不是文学家或

---

① Adrian Hsia, ed., *Kafka and China*, Berne: Peter Lang AG, 1996, p.159.
② [德]瓦尔特·本雅明：《本雅明：作品与画像》，文汇出版社1999年版，第180页。

其他的什么家；我将试着展示他那些诗意的思考，但他既不是诗人，也不是思想家。①

本雅明的这副肖像与卡夫卡的肖像何其相似。正如本雅明与卡夫卡具有这种亲缘性一样，本雅明与布莱希特是亲密的朋友。他们的友谊对于他们二人都非常重要。这种友谊的独一无二之处在于，"这是德国伟大的在世的诗人和那个时代最重要的批评家的相遇，也是一个双方都充分意识到的事实"。本雅明说："我对布莱希特作品的认同，是我整个立场中最重要最具战略意义的一点。"② 他像布莱希特一样，有"不加修饰的思想"。布莱希特一生都在学习并宣传马克思主义，但他始终没有加入任何国家的工人党或共产党；他曾被希特勒"开除"了德国国籍，但在第二次世界大战结束后他返回德国时，他加入了奥地利国籍；他居住在德国东部首都柏林，但他却将自己的全集交给西德最著名的文学出版社出版。总之，"布莱希特不仅有独特的与众不同的美学思想，他也有独特的与众不同的生活见解"③。在这一点上，布莱希特与卡夫卡和本雅明如出一辙。

但是，布莱希特还有他的另一面："布莱希特主要是一个创作家，他的全部理论都是为了解决他创作的需要，所以他的美学思想非常具体和实际，绝无任何故弄玄虚的痕迹，或从观念到观念的空泛。"④ 而他的创作就是他的创作思想的具体体现和实验。同时，布莱希特是一个充满悲悯之情的作家。"是什么把布莱希特带回到现实中，是什么几乎毁掉了这个诗人？是悲悯（compassion）……悲悯无疑构成了布莱希特最强烈和最

---

① ［德］瓦尔特·本雅明：《本雅明：作品与画像》，文汇出版社1999年版，第159页。
② ［德］瓦尔特·本雅明：《本雅明：作品与画像》，文汇出版社1999年版，第176—177页。
③ 余匡复：《布莱希特论》，上海外语教育出版社2002年版，第3页。
④ 余匡复：《布莱希特论》，上海外语教育出版社2002年版，第3页。

基本的激情，这是他此后一直竭力要隐藏却又隐藏得最不成功的。"① 作为一个以理论思想指导自己的创作的作家，卡夫卡和本雅明与布莱希特又算是南辕北辙了。好在布莱希特还一直保持着他的悲悯之情，在这一点上，他与卡夫卡与本雅明又是一脉相通的。所以，探讨一下他们三人的关系，体察他们共同的情缘以及细致的区别，也应该是一件有意义的事情。为了避免泛泛而论，我们围绕一个具体的事件来展开分析：这就是本雅明与布莱希特关于卡夫卡的一次论争。

二　从卡夫卡到老庄

1934年8月5日，本雅明在日记中写道：三周前他将自己写的《弗兰茨·卡夫卡逝世十周年纪念》交给布莱希特。本雅明估计布莱希特已经读过文章了，但却从不主动提起。当本雅明有意问起时，布莱希特的回答则闪烁其词。但有一次布莱希特突然谈到了本雅明的文章，他说本雅明"没有完全免于尼采的日记写作风格"，"只从现象的层面探讨卡夫卡——把作品当作某种自己生长出来的东西，对书中人物也这样，剥却了他们所有的联系，甚至是和作者的联系"②。布莱希特提出，写作要针对本质进行质问。那么，应该怎样着手探讨卡夫卡呢？应该以怎样的问题切入呢？他说：

> 首先要更多地着眼于普遍性而非特殊性，那么显而易见的是：他生活在布拉格的新闻工作者和自命不凡的文人构成的糟糕环境中，在这个世界里，文学即使不是唯一的现实，也是最主要的现实，这一认识方式影响着卡夫卡的力量和软弱、他的艺术价值和他在许多方面的一无用处。他是一个犹太青年——就像人们也能造出"雅利

---

① ［德］汉娜·阿伦特：《黑暗时代的人们》，王凌云译，江苏教育出版社2006年版，第226页。
② ［德］瓦尔特·本雅明：《试论布莱希特》，曹旸等译，北京师范大学出版社2021年版，第164页。

安青年"这个概念——一个可怜的、不讨人喜欢的家伙,布拉格文化闪光的沼泽地上的一个泡沫,仅此而已。但此外他身上还是有某些有趣的方面,可以拿出来谈谈。①

布莱希特认为,研究卡夫卡主要应该着眼于普遍性,即布拉格现实生活,尤其是文学世界的普遍性,而非研究卡夫卡的个性或者特殊性。在布拉格的这种现实环境中成长起来的卡夫卡必定软弱无力,其艺术在许多方面也一无是处。卡夫卡不过是"布拉格文化闪光的沼泽地上的一个泡沫"而已,尽管在他身上还有某些有趣的东西。布莱希特对卡夫卡总体上是否定的。随后,布莱希特突发奇想,他想象卡夫卡是老子的学生,于是,他设计了这样一番对话:

老子说:"呐,卡夫卡同学,你生活其中的组织、法和经济的形式,都已经变得让你感到阴森可怖?""是的。""你感到身处其中无从适应吗?""不适应。""一只股票也让你感到阴森可怖吗?""是的。""那么你需要的是一个元首,让你可以紧跟着他,卡夫卡同学。"②

布莱希特对老子的关注和研究由来已久。1938 年布莱希特在流亡丹麦时创作了《老子流亡路上著〈道德经〉的传奇》一诗。该诗被中外读者广为关注、影响深远,被认为是 20 世纪最优美的德语诗歌之一。布莱希特写道:

他年已古稀,身体羸弱

---

① [德] 瓦尔特·本雅明:《试论布莱希特》,曹旸等译,北京师范大学出版社 2021 年版,第 164—165 页。
② [德] 瓦尔特·本雅明:《试论布莱希特》,曹旸等译,北京师范大学出版社 2021 年版,第 165 页。

身为人师却仍急切地寻求安宁
只因国内的善意再显淡薄
邪恶力量则又逐渐上升
他于是系紧了鞋带。①

布莱希特既在写老子,也在写当时德国和欧洲的现实,还在写流亡中的自己,以及自己的希望和理想。1920年布莱希特在一次与朋友的论争中初次听说老子,此时布莱希特22岁。布莱希特在读过《老子》译本后,感觉老子与他高度一致,顿时惊诧不已。从此,布莱希特开始钻研老子作品,并在他的创作中多次援引道家理论和学说。《庄子》"用材遭伐"的典故布莱希特曾多次引用。1925年布莱希特在短文《礼貌的中国人》中复述了老子出关的故事。布莱希特有关老子的知识主要来源于德国汉学家卫礼贤。1911年卫礼贤出版了《老子道德经》德译本。该译本将《史记》中有关老子出关的记载译介到了德国,并配了一幅关令尹喜向老子行礼的中国画作为插图。布莱希特对此了然于心,并以此为基础创作了他那首著名的有关老子出关的诗。该诗最早于1939年发表在莫斯科出版的《国际文学》杂志上。当然,布莱希特创作这首诗并非只是复述老子出关的故事,而是具有明确的现实目的和精神追求:"他要借两千多年前一位中国哲学家被迫走上流亡之路,但是却在流亡路上传播真理、创造辉煌的例子为流亡国外的无数德国文学家、思想家树立一个光辉的榜样,使他们看到流亡并不是一场人生的悲剧,相反知识分子可以由此走到人民中去,走到广大需要真理指引的无产阶级和劳苦大众中去。流亡之路最终同样可以成为进步学者寻求真理、书写真理、传播真理、赢得人民尊重的光辉道路。"② 布莱希特在流亡途中念念不忘的是自己的

---

① [德]瓦尔特·本雅明:《无法扼杀的愉悦:文学与美学漫笔》,陈敏译,北京师范大学出版社2016年版,第234页。
② 谭渊:《从流亡到寻求真理之路——布莱希特笔下的"老子出关"》,《解放军外国语学院学报》2012年第6期。

职责和使命。布莱希特以老子的口吻称呼"卡夫卡同学",卡夫卡便像是老子跟前的那位小书童:

> 在第四天抵达的岩脉山石处
> 一个税吏拦住了他的去路:
> "可有贵重物品缴纳税银?"——"全无。"
> 牵牛的孩童则道:"他是位教书师傅。"
> 如此,便将这也解释了清楚。①

"牵牛的孩童"仿佛就是卡夫卡。布莱希特如此说,这也是一个寓言,其风格就像是"卡夫卡式"的。似乎卡夫卡身边的一切都让卡夫卡感到阴森恐怖,唯独紧跟一位元首,才能走出这种恐怖。人们因为秩序的混乱与崩溃所以感到恐惧,因为恐惧便呼唤并期望重建秩序,于是需要一个权威,一个元首。布莱希特认为,这便是卡夫卡的逻辑。这种逻辑可能导致出现一个希特勒式的权威领袖。这显然不符合布莱希特的理想和逻辑。布莱希特认为,应该寻找一种更为智慧、更为温和的力量,譬如老子的哲学、道家的智慧。布莱希特这种理解和阐释完全是个人之见,在这一点上他质疑并拒斥卡夫卡。紧接着布莱希特引用了中国哲学家的一段譬喻:

> 森林中有各种各样的树木,最粗壮的被砍下来造船,没那么粗但还美观的拿来做箱子和棺材,细弱的用来做杆子,但是弯弯曲曲的树木什么也做不了——它们免于有用之患。②

---

① [德]瓦尔特·本雅明:《无法扼杀的愉悦:文学与美学漫笔》,陈敏译,北京师范大学出版社2016年版,第235页。
② [德]瓦尔特·本雅明:《试论布莱希特》,曹旸等译,北京师范大学出版社2021年版,第165页。

这就是中国古代哲学中关于"有用与无用"的著名论述。卡夫卡、本雅明和布莱希特都热爱并推崇中国文化,尤其推崇中国的老庄哲学思想。布莱希特所引用这则譬喻详见《庄子·山木》:

> 庄子行于山中,见大木枝叶盛茂,伐木者止其旁而不取也。问其故,曰:"无所可用。"
> 庄子曰:"此木以不材得终其天年。"夫子出于山。舍于故人之家。故人喜,命竖子杀雁而烹之。
> 竖子请曰:"其一能鸣,其一不能鸣,请奚杀?"
> 主人曰:"杀不能鸣者。"
> 明日,弟子问于庄子曰:"昨日山中之木,以不材得终其天年,今主人之雁,以不材死;先生将何处?"
> 庄子笑曰:"周将处乎材与不材之间。材与不材之间,似之而非也,故未免乎累。若夫乘道德而浮游则不然,无誉无訾,一龙一蛇,与时俱化,而无肯专为;一上一下,以和为量,浮游乎万物之祖,物物而不物于物,则胡可得而累邪!此神农、黄帝之法则也。若夫万物之情,人伦之传则不然。合则离,成则毁,廉则挫,尊则议,有为则亏,贤则谋,不肖则欺,胡可得而必乎哉!悲夫!弟子志之,其唯道德之乡乎!"①

当然,作为一位马克思主义者,布莱希特对中国的老庄哲学也不可能全盘接受,对于卡夫卡则有更多批评与保留。

> 卡夫卡笔下的世界,就犹如这样一座森林,可以发现许多非常有用的东西。这里呈现的景象是不错的。但其余内容是故弄玄虚和

---

① (晋)郭象注,(唐)成玄英疏:《庄子注疏》,中华书局2011年版,第359—360页。

胡话,应该置之不理。①

卡夫卡笔下的世界就像一座森林,里面宝藏丰富,景象不错,但也有故弄玄虚和胡话,应置之不理。具体哪些是宝藏,哪些是胡话,布莱希特没有细说。布莱希特认为,人有深度是不错的,但人在深度中却无法前进,且仅仅有深度是不够的,深度也只是一种维度,深度还会遮蔽其他维度。总体而言,布莱希特对于卡夫卡是一半赞扬,一半保留。本雅明不同意布莱希特的说法,他告诉布莱希特:"钻入深处,是我认识对立面的方法。"本雅明关心的是"卡夫卡以不同方式划出的边缘地带。卡夫卡所划出的边缘地带,我仍然没有勘察清楚"②。正因为如此,本雅明与布莱希特的论争不可避免。

三 关于《邻村》的争议

针对布莱希特对于卡夫卡的质疑,本雅明需要用具体的文本来加以解释验证,于是,本雅明引出了卡夫卡的一篇小小说,名为《邻村》(*The Next Village*)。小说译成中文不过103字,因此又被称为"袖珍小说"。全文如下:

> 我的祖父常说:"生命非常之短。我现在想起,生命对我来说正在凝结,以致我几乎无法理解,一个年轻人怎么会决定骑马到邻村去,而不用担心——完全撇开众多的不幸的偶然事件不谈——这寻常的、幸福地流逝的生命的时间,对这样一次骑行来说已经远远不够。"③

---

① [德]瓦尔特·本雅明:《试论布莱希特》,曹旸等译,北京师范大学出版社2021年版,第165—166页。
② [德]瓦尔特·本雅明:《试论布莱希特》,曹旸等译,北京师范大学出版社2021年版,第166页。
③ 叶廷芳主编:《卡夫卡全集》第1卷,中央编译出版社2015年版,第151页。

面对这篇小说，布莱希特陷入矛盾之中：既不能判断这个故事毫无价值，又不能说明它有哪些价值，以及为什么有价值。他说："必须得仔细研究这个故事。"① 看来，布莱希特一下子还看不明白这个故事。本雅明显然反复地研读过这篇小说，他在《弗兰茨·卡夫卡》一文中也提到过这篇小说：

"卡夫卡的作品——索玛·莫根施坦因曾说过——散发着乡村气息，就像伟大的宗教创始人一样。"这就使人不禁联想到老子所描绘的虔诚，而卡夫卡在《最邻近的村子》（即《邻村》）里，也完美地再现了这种虔诚："邻国相望，鸡犬之声相闻，民至老死，不相往来。"老子曰。卡夫卡也是一个寓言家，可他不是宗教创始人。②

在本雅明看来，这个村子就是犹太教法典中圣徒传奇里的村子："有人问拉比，为什么犹太人星期五晚上大吃大喝，拉比就讲了一个传奇，一位公主的故事。公主被流放了，远离国民，与当地人语言不通，生活过得苦不堪言。有一天，她收到一封信，信中说，她的未婚夫没有忘记她。已动身来她这儿了。拉比说，未婚夫是弥赛亚，公主是灵魂，而她被流放到村子是身体……读犹太法典中的这个故事，我们就置身于卡夫卡的世界了。"③ 灵魂要抵达身体，如果没有弥赛亚的指点与帮助，将永无可能；这正如《邻村》中的祖父永远只能走在去邻村的路上，无法抵达目的地一样。

本雅明论卡夫卡的文章，引发了与布莱希特一场激烈的论争。布莱

---

① ［德］瓦尔特·本雅明：《试论布莱希特》，曹旸等译，北京师范大学出版社2021年版，第166页。
② ［德］瓦尔特·本雅明：《经验与贫乏》，王炳钧等译，百花文艺出版社1999年版，第361—362页。
③ ［德］瓦尔特·本雅明：《经验与贫乏》，王炳钧等译，百花文艺出版社1999年版，第362页。

希特认为,本雅明的文章助长了犹太法西斯主义,"加深而且扩散了笼罩在卡夫卡这个人物身上的黑暗,而不是驱散黑暗"①。在布莱希特看来,本雅明过于迷恋卡夫卡世界中神秘主义的一面。在这一点上,卡夫卡、本雅明与中国道家思想可谓一拍即合。在老子的思想中,"小国寡民"就是人类的黄金时代,人类的理想境界。国与国之间,人与人之间比邻而居,相安无事,和谐自然,老死不相往来。人与人之间空间距离虽短,心与心之间的距离却长,心与心距离的漫长,使居住在这里的原初居民永远不会跨越短暂的空间距离。每一个个体都是独立自由、圆满无缺的,所以完全可以"老死不相往来"。卡夫卡憧憬这种境界。他的《邻村》似乎表达的就是这种思想。"无论是布伯还是卡夫卡,都对老子所描绘的'无为而治'的社会向往之至,实际上,近代西方的无政府主义者正是把古代的中国当作是无政府社会的起源和典范而加以膜拜的。"② 本雅明说,在卡夫卡的作品里,"有一种乡村气息",这种气息就是"邻国就在眼前,远处的鸡鸣犬吠已经进入耳帘。而据说人们未曾远游就已瓜熟蒂落、桑榆暮景了"③。这段话应该就是对老子的"邻国相望,鸡犬之声相闻,民至老死,不相往来"的翻译。本雅明显然认同这种人类美好愿景。但是,这种"不相往来"最终也可能导致隔绝,堕入虚无主义和神秘主义的深渊。

布莱希特坚持认为,神秘主义近乎无病呻吟,并容易导致法西斯主义。"人今天的存在形式令人陷入的一望无际的中介、依附、交错的关系,在大城市中表现出来,同时,又在人民对'元首'的需求当中表现出来,好像小市民能让他——在一个彼此推卸责任、任何人都不为他们

---

① [德]瓦尔特·本雅明:《试论布莱希特》,曹旸等译,北京师范大学出版社2021年版,第166页。
② 梁展:《卡夫卡的村庄》,《世界文学》2015年第1期。
③ [德]瓦尔特·本雅明:《本雅明文选》,陈永国译,中国社会科学出版社1999年版,第246页。

负责的世界里——为他们的全部不幸负起责任。"① 虚无主义、神秘主义呼唤领袖和元首,容易导致极权主义。本雅明则更看重道家思想中的清静无为、归真守朴的思想。在一个混乱与颠倒的世界里,人类所能做与应该做的,最终只能是期待着弥赛亚的降临。"对阿甘本和本雅明来说,弥赛亚的时间的踪迹也贯穿了卡夫卡的作品,这个特征从政治的解读来看,就大不一样了。问题不在于在卡夫卡那里找出某种精神的或政治的世界观,相反,问题在于,在他的作品中看到一个悬置的动作,一种充满政治意味的非工作。"② 将卡夫卡的作品的阐释集中于弥赛亚的降临,还是侧重于某种政治的或者非政治的意义,这是一个值得考虑的问题。

本雅明与布莱希特的思想分歧和论争一度聚焦于卡夫卡的《邻村》。"从本雅明和布莱希特关于《邻村》的争辩来看,本雅明看重的是个体生命的全部,布莱希特着眼的是集体生命在历史的意义。本雅明以一种超验主义和神秘主义,通过对生命的'返回'来完成人生的救赎,而布莱希特则主张以经验主义的方式开步向前,其中两人之间的'返回'和'前进'之矛盾一目了然。"③ 本雅明解释说,小说中祖父说"生命非常短",乃不足以骑马穿越邻村的路程。本雅明的观点显然也影响了后面的阿多诺,他在论及《邻村》时写道:"对于卡夫卡来说,用一生的时间走向下一个村庄是不够的。"④ 本雅明甚至影响了犹太裔英国作家埃利亚斯·卡内蒂,他说:"《邻村》:生命的短暂和所有距离的变化。——(想骑马去下一个村庄,结果穷其一生都无法到达。)"⑤ 为什么会是这样呢?本

---

① [德]瓦尔特·本雅明:《试论布莱希特》,曹旸等译,北京师范大学出版社2021年版,第167页。

② [英]亚历克斯·默里:《为什么是阿甘本?》,王立秋译,南京大学出版社2020年版,第107页。

③ 连晗生:《卡夫卡的〈邻村〉——兼论本雅明和布莱希特的分歧》,《上海文化》2015年第3期。

④ [德]西奥多·阿多诺:《卡夫卡札记》,刘健译,载张一兵主编《社会批评理论纪事》,江苏人民出版社2021年版,第38页。

⑤ [英]埃利亚斯·卡内蒂:《另一种审判:关于卡夫卡》,刘文杰译,广西师范大学出版社2023年版,第148页。

雅明建议布莱希特读一读《邻村》,布莱希特读后显然不同意本雅明的看法。他认为《邻村》不过是阿基里斯与乌龟赛跑的反面例证:

> 一个人如果把他骑马的行程分割成至小的部分——不考虑意外事故——他就永远也到不了邻村,那么一生对于这一段路来说也太短了,但是这里的错误就在于"一个人",因为要分割骑行的话,就同样也要分割骑行者,如果说一生的完整统一已经荡然无存,那么也就谈不上一生的短暂,管它有多短吧,这无关紧要,因为抵达村子的人,已经不是离开村子的人。①

布莱希特着眼于故事中生命之短与旅程之长的悖论,他试图给出一种几何学式的解读。当生命长度相对于旅程显得太短时,将旅程无限分割,让无数个骑行者在这条路上前赴后继,如此一来,虽然最初的骑行者无法抵达终点,但总有一个骑行者能抵达。正如人类的终极目标,虽然并非某一历史中的具体个人可以达到,但经过人类的不懈奋斗,终有一天会如愿以偿的。布莱希特给出的解决方案是"另一个":"另一个延伸前一个的事业,终竟会完成这一次骑行;一个目标指引着这些无限的'一个',无限的'一个'奔向这个(历史)目标,即使他本身不能抵达,而另一个即可接过他的任务——在这里,可以看到布莱希特对历史意志的坚定信念。"② 本雅明随即予以反驳,他认为:

> 生命的真正尺度是记忆。记忆闪电般地回望,穿透了人的一生。它就像往回翻几页书一样快地,从邻村回到了骑行者决定动身的地方。对于生命已经变形成文字的人,比如老人而言,他们只想从后

---

① [德]瓦尔特·本雅明:《试论布莱希特》,曹旸等译,北京师范大学出版社 2021 年版,第 168 页。
② 连晗生:《卡夫卡的〈邻村〉——兼论本雅明和布莱希特的分歧》,《上海文化》2015 年第 3 期。

往前翻阅这篇文字。只有这样他们才遇见自己本人，也只有这样——通过逃离当下——他们才理解了自己的一生。①

本雅明理解的独到之处在于，他认为祖父不是尚未开始旅程，而是已经抵达邻村。本雅明搁置了小说中祖父的叙述与日常经验之间的矛盾：问题的关键不在于人的漫长的一生不足以穿越邻村之间的路途，而是一个人在生命的过程中的体验或体悟的问题。祖父是否最终穿越了邻村的路程其实并不重要，重要的是他丈量生命旅程的记忆和回忆。当祖父回看人生这段浓缩的旅程后才会惊觉生命之短暂。从某种意义上说，人生的起点就是终点，终点就是重返起点。出发就是回家，回家就是出发。《邻村》就是写回家，准确地说，就是写回家之路。"回乡之路无比艰难，卡夫卡显然对此有充分的考虑。"② 然而，这条"回乡之路"并非普通回家之路，而是重返巴勒斯坦之路，是复兴犹太文化之路。如此一来，这里的回"家"就成为"记忆之家""民族之家""身份之家"了。1918年2月25日，卡夫卡在笔记中写道："我就是终点或开端。"③ 在卡夫卡那里，终点即是开端，开端便是终点。这颇有些后现代的意味："'后现代'一词可以译为'超越现在'。……'超越现在'就意味着如生命般步履匆匆、时间变化、流逝如水；意味着生活在前沿。听起来像禅宗，但道理大致如此。"④ 返回起点就是返回自我，生命的终点并非是到达某一地点，而是理解生命，体悟到生命的意义。

1938年，本雅明在《致格尔斯霍姆·肖勒姆（Gershom Scholem）的信》中集中评述了布罗德的《卡夫卡传》，并表述了自己的观点。

---

① [德] 瓦尔特·本雅明：《试论布莱希特》，曹旸等译，北京师范大学出版社2021年版，第168—169页。
② 梁展：《卡夫卡的村庄》，《世界文学》2015年第1期。
③ 叶廷芳主编：《卡夫卡全集》第4卷，中央编译出版社2015年版，第63页。
④ [英] 凯文·奥顿奈尔：《黄昏后的契机：后现代主义》，王萍丽译，北京大学出版社2004年版，第2页。

> 卡夫卡的作品是一个椭圆。它的遥遥相隔的焦点一个是神秘主义体验（这种体验首先是对传统的体验），另一个是现代大城市人的体验。后一种体验多种多样。体验者一方面是现代公民。他们知道自己完全受制于庞大的官僚体系，而这一体系的功能由主管机关来调控，就连执行部门都摸不清这些机关的底细，更不用说受制于它们的人了。（众所周知，这就是卡夫卡的长篇小说蕴含的一个意义层，这在《诉讼》中尤其明显。）另一方面是当今物理学家的同时代人。读读爱丁顿《物理学的宇宙观》的这一段，就会觉得是在读卡夫卡。①

在本雅明看来，卡夫卡的作品是一个椭圆有两个焦点：神秘主义体验和现代大城市人的体验。两者互为补充、相互支撑。本雅明认同和接受了卡夫卡的两个焦点，并且似乎更加赞赏卡夫卡的第一个焦点；而布莱希特则只赞赏卡夫卡的第二个焦点，对于第一个焦点则是拒斥和反对的。

总之，本雅明与卡夫卡显然属于同一类人，他们之间较之布莱希特更为亲近。本雅明在写作风格上都非常接近卡夫卡："毫不夸张地说，采用格言和习语的说话方式使本雅明能够写出独具魅力的、接近现实的散文——同样的情况也发生在卡夫卡身上，这一说话方式作为灵感的源泉随处清晰可见，并且提供了解答许多'谜语'的钥匙。"② 本雅明虽然是一位理论家、思想家，但同时具有诗人的浪漫和宗教的神秘；布莱希特虽然也是诗人、剧作家、理论家，但他更是一位马克思主义者，一位坚定的实践者。布莱希特否认虚无主义和神秘主义，他的目光牢牢地盯着人类未来，现实和个体不过是通向人类美好未来的阶梯和过程。本雅明则站在现在的位置而将目光投向过去，在历史中寻找并呈现出未来的样

---

① ［德］瓦尔特·本雅明：《经验与贫乏》，王炳钧等译，百花文艺出版社 1999 年版，第 383 页。
② ［德］瓦尔特·本雅明：《本雅明：作品与画像》，文汇出版社 1999 年版，第 178 页。

貌。在本雅明看来，卡夫卡的《邻村》源自《道德经》又不同于道家文化，也算是对老子语录的改写，这当然是卡夫卡惯于做的。对经典的改写原本就是卡夫卡创作的一大特征。《邻村》经过本雅明的阐释和分析，似乎注入了弥赛亚的力量，因而具备了某种宗教救赎的意义。这一点也许并不符合卡夫卡的意思，更是布莱希特不能认同，并坚决反对的。

唐·德里罗《名字》中美国神话的域外书写[*]

李 思[**]

内容提要：《名字》是唐·德里罗唯一一部通过"域外"视角反观美国神话的小说。该作品以美国的海外扩张和邪教杀人两条主线结构全书，两个看似不相关的情节却在执迷于创造一个封闭的自指世界上构成重要隐喻关系。德里罗借此反思了美国神话妄图脱离历史的自我虚构性及其内在固有的同一化暴力。在他看来，反美浪潮并非某个特定历史时期的行为突变，倒是"神话思维"主导下的自然结果，而只有让不断膨胀且自我强化的抽象理念返回多元和流变的生活空间，才能在历史审视下兑现"人人生而平等"的古老誓言。通过对美国神话的文学解构，德里罗表达了对过于强调美国价值的反思和批判。

关键词：唐·德里罗；《名字》；美国神话；域外书写

美国文学研究专家罗斯博格（Michael Rothberg）曾鼓励美国作家"远离祖国去寻找一种领土外的离心的文学"，"它需要描绘出美国的域外

---

[*] ［基金项目］2022 年重庆师范大学校级项目"德里罗小说中的'居间性'身份书写研究"（22XWB006）。
[**] 李思（1988—），女，文学博士，重庆师范大学文学院讲师，主要从事美国现当代文学研究。

扩张，探索美国全球影响力的认识论、现象学及其后果，并揭示内在于其必然不完整的霸权里的裂痕"，从而提供"一张认知地图，来想象美国公民在国界之外的样子和感觉"。① 当他慨叹这一伟大的域外文学（extra-territorial literature）仍未问世时，唐·德里罗（Don DeLillo）却早在1982年针对《名字》（*The Names*）的专题采访中明确指出域外书写对重审美国神话的重要性，"居住在另一个国家的有趣之处在于，它让你很难忘记你是一个美国人。美国政府的行为不会让你忘记此事……你发现自己通过比你所习惯的更为微妙的方式搅和到世界政治中"②。他相信只有置身于与美国利益纠缠最深的地区，才能看清声称无辜的美国形象的实质及其对现实的影响。因此，这部以"名字"命名的小说就不仅仅表现出对"语言的沉迷"③，更是将寻求一种纯粹语言的企图同美国神话所虚构并不断强化的"基本模式"（the essential pattern）④相关联，这一模式的核心是"美国例外论"，外在表现是永不枯竭的扩张欲望，而深层逻辑则是对历史的排斥和对超时间存在的结构的痴迷。

小说以"风险分析员"詹姆斯（James Axton）在希腊、中东和印度的旅行轨迹为轴，将美国以经济援助为借口的海外扩张，同邪教组织不惜以杀人为代价的对抽象字母的追求联系在一起。两个看似无甚关联的情节，却在妄想创造一个脱离历史而存在的自指世界中产生共鸣。然而，德里罗并未简单否认美国神话在塑造民族特性上的重要作用，而是主张基于宏大理念的妄想应在具体而微的历史语境中恢复神智，从而在充分

---

① Michael Rothberg, "A Failure of the Imagination: Diagnosing the Post – 9/11 Novel: A Response to Richard Gray", *American Literary History*, Vol. 21, No. 1, 2009, p. 158.
② Thomas DePietro ed., *Conversation with Don DeLillo*, Oxford: University Press of Mississippi, 2005, p. 18.
③ Hugh Ruppersburg and Tim Engles eds., *Critical Essays on Don DeLillo*, New York: G. K. Hall & Co, 2000, p. 158. 这方面富有启发性的研究可参见 Matthew Mutter, "'Things that Happen and What We Say about them': Speaking the Ordinary in DeLillo's The Names", *Twentieth Century Literature*, Vol. 53, No. 4, 2007.
④ Richard T. Hughes, *Myths America Lives By*, Urbana: University of Illinois Press, 2018, p. 204.

认识到他者文化的杂多性之后"充实'美国人'的内涵"①。通过分析美国例外神话和邪教对纯化语言之病态痴迷间结构上的相似，本文认为德里罗在《名字》中不仅以隐喻的形式揭露了美国天赋使命的构想所导致的暴力，也暗含了自己对美国政府冷战时期外交政策及其后果的审慎思考和批评。正如他本人所说，美国神话是由"美国在一个又一个国家所犯下的错误"和这些被侵犯国家的人民的愤怒所共同创造的。②

一　域外扩张的认知地图

伯克维奇（Sacvan Bercovitch）曾把美国神话概括为一种"想象框架"，其源头可以追溯到清教徒对新大陆的信仰，即坚信美利坚是新的应许之地，它独一无二且代表人类光辉灿烂的未来，而实现神的允诺是全体美国人的责任。③ 这一系列象征性的自我指认已经融入美国人的精神结构和话语方式，成为建构国家身份的重要凝聚力量，但同时也培植了没有愧疚的扩张主义和自觉无辜的傲慢。特纳（Frederick Jackson Turner）早就预言，美国的扩张并不会随着对边疆的征服而结束，向全球扩大影响力是前者的自然延伸。④ 作为"战后描写美国人在国外的最为优秀的小说之一"⑤，以及"一部成功的政治分析作品"⑥，《名字》从一开始就把批判的目光投向美国域外扩张及其带来的历史反作用。正因为此，小说中被精心挑选出来的地名就突然获得了某种政治蕴涵，它们身上铭刻着美国通过跨国资本控制地区事务从而强化冷战意识的印记。德里罗对集

---

① Heather H. Houser, "'A Presence Almost Everywhere': Responsibility at Risk in Don DeLillo's The Names", *Contemporary Literature*, Vol. 51, No. 1, 2010, p. 149.
② Thomas DePietro ed., *Conversation with Don DeLillo*, Oxford: University Press of Mississippi, 2005, p. 18.
③ ［美］萨克万·伯克维奇:《美国神话》，钱满素译，《外国文学评论》2002 年第 1 期。
④ ［美］弗雷德里克·杰克逊·特纳:《美国边疆论》，董敏等译，中国对外翻译出版有限公司 2011 年版，第 47 页。
⑤ Suzy Hansen, *Notes on a Foreign Country: An American Abroad in a Post-American World*, New York: Farrar, Straus and Giroux, 2017, p. 132.
⑥ Anne Longmuir, "The Language of History: Don DeLillo's The Names and Iranian Hostage Crisis", *Critique: Studies in Contemporary Fiction*, Vol. 46, No. 2, 2005, p. 107.

结着经济和政治力量的扩张模式进行了一番考古式的追踪，呈现"美国的自我形象和它在世界眼中的形象间的脱节"①。正是在这个意义上，古尔古里斯（Stathis Gourgouris）才独具慧眼地看到："《名字》提供了一种特殊的地理要素，作为它真正的思考方法。"②

主人公詹姆斯往返于希腊、中东以及印度等地的旅行轨迹是小说的叙事动力之一，他受雇于一个名为"东北集团"（the Northeast Group）的大型跨国组织，是一名被中央情报局利用的情报收集人，以他为枢纽勾连起美国的政府官员、跨国公司的生意人以及不满于美国对外政策的民族主义者。随着地理空间的不断转换，美国以经济援助为名的政治干涉，以及将"全球化"转变为"美国化"的大幕就徐徐拉开了。这其中，希腊与土耳其之间的宿怨和伊朗人质危机（Iran hostage crisis）是小说频频提及和返回的历史事件，它们不仅仅是故事发生的背景，更指示了旅居国外的美国人与当地人之间思想观念和政治立场上的巨大分野。在此，美国人的选民形象和不顾他人感受的道德优越感成为一种劣迹般的存在。小说中，美国插手希腊和土耳其事务而激化两国矛盾的历史，是在希腊民族主义者埃里亚兹（Andreas Eliades）与詹姆斯的辩论下缓缓浮现出来的。争论的焦点集中于美国在扶植希腊的亲美势力的同时，又向其敌对国土耳其提供贷款和出售武器。埃里亚兹认为，美国并不是真想通过经济支持来协助希腊战后重建，而只是想借助两国的海岸线部署第六舰队，从而增强美国的海上力量。事实上，通过经济殖民美国不仅把希腊打造成为一个"新的警察管制良好的伊甸园"③，同时在土耳其建立了"自己的海陆空军力量以及遍布全国的情报机构"④。正因为此，埃里亚兹才会

---

① Linda S. Kauffman, "The Wake of Terror: Don DeLillo's 'In the Ruins of the Future', 'Baader-Meinhof', and Falling Man", *Modern Fiction Studies*, Vol. 54, No. 2, 2008, p. 353.

② Stathis Gourgouris, "DeLillo in Greece Eluding the Name", in *Nation, Language, and the Ethics of Translation*, Princeton: Princeton University Press, 2005, p. 290.

③ Victor Kiernan, *America: From White Settlement to World Hegemony*, London: Zed Books, 2015, p. 331.

④ Suzy Hansen, *Notes on a Foreign Country: An American Abroad in a Post-American World*, New York: Farrar, Straus and Giroux, 2017, p. 158.

痛陈："我们的未来并不属于我们。它掌握在美国人手里。"① 希腊甚至已经成为美国生意人和政客的首选避难所，这就引出了散见于小说各处的对伊朗扣押美国人质的回溯。该事件从 1979 年 11 月持续到 1981 年 1 月，正值德里罗为写作《名字》在希腊和中东各地收集素材期间。此次危机是对卡特政府扶植伊朗国王的激烈回应，德里罗无意事无巨细地再现这段历史，而试图通过描写美国人在德黑兰的危险境地，表达自己对美国强行扩张自己势力的怀疑和批评。詹姆斯从撤退到希腊的朋友那里了解到德黑兰的反美热潮："美国是世界上活着的神话。杀死一个美国人，或因为某个地方发生的灾难而迁怒于美国，人们并不会觉得做错了什么。"②"美国人"俨然是一个烙印着死亡的签名，它所象征的强权和以拯救者自居的傲慢如今已成为饱受攻击的理由。

德里罗认识到，美国人创造和信奉的神话既让他们无法反思扩张带来的混乱，又让他们盲目相信于自己的正义，结果"吊诡的是，无辜者变成了与其他人类一样有罪的人"③。著名历史学家基尔南（Victor Kiernan）就曾一针见血地指出，美国人的优越感来自"对世界其他地区的高度隔绝和无知"④。詹姆斯就是其中的典型代表，他自称是一个局外人，游荡在雅典、安曼、伊斯坦布尔、开罗、孟买等城市之间，只是为了收集相关数据以分析和预测特定区域的政治风险，而对当地人的生活和语言毫不关心。他从未认真学习希腊语，对游览雅典卫城也颇不以为然，甚至在自己的上司罗沙（George Rowser）的暗示下仍然没有意识到自己所供职的大陆银行以及其他朋友所在的跨国公司，正是美国进行经济殖民和交换各国情报以干涉他国政治的中转地，反而坚信资料中"那些精

---

① Don DeLillo, *The Names*, New York: Vintage Books, 1989, p. 236.
② Don DeLillo, *The Names*, New York: Vintage Books, 1989, p. 114.
③ Richard T. Hughes, *Myths America Lives By*, Urbana: University of Illinois Press, 2018, p. 202.
④ Victor Kiernan, *America: From White Settlement to World Hegemony*, London: Zed Books, 2015, p. 339.

细的计算,原始数字的网格看起来几乎是清白无辜的"①。这种盲目性让詹姆斯看不清自己所代表的跨国经济力量是如何激发了被控制的弱小国家的民族主义情绪,当他在一场误认中侥幸逃脱被枪杀的命运时,才终于认识到所谓"美国人"已不仅指某个具体的个人,而成为美国神话的重要载体,正如小说人物所说,"我们的功能就是充当人物类型,呈现反复出现的主题……神话是个有用的东西"②。以希腊为中心辐射到中东和印度,德里罗勾勒出"域外"的范围和美国公民在此的遭遇,最终完成了对美国扩张神话的历史性考察。但《名字》的重要意义并不只在于现象层面的批判,更在于对其深层逻辑的精准挖掘。

二 摆脱历史束缚的自指世界

美国政府通过大陆银行等跨国经济力量进行海外殖民的叙事线索,经常被批评家视为一个"进行得太迟缓且漫不经心的,奇怪地没有任何激情的次要情节",它与邪教谋杀事件的分离使得"《名字》从未获得它的主题看起来可以保证的节奏和紧迫性"③。的确,名为"Ta Onómata"(名字)的邪教组织依据人名与地名首字母相一致原则杀人的行动是德里罗着重渲染的情节,但中间穿插的关于美国控制希腊以及阿拉伯国家从而导致区域冲突升级的历史背景并不是可有可无的。詹姆斯等人的旅行路线与邪教组织的迁移路线有部分重叠,而愈演愈烈的政治事态又总是与邪教杀人事件同时被谈及。这两条线索之间并没有主次之分,而是始终纠缠在一起形成某种互构。美国全力打造的国家神话与邪教组织对静态字母的极端迷恋,本质上都是对独一权力的自命不凡的宣称。两者在摆脱历史束缚的同时也企图将鲜活而丰富的日常生活简化为一种"结构",从而在封闭的自我指涉中不受任何干扰地成就永恒。在此,德里罗

---

① Don DeLillo, *The Names*, New York: Vintage Books, 1989, p. 317.
② Don DeLillo, *The Names*, New York: Vintage Books, 1989, p. 114.
③ Hugh Ruppersburg and Tim Engles eds., *Critical Essays on Don DeLillo*, New York: G. K. Hall & Co, 2000, p. 48.

以隐喻的手法表达了自己对美国神话将"多元"禁锢在普世价值中的怀疑。

美国文学批评家休斯（Richard T. Hughes）在评价美国神话对白人至上论深层次的影响时指出，美国神话致力于抹杀"任何有意义的历史感"①。评论家刘易斯（R. W. B. Lewis）就曾把这一站在人类历史开端的形象概括为"堕落前的亚当"，"一个挣脱历史束缚的个体，他因没有祖先，不受家庭和种族遗产的影响而欢欣雀跃"，"在这样一种全新的生命里，他完全是天真无辜的"②。概言之，神话的权威来自一种拒绝历史审视的恒定状态，通过排斥对立面而保持高度的自我指认。这一促使美国肆意扩张却不觉有罪的底层逻辑，正是德里罗所力图揭示和批判的。为此，《名字》颇有意味地在探索过去与挣脱历史间的张力中获得叙事动力。詹姆斯等人以及邪教组织的游荡范围设置在拥有厚重历史的希腊文明、两河流域文明和印度文明的所在地，而痴迷于邪教行踪的欧文（Owen Brademas）恰好是一位致力于考古学的碑文学家。然而反讽的是，不管他们如何深地介入历史，又都在竭力寻找一种从瞬息万变的生活中抽象出来的静态理念，从而实现对时间的超越。无独有偶，邪教成员实施的将人名与地点相联系，并依照首字母匹配原则杀人的暴行，也并不仅仅是一场盲目而残暴的屠杀，其背后隐藏着某种被理论化的动机，即他们崇尚"一种内在性，一个头脑，一种疯狂"③，而"疯狂是有结构的"④，它被具体化为邪教组织不遗余力地去复活的一种几近死亡的古老文字——纯粹、绝对，是"物的完全确实和透明的符号"⑤，被当作通天

---

① Richard T. Hughes, *Myths America Lives By*, Urbana: University of Illinois Press, 2018, p. 199.
② R. W. B. Lewis, *The American Adam: Innocence, Tragedy and Tradition in the Nineteenth Century*, Chicago: The University of Chicago Press, 1955, p. 5.
③ Don DeLillo, *The Names*, New York: Vintage Books, 1989, p. 131.
④ Don DeLillo, *The Names*, New York: Vintage Books, 1989, p. 236.
⑤ ［法］米歇尔·福柯：《词与物：人文科学考古学》，莫伟民译，上海三联书店 2002 年版，第 49 页。

塔倒塌之前"完美而没有歧义的亚当语言"①。但他们剥除掉其中的历史联系，执迷于能指和所指严格对应的空洞系统，从而在自我封闭中与世界相隔离。为了验证自己的理念，邪教组织启动残忍的杀人程序，在人名和地名之间通过相似性原则建立联系，以展现其对经验世界无可置疑的掌控力。然而他们所追求的超时间性的权力结构，是一种完全忽略对话者的自说自话。它不是要否定意义，而是要在自我立法的基础上创造意义。通过纯粹的自我指涉和自我规定，这些被抽取了生命的字母就在一个严格的内循环中保持了自己的力量。如此一来，邪教就使自己掌握的语言凌驾于鲜活而多元的日常生活之上，创造出"一个自指的世界，一个无处逃逸的世界"②，而他们也在绝对的孤独中维护身份的独一性和所谓的"神圣性"。正是在这里，德里罗发现了美国对国家神话的迷恋和邪教对静态字母的信奉之间的相似之处。

　　南希（Jean-Luc Nancy）早就发现神话与施为性言语之间的深刻关联，"神话恰恰就是咒语，它升起了一个世界，也变成了一种语言"，通过不断的"同语反复"，言说自身，并"将它所相信的属于自己的本质和力量投射在自己身上"。③从根本上讲，两者都在创建和保持不容置疑的"专有真理"，以此实现对一种绝对权威的欲求。瓦莱塔（Clement Valletta）更是在其中嗅到一股专断的暴戾之气，"为了一个抽象理念而杀人，代表了一种极端但司空见惯的模式，包括美国在内的主要大国都一再重复并否认这一模式"④。正因为此，德里罗将美国的海外殖民与邪教组织的滥杀无辜进行对举实有深意。就像后者在独尊的幻觉中，仅凭文字的指称功能对他人施以生杀予夺之权一样，美国也是从自认为亘古不变的

---

① James Berger, "Falling Towers and Postmodern Wild Children: Oliver Sacks, Don DeLillo, and Turns against Language", *Modern Language Association*, Vol. 120, No. 2, 2005, p. 342.
② Don DeLillo, *The Names*, New York: Vintage Books, 1989, p. 333.
③ ［法］让－吕克·南希：《无用的共通体》，郭建玲等译，河南大学出版社 2015 年版，第 117、129 页。
④ Clement Valletta, "A 'Christian Dispersion' in Don DeLillo's The Names", *Christianity and Literature*, Vol. 47, No. 4, 1998, p. 411.

国家神话里汲取力量,让所有他认为需要拯救的国家都成为这一神话的注脚。从这个意义上来说,以詹姆斯和欧文为代表的域外美国人对邪教的迷恋绝非偶然,而是德里罗精心设计的。作为风险分析员,詹姆斯关心的实际上是数据背后的"分类系统"①,用于分析监控点的人和事;而欧文则坚信即便是最纷繁复杂的事,也会在内在结构的支撑下变得井井有条。这无疑与邪教组织的思维逻辑有相通之处,也正因为此,当他们参透邪教组织暴行背后的秘密时,才会萌发出隐秘的同谋者般的快乐和惊恐。德里罗由此揭示出美国域外扩张下更为根本的问题,即对美国神话这一阐释框架和精神结构的盲信和执着。德国历史学家维勒(Hans Ulrich Obrist)在批评美国神话中的民族主义内核时就曾指出,美国对外扩张的所有正当性"都汇集在'天赋使命'的引导性构想中。这一构想认为,是上帝赋予美利坚合众国以使命,让他们联合起来,自己主宰自己的新大陆,并成为整个世界的典范"②。正是这种自我规定的"例外"为本质上的"美国利益"染上了一层正义的柔光,使美国可以无数次地将海外殖民和军事威慑归结为对世界的责任。《名字》表面上是在谈美国对希腊、中东等国家和地区的巨额援助,实际上却在揭露美国资本如何与当地的政治力量相结合从而实现重整世界秩序的愿望。这种随着傲慢的利己主义而来的,是美国人对他国文化和人民真实状况的习惯性忽视。在德里罗看来,同样是从一个抽象观念出发,美国将自己封闭在一个可以自我解释并具有优先权的无辜领域,整个外部世界可被视为这一理念的表象和证明。如果说邪教组织通过杀人来实现其对语言透明性这一执念的追求,那么美国神话的当代书写者和实践人则是渗透在世界各处的中央情报局。就像小说人物所说的:"如果说美国是世界上活的神话,那么中央情报局便是美国的神话。"③ 它"从来不满足于收集情报和旁观历

---

① Don DeLillo, *The Names*, New York: Vintage Books, 1989, p. 33.
② [德] 汉斯-乌尔里希·维勒:《民族主义:历史、形式、后果》,赵宏译,中国法制出版社 2013 年版,第 91 页。
③ Don DeLillo, *The Names*, New York: Vintage Books, 1989, p. 356.

史画卷的展开，它一直在创造历史"①。虽然《名字》直到最后才揭示出中央情报局暗中支持跨国组织的内幕，但其对区域局势的影响一直弥漫在全书情节的发展进程之中。罗沙曾经暗示詹姆斯，大陆银行所隶属的东北集团实际上受中央情报局领导，他们收集和分析的所谓风险数据直接为后者操纵希腊、中东等国家的政治服务。作为美国政府实现自己全球力量部署的重要触手，中央情报局已经将美国神话的权威现实化了。德里罗由此揭开美国神话和邪教杀人之间的关联，即都从一个超越历史的纯粹理念出发，通过排他性手段施以暴力。

三　重返多元的生活空间

在系统考察了美国无所顾忌的扩张主义，及其背后所依赖的超时间性美国神话的底层逻辑之后，德里罗指出将特定价值观化约为一种拒斥历史审视的空洞"结构"，以此归化异质文明中的他者，这已成为美国坚信和惯用的思维模式。在他看来，所谓的美国神话只有从一种高度静止和封闭的自指世界中突围，进入有着多个中心和不断流变的生活空间之中，才能看到其他民族国家的处境和需要，并找到美国利益与多元政治之间的平衡，也才能真正成为凝聚民族力量的符号。列维纳斯（Emmanuel Levinas）就曾肯定日常生活在击碎同一性堡垒方面的重要作用，他坚信"日常生活远没有构成一种堕落"，反倒是"一种对拯救的关切"②。它自身的丰富性以及由此生发出的多样化言语，蕴藏着抵抗总体化的力量。作为美国神话的信奉者和反思者，詹姆斯在参与了美国的海外殖民和邪教杀人事件后领悟到，执迷于一个恒定不变的理念或身份，将直接导向唯我独尊式的幻觉和疯狂。与迷失在冰冷字母中的欧文不同，詹姆斯最终回归到充满了缺憾和分歧的日常生活中，不仅将帕特农神殿

---

① Victor Kiernan, *America: From White Settlement to World Hegemony*, London: Zed Books, 2015, p. 268.

② ［法］伊曼努尔·列维纳斯：《时间与他者》，王嘉军译，长江文艺出版社2020年版，第33页。

的美从殖民者对希腊的意义生产中解放出来，还从其子泰普（Tap）的小说里发现了消解帝国主义一元话语的"精灵语言"（language of the spirit）①。这其中寄寓着德里罗对20世纪80年代保守主义者过分强调美国价值，并要求恢复美国在世界上的主导地位的反思。

《名字》以雅典卫城上的帕特农神殿开始，又以其结束，充分展现了这一历史古迹在小说中的重要象征意义。英国地理学者克朗（Mike Crang）在分析地理景观的文化内涵时曾指出，"很显然，我们不能简单地视地理景观为物质轮廓，而应该把它们当作可被解读的'文本'"，观看和书写实则是一种"编码"过程，② 能够反映出接受者的文化心理。詹姆斯对帕特农神殿的想象就经历了从殖民主义式的冷眼旁观，到剥除掉意识形态桎梏看到它所拥有的丰富性的转变。他起初拒绝参观帕特农神殿，将其看作被美国政府收藏的帝国主义标本——高高在上，却与丰富的城市生活相脱节。从历史上看，帕特农神殿原本是雅典帝国的"中央银行"，是伯里克利（Pericles）治下雅典国力的象征。然而讽刺的是，古希腊文明这一辉煌的历史被专断的殖民逻辑置换了，让位于美国1975年对修复帕特农神殿所提供的经济援助，因此詹姆斯才会说"它是我们从疯狂中抢救出来的"③。这种看似漫不经心的自大心理或可说来自萨达尔（Ziauddin Sarder）口中的"建构的无知"（constructed ignorance），即根据"遏制"和"管理"的目的，来"炮制"和"生产"异质文化。④ 但当詹姆斯看清邪教杀人的本质后，他才明白自己对帕特农神殿的误解以及同僚对所接触的东方文化的彻底无知，都源于那个自认为放之四海皆准的救世神话所培育出的独一视角。正如南希所说，神话观念的核心是"企图占有自身专有的本原"，从而达到与"所声称的东西的绝对同一"。⑤

---

① Don DeLillo, The Names, New York: Vintage Books, 1989, p.338.
② Mike Crang, Cultural Geography, London: Routledge, 1998, p.40.
③ Don DeLillo, The Names, New York: Vintage Books, 1989, p.3.
④ Ziauddin Sardar, Orientalism, Buckingham: Open University Press, 1999, p.4.
⑤ ［法］让－吕克·南希：《无用的共通体》，郭建玲等译，河南大学出版社2015年版，第107页。

在此，对他者性的压制和掌管人类命运的狂妄融为一体。而只有为僵化的抽象观念注入流动的时间维度，才能打碎美国民族中心主义对他者理所当然地打压。为此，詹姆斯终于抛弃以往狭隘的认识攀登上雅典卫城，试图通过切身感受，为帕特农神殿褪去强加在它身上的殖民主义色彩。此时，激活他感官的是充满生命律动的各不相同的语言，它们彼此交融混杂，共同瓦解着殖民话语对神殿的政治捕捉。置身于嘈杂的涌动着呐喊和低语的残垣断壁间，詹姆斯领悟到眼前的神殿并不是"已死的希腊遗迹，而是它下面那个活生生城市的一部分"①。它拒绝成为美元投资下僵化的展览品，而是以顽强的再生能力将厚重的历史融入现代希腊的日常生活，从而彰显自身文化的独特性和包容性。如果说，美国神话希图借助没有歧义的"亚当语言"宣称一个"万众合一"的人间天堂，那么詹姆斯则在弥漫于帕特农神殿的含混、多义的声音里听出抵制这种"宏伟蓝图"的力量。其子泰普创造的"精灵语言"形象再现了语言从独占到散播，由游戏取代暴力的过程。

  泰普的创作灵感来源于改写欧文的童年教堂经历，核心是对当年牧师口中"新的语言"②的再造。欧文将其理解为抽离历史语境的永恒形式，试图在古铭文中发现某种能够封锁意义从而抵抗混乱的结构原则，但这种看似完美而又自我强化的语言最终导致他精神上的彻底空虚。与此相反，泰普以令人费解的"精灵语言"将文字带入能指和所指的自由嬉戏之中，打开了一个促使意义不断生成的交流场域。他故意颠倒字母顺序，以生机勃勃的拼写错误抵抗既有阅读经验对词语的捕捉，而陌生化的语词在激发读者思索的同时，也击碎由封闭的阐释结构所催生的"唯一真理"，迫使人们从固化的意义堡垒里出走去寻找一条全新的理解之路。在泰普笔下，欧文再不是绝对秩序的崇拜者，而是脱离了熟悉路标和安全地点的"游牧者"，他奔跑在滂沱的雨中，任凭那神秘的语言将自己带往失落的世界。但泰普虚构的"精灵语言"又绝不是一个沉迷于

---

① Don DeLillo, *The Names*, New York: Vintage Books, 1989, p. 330.
② Don DeLillo, *The Names*, New York: Vintage Books, 1989, p. 306.

抽象游戏的冰冷模型，它步履轻盈却又在生活中汲取营养而获得不断萌发的力量，鼓励着读者通过文字本身的组合来参悟其中的意义，并在持续的流变中发出再次解读的邀请。这一充满再生力量的文字是对书写美国神话的"亚当语言"的叛逆，也与邪教组织和欧文追求的具有巨大吞噬力量的"毁灭的语言"[①] 判然不同，而这正是詹姆斯口中被供奉出去的语言，无人能够独占其奥义，而独一话语也将消散于众声喧哗的华美之音中。

《名字》的叙事在邪教组织对抽象文字的极端追求和美国国家神话所培育和支持的海外扩张之间穿梭，两者相互缠绕共同构成了对试图摆脱时间束缚而创造一个封闭的自指世界的批判。德里罗首次将美国人置于同美国利益纠缠最深的地区，在与他者文化最为真切的碰撞和感受中思考美国霸权对地区政治、经济和文化的影响。很多时候美国坚信的所谓"普世正义"，是与复活那个偏执的救世神话相联系的。德里罗将这背后的运思逻辑与邪教基于一个抽象观念杀人的行为相类比，从这种互构中揭示任何将多元整合为独一的抽象化都会创造出一种不接受质疑的"绝对正确"，从而理所当然又自称无辜地对他者实施暴力，而只有给冰冷的结构重新注入时间的温度，才能让总体化的视角接受历史的审视。

[①] Don DeLillo, *The Names*, New York: Vintage Books, 1989, p.115.

区域文化与海外华人文学研究

主持人语

主持人：邹建军教授

主持人语：

本栏目共发表江少川教授、邹建军教授、陈富瑞副教授和博士研究生王冠含的四篇论文，为海外华人文学研究和国内区域文化理论研究，提供了一些新的意见。

江少川《地球村视域下新移民文学地图管窥》一文，首先将全球的华人"新移民文学"分成了北美、欧洲和澳洲三个大的板块，并在此基础上分论每一板块新移民文学的发展历史、思想特征与艺术特点，以及各板块作家在整个世界华人文学中所具有的地位，有着比较丰富的第一手资料，并有一些新的发现。

邹建军《中国文学地理学的理论创新问题》一文，对改革开放以来中国的文学地理学研究与文学地理学批评进行了简要的回顾，选择六种重要理论主张作为对象，认为它们都是具有原创性的文学地理学思想的表现，是对世界文学地理学理论的重要贡献，并以世界各国家的文学和各地方文学为研究个案，进行了具体的、深入的论证。

陈富瑞《异域乌托邦的建构与解构：华裔美国文学中的安徽叙事》一文，选取美国华人作家谭恩美的最新长篇小说《奇幻山谷》和邝丽莎的长篇小说《乔伊的梦》进行文本分析，着重探讨了小说的主题与地理空间、历史文化与时代背景之间的关系，是文学地理学批评理论在美国华人文学研究中的具体运用。

王冠含《城市文化的塑造与传承——从〈甲骨时光〉透视一个城市的多重文化意蕴》一文，对加拿大作家陈河的长篇小说《甲骨时光》中的地理空间及其文化意蕴进行了独到的揭示，全面阐述了小说中的古今安阳城市意象所具有的美学意义，可以发现小说作家有着高远的审美理想与强大的艺术探索勇气。

四篇论文所针对的对象、所讨论的问题虽然不同，但都与区域地理和文化形态相关，体现了当代中国学者对区域文化与文学关系问题的最新探讨，具有一定的理论深度与鲜明的问题意识。

地球村视域下新移民文学地图管窥

江少川*

内容提要：首先对"新移民文学"的概念作了界定，并从全球视野观察新移民文学在世界格局中的地域分布图谱，从洲际地域、人文地理、文化传统等方面概述了欧洲、北美与澳洲①三大板块华文文学的缘起，新移民文学的历史发展脉络、文学生态、作家群落、地域分布，重点归纳并评述了欧、美、澳三大版图中新移民文学所各自形成的主要特色与艺术成就。

关键词：新移民文学；华文文学；欧美澳；文学地图；地域特色

在全球化语境下，当今海外华文文学蓬勃发展，蔚为大观。就文学版图而言，海外华文文学有两大板块：即东南亚与欧美澳板块。东南亚板块华文文学作家，主要指移居该国华人后裔的文学创作，华文文学文坛之主力军都是其所在国土生土长的华人后裔，多数为华人移民的第三代、第四代。而20世纪七八十年代，在中国改革开放大潮兴起以后涌出国门的新移民，主要去向为欧美澳。"新移民文学"特指这个年代以后，

---

* 江少川（1941— ），男，华中师范大学文学院教授，武昌首义学院中文系特聘教授。主要从事写作学、台港澳暨海外华文文学的教学与研究。

① "澳洲"是对澳大利亚的旧称，当地华人广泛使用这一称呼，为行文方便本文沿用此旧称。

从中国大陆移居海外的留学生、技术人士、经商者、探亲人等群体,用华文创作文学作品。这一概念所具有的时空性,从时间与地域上区别于20世纪中国台湾五六十年代的留学生文学,同时也有别于海外华裔文学(指海外出生的华裔作家创作的文学作品)。"新移民文学"虽然包含时间概念,但主要指第一代移民,"新移民文学"中的所谓"新",特指第一代移民,其内涵即有"第一代"的元素。所谓的新移民作家群体,不论移居到哪个国家或地区,凡为第一代移民,都在这个特定概念之内。今后,从中国移居到海外的移民还会源源不断,这是进入全球化背景下时代的大趋势。通过这样的界定,"新"不仅特指明确,也不会过时演变成"旧"。

回望跨世纪前后四十年,随着中国国门打开,新移民文学在中西时空的冲撞中迅速崛起,已成浪潮汹涌、众帆竞发之势,一批优秀作家脱颖而出,佳作新篇接连问世,引起海内外读者与学界的广泛瞩目。本文从全球视野观察新移民文学的世界分布图谱,从人文地理、历史背景、文化传统等方面研究欧洲、北美与澳洲三大板块的华文文学风貌、新移民文学的发展脉络、文学生态、作家群落与各自主要特色。

欧洲:欧罗巴"文化场"之中华"飞地"

据史料记载,移民欧洲的华人可追溯到1577年,西班牙传教士从远东带回的华人仆役,系最早出现在欧洲的中国人(据西班牙文历史档案记载)。欧洲华文文学的滥觞,可以上溯到三百五十年前,在海外华文文学中堪称起步最早。20世纪初,中国就有一批青年志士赴欧留学,如徐志摩、戴望舒、钱锺书、艾青、巴金、老舍、萧乾、冯至、梁宗岱、徐訏等,其中多人后来成为现代文学史上的著名作家与诗人,可称为欧洲华文文学的"先驱者"。20世纪50年代,台湾兴起的留学生潮主要涌向美国,赴欧学子中作家很少,赵淑侠可谓是其中的代表人物,并未形成作家群体。直到20世纪60年代,欧洲还没有中文报纸,买不到中文书籍。赵淑侠回忆说:"当留学生文艺在美国和台湾,发展得如火如荼的时候,欧洲可称为:欧洲华文文学的洪荒时代,连我本人也还没有全力投入文学。"① 那时也没有文学社团。1981年关愚谦等人成立了"欧洲华人学会",主要是一个学者组织,出版过四期《欧华学报》。随着中国改革开放的深入,成批留学生涌入欧洲,各国华人数量大量增加,华人华侨中知识分子所占比例越来越大。就新移民而言,除了北美以外,欧洲是第二个华侨华人数量增长最快的大陆。20世纪80年代初,欧洲华侨华人约40.8万人,到2007年增至200万人以上。2017年前后,欧洲华侨华人达到300万,相当于35年前的7.3倍。

欧洲的华文文学社团,直到20世纪90年代才开始出现。欧洲华文作家协会,简称欧华作协,1991年3月在巴黎成立,会员来自12个国家,由赵淑侠创办。三十年来开过多届年会,出版文集多本。1991年林湄创办组织荷兰、比利时、卢森堡华人写作会,2013年2月扩大为欧洲华文文学学会。这是以新移民作家为主体的文学社团,2016年5月在布拉格召开"欧华文学会员首届高峰论坛"。学会办有自己的网站"欧华文学会网站"。到21世纪,华文文学社团逐渐增多,有中欧跨文化作家协会,建有"中欧跨文化作家交流——微头条公众号",另有捷克华文作家协会、匈牙利华文作家协会等。欧洲华文诗歌会2016年1月5日创办,有来自捷克、德国、法国、意大利、奥地利、瑞士、荷兰以及西班牙的诗人加盟。出版电子刊物:现代诗《欧风诗意》、古典诗《欧风古韵》、文学评论《欧风评论》,到目前为止总计近1300期。他们还创建有布拉格文艺书局(它的前身是布拉格华文书局出版社)。另有欧洲华文笔会,主办的《欧洲华文选刊》已经连续出版了三年。此外,这几年还成立有欧华新移民作家协会、法国华文文学作家协会、旅法华裔女作家协会等。欧洲许多国家都有华文报纸,德国就有三大华文报:《欧洲新报》《华商报》和《欧华导报》。

欧洲新移民文学以新世纪为界,大体可以划分为前后两个时期:前

---

① 赵淑侠:《写在旅居欧洲时·序》,载高关中《写在旅居欧洲时:三十位欧华作家的生命历程》,独立作家出版社2014年版,第3页。

期是 20 世纪末，新移民作家比较少，特别是互联网、通信技术还不很发达，分散在各个国家的华人作家，都是个人化写作状态。虽然 90 年代初有两个文学组织，即欧华作协与荷比卢写作会，但总的看来作家人数少，势单力薄，处在边缘分散状态。就欧洲诸国而言，华文文学在欧洲十多种母语中都是边缘化的。后期随着华人留学生、移民人数的逐渐增加，多家文学社团的成立，进入 21 世纪，欧洲的华文文学正在崛起，从 20 世纪的"散兵游勇"进入"骑兵纵队"的方阵，生活在人类文明的源头，欧华作家善于用他们的灵性之眼看世界，感知世界及表达世界。"他们在写作的题材上进行了大颠覆和大开拓，常常给人以惊艳之感"。① 新世纪第一个十年，已经出现了有影响力的作品，如荷兰林湄的《天望》、章平的《红尘三部曲》、虹影的《饥饿的女儿》等。随着大陆留学生、移民到欧洲人数的不断增长，华文文学作者队伍逐渐壮大，文学社团增多，互联网更发达。到第二个十年，欧洲新移民文学出现兴旺发展之势，"欧洲华文文坛，已从荒凉的沙漠变成绿洲，郁郁成林，繁花满树，别具一番风景"②。欧洲有 40 多个国家，虽然成立有文学社团，但总体看来作家群落分布仍然为散点式状态，文学社团注册只是在某一个国家，新移民作家如"城堡式"分布在各国的城镇、莱茵河与多瑙河畔。

欧洲新移民文学的特色，可概括为以下几方面。

一　从分散走向跨域联合的作家群

欧洲有四十多个国家，分属不同的语系，各国使用的语言不同，欧盟认定的官方语言就有 24 种，华文文学在欧洲诸多母语中，处于少数族裔的位置。相对而言，欧华作家的文学创作独立性强，虽然文学社团比

---

① 陈瑞琳：《世界华文文学新格局》，载古远清主编《世界华文文学新学科论文选》，万卷楼股份有限公司 2022 年版，第 556 页。

② 陈瑞琳：《世界华文文学新格局》，载古远清主编《世界华文文学新学科论文选》，万卷楼股份有限公司 2022 年版，第 556 页。

较多，跨地域作家群体增加，但会员比较少，彼此交流有限。较之于北美，与中国国内的交流互动也较少，尽管新世纪以后有所加强。欧洲移民政策控制很严，不如北美、澳洲相对比较宽松，所以华人人数与居住国人口数量的比例相对很低，约占百分之零点四左右，远不及澳洲与加拿大。

到21世纪，新移民文学的发展与繁荣之势，改变了欧华作家分散化的格局、孤军作战的现状，"进入20世纪末并21世纪以来，欧洲历史文化传统的同源性推进了欧洲一体化的深刻进程，也直接影响了欧华文学的发展格局"①。

欧洲新成立的华文文学社团不少为跨国文学团体，构成文学社团的小联合体。如欧华新移民作家协会在荷兰注册，会员来自荷兰、德国、法国、英国、瑞典、希腊、西班牙、比利时、意大利、捷克、斯洛伐克等欧洲国家，还有少数欧洲以外的写作者加盟。欧洲华文笔会，注册于奥地利，成员迅速扩至全欧，汇聚了奥地利、德国、法国、英国、西班牙、葡萄牙、荷兰、比利时、意大利、瑞士、瑞典、挪威、匈牙利、斯洛伐克等多国华文作家和诗人。欧华华文诗歌会的诗人来自捷克、德国、法国、奥地利等国家。而欧美影视协会，已经成为欧洲与北美联合起来的洲际文艺团体。

二 欧洲"文化场"下的在地写作

新移民作家的文学创作，虽然与中国有密切的关系，但他们移民定居在国外，随着生存环境的改变、时间的推移以及海外的生活体验，他们中有些作家的创作已经离故土渐行渐远，题材也在发生转移，大多取材于欧洲新移民的生存状况，具有鲜明的在地性和强烈的时间性。在地书写成为欧洲新移民作家写作的一种基本形态，与北美华文作家相比，他们的文学创作表现出的"在地写作"特色更为明显。

---

① 陆卓宁：《离散与聚合：全球化时代的欧华文学》，《华文文学》2018年第4期。

林湄的长篇《天外》以大手笔聚焦地球村中的小世界,即社会构成的细胞——家庭。长篇的主线聚焦在移居欧洲的华人郝忻与吴一念夫妇之间展开,作家倾力塑造了移民中年知识分子郝忻这位"独特"的"新人"形象。郝忻虽然移居于科技、物质发达,环境优雅的现代欧洲,却依然被困惑在精神苦闷的"城堡",他在社会、家庭与情欲三重"城堡"中痛苦挣扎,小说着重表现了他不屈探索、追寻精神升华的生命历程。捷克老木的长篇《新生》以跨国经商的移民为主角,正面表现中欧经贸市场的商海风云,题材独特而引人瞩目。通过主人翁康久从中国移民到东欧的经历,串起中国改革开放和捷克私有制变革的两条线索,展现出八九十年代小人物历经创业的困难艰辛与情感波折,展示了在变革时期底层小人物面对各种冲击、矛盾和诱惑的不同命运。法国欧阳海燕的《巴黎,一张行走的床》《假如巴黎相信爱情》,写移居巴黎的女性在异国漂泊的别样人生。英国钟宜霖的《唐人街》,副标题是"在伦敦的中国人",写当下自己生存的那个环境空间中,海外非法移民的生存状态。匈牙利余泽明的《纸鱼缸》,写中国青年司徒霁青从家中逃离,辗转来到美丽而又充斥着不安和暴力的匈牙利,由于与佐兰的恋情,被卷入当地种族的历史冲突,从个体的爱与忧愁中,折射出一个特定时代的悲欢。德国穆紫荆的《醉太平》,通过移居德国30多年的生活经历,从自己身边熟悉的生活环境中书写小人物的命运沉浮,表达个人对生命、对欧洲移民生活的价值判断。

三 文化混融中的艺术新变

新移民作家移居到欧洲各国,在承传中国文化传统的同时,都会自觉不自觉地受到欧洲文化传统的浸染与影响。欧华文学虽然不乏使命感意识,"但更看重文学本分——自由之思想,独立之人格,也更多展开于文化建设的层面"[1],正如林湄所说:"各种文化现象虽然存在差异,但同时

---

[1] 黄万华:《百年欧华文学与中华文化传统》,《世界华文文学论坛》2017年第3期。

也存在着本质的相通处和共同处，即文化的普遍性。"① 林湄的长篇承继了两个文化传统，融中西于一体，在叙事、对话及梦幻的超现实情景中，集中西方文化经典之大成，频繁出现、引用中西文化经典作家与作品，将一个文学文本演绎成一个文化大文本，在华裔移民文学作品中很少见到。从《天望》到《天外》，两个文化传统交相辉映，带你进入一个世界文化的大观园，享受到一次文化盛宴与大餐。

欧洲新移民作家这种新变，还表现在：第一，作家的双语创作。新移民作家如戴思杰的《巴尔扎克与小裁缝》、山飒的《女棋手》等，都是先用法语写成，然后再翻译成中文。双语作家的小说，更是融两种语言、两种文化传统的混血文本。新近由欧洲华文笔会与奥地利 BACOPA VERLAG 出版社合作，共同推出首部欧洲新移民作家德语小说集《天笼及其他》，收录 12 篇小说，大部分以移民背景中的人际关系为主题，部分为中国故事。

第二，文学与其他艺术样式的互涉与联姻。《巴尔扎克与小裁缝》的同名电影，由作者戴思杰自编自导，在法国获得"金球奖"。德国作家刘瑛的小说，也被改编为影视。比利时谢凌洁的《双桅船》叙述迷幻，内涵多义，涵括了大量的书信、随记、诗歌甚至戏剧，构成小说与其他文艺形式的互涉。季羡林在 20 世纪 90 年代，就曾预言 21 世纪包括中国文化在内的东方文化，将在东西方文化融合的基础上再现辉煌。卡尔维诺也早就指出："经典作品是这样一些书，它们带着先前解释的气息走向我们，背后拖着它们经过文化或是多种文化时留下的足迹。"②

北美：大洋彼岸的华文缪斯重镇

北美的华文文学最早可追溯到 19 世纪中叶，据美国移民局记载，1820 年首次有华人到达美国的记录。1848 年，加利福尼亚发现金矿，当

---

① 林湄：《天望》，长江文艺出版社 2004 年版，"序"第 1 页。
② ［意］伊塔洛·卡尔维诺：《为什么读经典》，黄灿然、李桂蜜译，译林出版社、凤凰出版传媒集团 2012 年版，第 4 页。

时到北美做苦力的淘金客,后来成为移居美国最早的华侨先贤,在天使岛木屋留下诗歌130多首,尽管只是民间口语诗,却成为华文文学的滥觞。20世纪初期,有过一批中国学生赴美留学,如胡适、冰心、梁实秋、康白情、朱湘、闻一多等,在现代文学史上赫然有名。19世纪美国废除"排华法案"以后,华人在美国受到法律保护,美国华文文学开始萌生。40年代后期就有华人文学社团成立,如美洲华侨青年文艺社等,创办文学期刊《文艺月刊》《新苗》,华文报纸也开辟有文学副刊。20世纪五六十年代,中国台湾留学生热潮兴起,相当一批人成为之后留学生文学的代表人物,如白先勇、於梨华、聂华苓、陈若曦、非马、叶维廉、杜国清等,他们成绩斐然,创作了被称为"无根的一代"之文学经典。这一波留学生文学潮,就人数之多、所取得的文学成就及其影响力而言,是同时期的欧洲与澳洲无法相比的。

20世纪七八十年代中国国门打开,形成世纪末的移民大潮,不论是留学还是经商、技术移民等,选择的目的地都是经济、科技、教育发达的国家,美国自然成为首选的目标。在世界范围内,美国是华侨华人数量增长最多的发达国家。从20世纪80年代初的81.2万人,到2006年的356.5万人(其中有190多万华人是新移民),2018年达到500多万,其中绝大多数来自中国。改革开放以后,中国首批50名公派留学生于1978年12月留学美国,1981年国家关于自费留学的规定出台,开始出现留学生潮,赴美留学生此后逐年增长,到2018—2019年度,有近37万中国学生赴美留学,比2017—2018年度增长1.7%,占美国留学生总数的33.7%,使中国成为外国留美学生人数的第一大国。最早的中国留学生文学(即后来的新移民文学)即在20世纪80年代的留美学生潮中产生,苏炜1983年10月创作的《伯华利山庄之夜》等一组短篇小说,被认为是"新移民文学"的发轫之作。

北美新移民文学的历史发展,大体可划分为三个时期。

第一时期,1980—1990年为萌芽期。1983年10月,苏炜的短篇小说《荷里活第8号汽车旅馆》写于美国波士顿,小说集《远行人》和查建英的《丛林下的冰河》开新移民文学之先河，这两位作家也被称为新移民文学的先驱者。

第二时期，1991—2000年为发展期，从兴起逐渐走向成熟，作家队伍逐渐壮大。1991年，两部旅美作家的长篇《北京人在纽约》与《曼哈顿的中国女人》几乎同时出版。随着根据同名小说改编的影视剧的热播，新移民文学一度掀起大波热浪，引起海内外的特别关注。

第三时期，2000年以后至今，新移民文学进入繁荣期，主题由早期的打拼、乡愁、身份挣扎与淘金梦书写走向多元，创作内涵深化、艺术方法多样，涌现出一批知名作家：如美国的哈金、苏炜、严歌苓、刘荒田、陈谦、少君、陈九、周励、薛海翔、沙石、袁劲梅、叶周、施玮、黄宗之、虔谦、张宗子、吕红、陈瑞琳、张惠雯、程宝林、沈宁、李硕儒、鲁鸣、王性初等，加拿大的张翎、陈河、薛忆沩、曾晓文、孙博、郑南川、李彦、余曦、陈浩泉等。

北美作家群落大体有两类，一类是以大城市为中心的作家群，如美国的纽约、洛杉矶、旧金山、芝加哥、休斯敦等，加拿大的多伦多、温哥华、蒙特利尔等大都市。另一类为北美高校作家群，包括哈金、苏炜、袁劲梅、李彦、吴华、徐学清等。还有隐藏在书斋的作家如薛忆沩等。

美国与加拿大的华文文学社团近百个。美国的华文作家社团数量在五十个以上，主要有国际新移民笔会、北美华人中文作家协会，创建有会刊《东西》、公众号"北美文学家园"；美国洛杉矶华文作家协会、美国华文文艺界协会（旧金山）、纽约女作家协会、美国休斯敦华文作家协会、美国中文作家协会、海外华文女作家协会等，还有文心社等各种文学网站、公众号等。其中，北美洲华文作家协会包括美国、加拿大地区有20个分会，2000名会员。美国洛杉矶作家协会创办了《洛城作家》年刊，以及《洛城文苑》《洛城小说》《洛城诗刊》三种文学月刊。美国各大城市几乎都有华文报纸，《国际日报》《世界日报》《侨报》等，都先后有文学副刊发表华文文学作品，具有很大的辐射力。

加拿大华文文学社团，主要有加拿大华裔作家协会、加拿大华人文学学会、加拿大中国笔会、加拿大华文文学笔会、加拿大华文作家协会、漂木艺术家协会、大华笔会、多伦多华人作家协会、魁北克华人作家协会,以及注册于温哥华的欧美影视协会等,均为跨地域的文学社团。加拿大华文作家协会以新移民为主体,成立30多年来,每年举办各类文学活动。加拿大现有华文报刊《世界华人周刊》《环球华报》《世界日版》《大华商报》《作家文苑》《明报》《加拿大商报》《星岛日报》副刊等多种。

在美国,20世纪80年代以来,先有《北美行》《美华文学》开路,后有《红杉林》杂志(2006年创刊)坚持至今,与报纸副刊、各类文学网站、公众号一道,有力地推动了北美新移民文学的发展。《中外论坛》自1991年创刊至今已四十多年,更是海外华文文坛奇迹,对促进海外华文文学批评与理论建设功不可没。本雅明认为,文学生活是以期刊为中心展开的,此乃真知灼见也。美国还出版有不少诗刊,如《新大陆诗刊》《洛城诗刊》《葡萄园诗刊》《常青藤诗刊》《一行诗刊》等,都集结了相当数量的诗人与诗歌爱好者。

北美新移民文学的主要特色,可以概括为以下几个方面。

一 前瞻性:新移民文学的风向标

北美作为世界华文文学的重镇,新移民文学从发端起就呈现出引领潮流之势。在世界华文文学版图,北美新移民文学总是走在前沿。20世纪80年代,苏炜《远行人》与查建英《丛林下的冰河》,已公认为北美新移民文学开路先锋之作。90年代初,两部长篇《北京人在纽约》《曼哈顿的中国女人》的问世,一度成为热门话题。接着,《我的财富在澳洲》《上海人在东京》《绿卡梦》等陆续出版,新移民文学逐渐在全球兴起热潮。

1991年4月,全球第一家中文电子周刊《华夏文摘》出版,编辑的主体是当时在美国的留学生。少君小说是第一篇华文网络小说,领华文网络文学之先。1995年,鲁鸣在纽约创办全球第一家华文网络诗刊《橄榄树》，并任编辑。旅美新移民作家将互联网引入文学，对开启全球网络文学、电子期刊以至于后来发展起来的微刊、公众号等，都具有引领作用。疫情期间，顾月华在纽约率先采用云上（线上）形式举办华文文学《极光学术讲座》三十讲，为全球华文文学国际交流做出重要的贡献。"在北美华文作家的作品中，一方面是在中西文化的大背景下展开了对生命价值的探讨；另一方面则探索华文文学新的表现方式和创作技巧，具有某种实验性和前瞻性。"① 北美新移民作家的创作视野、文化诉求与审美特征，总是处在前沿，而影响到海外华文作家创作。如哈金小说中对哲学的思考，陈河融入魔幻写实的尝试，薛忆沩小说与西方文学经典的互涉，施玮提倡的灵性文学理念与超验创作，严歌苓、沙石小说中的黑色幽默等，皆具有先锋实验的品性。

二 母国性："根系母土"讲中国故事

昆德拉指出："一个移民作家的艺术问题，生命中数量相等的一大段时光对青年时代与对成年时代所具有的分量是不同的。如果说成人时代对于生活以及对于创作都是最丰富、最重要的话，那么，潜意识、记忆力、语言等一切创造的基础则在很早就形成了。"他还说："一切造就人的意识。他的想象世界……都是在他的前半生中形成的，而且保持始终。"② 这段话深刻阐述了移民作家的创作与母国在诸多方面所存在的天然联系，而这种联系在北美作家身上，表现得尤为突出。他们与中国有着割舍不断的关系，中国母土文化强大的生命力与凝聚力，也深深扎根在作家们的记忆中。

2004 年，在美国亚利桑那州凤凰城注册的国际新移民学会，英文名称"The Chinese Immigration Writers Association"，首届国际新移民作

---

① 陈瑞琳：《世界华文文学新格局》，载古远清主编《世界华文文学新学科论文选》，万卷楼股份有限公司 2022 年版，第 556 页。

② ［捷］米兰·昆德拉：《被背叛的遗嘱》，余中先译，上海译文出版社 2003 年版，第 100 页。

家笔会即在中国江西南昌召开,此后6次国际华文文学研讨会依次在成都、西安、福州、徐州、绍兴等中国城市举办,可见其与母国密切的依存关系。北美许多作家,如哈金、严歌苓、张翎、陈河、苏炜、陈谦、薛忆沩、黄宗之、叶周、李彦、曾晓文等,都在中国的《收获》《十月》《当代》《人民文学》《上海文学》等发表作品,在诸如人民文学出版社、作家出版社等出版作品集,并参加国内各种文学评奖活动,如中山文艺奖、《人民文学》《收获》等杂志文学评奖与各类学会的排行榜排名等。

北美新移民作家的中国书写、中国故事、母土想象的文本,在海外新移民文学中都最为耀眼,如哈金的《等待》《南京安魂曲》,严歌苓的《第九位寡妇》《芳华》,陈河的《布偶》《甲骨时光》,张翎的《劳燕》,薛忆沩《出租车司机》《"李尔王"与1979》,李硕儒的《永乐盛世》等,都堪称新移民文学的精品佳作,在如何面对世界讲好中国故事方面做出了有益的探索。还有苏炜创作的"中国知青组歌"《岁月甘泉》,先后在美国纽约卡内基音乐厅、耶鲁大学及中国国家大剧院演出,大获成功,影响深远。

三 开放性:多元文化的浸润与洗礼

开放性是北美新移民文学的重要特征,主要表现在下述方面:第一,就北美新移民文学的形成而言,其接受是开放性的。北美新移民文学形成的源头是多向的,其一是中国文学传统。新移民作家生长在母国,受教育在母国,大多数人在故国完成了高等教育,他们首先接受的是中国文化、中华文化传统,以及中国古典文学与新文学传统。其二是台湾60年代留学生文学传统。白先勇等一代作家,已在美国创作了华文文学的经典作品,他们被称为新移民华文文学的"前行者"。其三是美国华裔文学的传统。华裔作家汤亭亭、谭恩美、赵健秀等,用英文创作的作品涉及中国故事与移民题材,无疑会影响到新移民作家的创作。"北美作家就纵向而言,有台湾学生潮著名作家白先勇、於梨华、聂华苓等作家的经典作品的影响，横向又能与不同时代、不同作家进行交集。"①

第二，就北美新移民作家的创作而言，其接纳同样是开放性的。北美新移民作家身处全球文化潮流汇集的前沿，"从文化的角度看，北美大陆可以说是当今世界各种文化成果的'集散地'，北美新移民作家置身其间，可以说在吸取世界性的文化果实方面得天独厚"②。北美这块新大陆，汇聚了欧洲、拉美、非洲，还有东方的亚洲文化。新移民作家身处此地，在创作自由度大、相对宽容的氛围里，在承继中华文化传统的基础上，吸纳多种文化的精髓与营养，形成多重视野，更能激活创作潜力，写出有别于国内作家的不一样的文学作品。哈金的《等待》故事情节并不复杂，写的是发生在中国北方一个普通而平淡的家庭婚变故事，典型的现实主义写法，但其深刻之处在于揭示了人的精神困境——一个知识分子自我构筑的围城。"找到的就不是你要找的"是人的一种精神困境，也是复杂人性表现之一种，蕴含着存在主义哲学思考，发人深思。陈谦的《望断南飞雁》，写移民女性南雁出国以后的离家出走，令人想起易卜生戏剧《玩偶之家》中娜拉的出走。小说从生态女性主义的视角塑造了一个新女性的形象，又具有浓郁的中国意味。陈河的《甲骨时光》书写了蕴含深厚的中国历史故事：寻找古文化的瑰宝——古文字甲骨文。小说中融入多种艺术元素与现代手法，恰到好处地运用了拉美魔幻写实的写法，古今故事情节交叠，梦幻写实穿越自如，悬疑推理引人入胜。施玮的《故国宫卷》在现代网络与历史古卷中穿越，鲁鸣的《背道而驰》属于"心理分析小说"，黄鹤峰的《西雅图酋长的谶语》充溢着印第安人和白人的浪漫风情，如此种种，多种文化混杂交融，使得北美新移民文学呈现出传统与现代相接、中西相融、主题新锐、艺术现代而多彩多姿的新景象。

---

① 张奥列：《澳华文学史迹》，华中师范大学出版社 2016 年版，第 20 页。
② 刘俊：《世界华文文学：历史·记忆·语系》，花城出版社 2017 年版，第 170 页。

澳洲：南半球与袋鼠相伴的奇异文苑

澳大利亚是一块神奇的土地，地理位置和生态环境独特，是全球最具有生物多样性的国家。这个国家以英语为第一语言，汉语与德、法、日为第二语言。华人踏上这块土地，最早在19世纪中叶，澳大利亚维多利亚州发现金矿，中国沿海一带淘金客漂洋过海涌向澳洲，1850年有大批中国人到澳洲淘金，这是最早抵达澳洲的华人。20世纪初，澳洲的中文报刊就开设有副刊，但多为旅澳文人唱和应酬之诗作与游记散文。20世纪中期，澳洲在殖民当局统治下，华人遭民族歧视与排挤，一度中文报纸被停办，华人生存非常艰难。直到20世纪70年代末80年代初，澳大利亚推行"文化多元主义"，先是来自东南亚一代的华裔，随后中国台湾、香港的移民来到澳洲，华文报刊随之复苏，华文文学开始萌芽。到80年代中期以后，中国大陆兴起移民潮，大量留学生和新移民来到澳洲。新移民文学的发展，离不开华文报刊的助力与推动。墨尔本、悉尼创办有中文报刊《海外风》《星岛日报》《澳洲新报》《华声日报》《自立快报》等都曾开辟过文学副刊，聚集了许多华文作家，发表文学作品。澳洲华文报纸最多时达二三十家，其数量之多为海外华文文坛少见。

1992年成立的澳洲华文作家协会，集中了从中国大陆、台港和东南亚等地来澳的作者，随后悉尼作协、墨尔本作协、昆士兰作协相继成立。1995年之后，中国大陆新移民组成新作协，大洋文联、澳洲华文诗人笔会、酒井诗社等文学社团纷纷成立，他们召开作家作品讨论会，举办新书发布会，新移民作家逐渐在澳华文坛显露头角。以澳大利亚华人作家协会为例，曾出版文集《澳洲情思》《澳洲香椿树》《澳华两地情》《十年岁月，澳中欢歌》《他乡，故乡》共五册，汇集了数十名会员的作品200余篇（首）、书籍40多部。

澳洲新移民作家创办文学杂志一度繁盛，如庄伟杰、西彤主编的《满江红》，以诗歌为主打，曾推出澳华文艺专辑。还有欧阳昱、丁小琦创办的《原乡》，洪丕柱主持的昆士兰作协会刊《澳华》，武力、梁正首创的留学生杂志《大世界》，罗文主编的《汉声》。① 由中澳合办、庄伟杰主编的学术期刊《中文学刊》于2021年创刊，是一本研究海外华文文学为主的学术期刊，它以其鲜明的海外性、学术性与理论性，受到海内外学界的高度关注。20世纪90年代是澳洲新移民文学社团的兴盛时期。一时各地文友活跃异常、文学景观蔚为壮观。澳洲华文作协，纯属作家自发组织的民间文学团体。1993年6月，悉尼歌剧院上演大型歌舞剧《中华魂》。1994年，悉尼华文作协曾举办"首届华文作协杰出青年作家奖"。1995年，悉尼成立澳洲诗人笔会，1996年墨尔本成立《原乡》文学会。1997年悉尼成立澳大利亚东亚文艺交流协会，1998年"悉尼八怪"成立澳亚笔会。澳洲新移民作家群落集中在华人最多的大都市：悉尼、墨尔本、布里斯班（昆士兰州）。

澳洲新移民文学以新世纪为界，可以分为前后两个时期。20世纪八九十年代为前期，21世纪以来的20年为后期。20世纪中叶，台湾留学生文学一度波及欧美，但几乎没有波及澳洲。到20世纪80年代末，中国留学生踏入澳洲前，澳洲虽已有中文报纸，亦有从东南亚、台港移居澳洲的华人的文学作品发表，终究未能形成群体力量，缺乏本土坐标，不成规模。90年代以后，澳洲各地华文文学作家协会成立，新移民文学兴起，逐渐活跃，南半球华文文学开始走向新阶段。有关资料显示：2012—2017年，中国赴澳留学生批签数持续六年高速增长，增长率高达128%，澳洲新移民文学发展势头倍加喜人。"澳华文学开创之初，著作出版大都是台港移民作家，而大陆移民作家的著作只有十来种。十多年后的今天，大陆新移民作家出书已逾百种。"② 进入21世纪，新移民作家编撰出版的三套丛书，成为澳华文学的品牌，"展现了移民大潮中东西方文化杂交的特性，可以视作近十余年来澳华文学异军突起的一个缩影，也是当下研究华文文学较有代表性的历史文化资料"③。

---

① 张奥列：《澳华文学史迹》，华中师范大学出版社2016年版，第20、21页。
② 张奥列：《澳华文学史迹》，华中师范大学出版社2016年版，第25页。
③ 张奥列：《澳华文学史迹》，华中师范大学出版社2016年版，第26页。

澳洲新移民文学的特色，可概括为以下几个方面。

一　新移民文学崛起成为澳华文坛生力军

20世纪80年代初，澳大利亚推行"文化多元主义"，华人移民才逐渐多起来。捷足先登的是东南亚一代的华裔及中国台湾、香港的移民，华文报刊随之复苏，华文文学开始萌芽。相较北美与欧洲，中国留学生涌入澳洲的时间稍晚一步。澳洲留学生文学，钱超英称之为"新华人文学"，至20世纪80年代末开始出现纪实性的作品，如留学生李玮的《留学生日记》，当时曾在悉尼华文报刊连载，可视为澳洲新移民文学的先声。90年代初，刘观德的长篇《我的财富在澳洲》发表。1995年，八位新移民男性作者出版了散文集《悉尼八怪》。1996年，毕熙燕的长篇《绿卡梦》出版。1998年，九位新移民女性作者出版了小说合集《她们没有爱情——悉尼华文女作家小说集》。于是，新移民作家逐渐登上了澳洲文学舞台。

21世纪正式出版的三套丛书，成为澳华新移民作家崛起的标志。由中国海峡文艺出版社出版的"澳洲华文文学丛书"（2002年版）是澳洲第一套反映澳华文学概貌的大型文学丛书，堪称"澳华文学文学史上的一块丰碑"，共汇集103位老中青三代作家的420多篇作品。丛书分为五卷：小说卷《与袋鼠搏击》、诗歌卷《大洋洲鸥缘》、散文卷《渴望绿色》、杂文随笔卷《人生廊桥梦几多》、报告文学卷《男儿远行》。以庄伟杰主编的小说卷《与袋鼠搏击》为例，在28位小说作者中，中国台湾、香港以及越南移居的华人仅占五位，其余大部分是来自中国大陆的新移民。紧接着出版的"澳洲华文文学方阵"，则是为了更好地"展示作家个人的创作实绩，为海内外各界、特别是学术界提供澳华作家们真实的个案文本和第一手资料"[①]。以"方阵"命名的澳华文学书系、《大洋文丛·澳华文萃》《第三类文化系列丛书·澳洲专辑》，是以选取新诗、

[①] 庄伟杰：《文学的潜在力量——"澳洲华文文学方阵"出版前言》，载张劲帆《初夜》，中国文联出版社2005年版。

散文诗、小说、散文随笔、杂文、报告文学、纪实特写和文艺评论为主体的个人结集。此外，欧阳昱出版了多部用中、英文创作的长篇："黄州三部曲"（*The Yellow Town Trilogy*）、《东坡纪事》（*The Eastern Slope Chronicle*，2002）、《英语班》（*The English Class*，2010）、《散漫野史》（*Loose, A Wild History*，2011）和中文长篇《淘金地》等。

二　从"离散"焦虑症到融入"多元文化"的人生

澳洲新移民文学的早期，可以概括为"身份寻找"的焦虑期。钱超英在《诗人之死———一个时代的隐喻》中说："澳大利亚'新华人文学'（新移民文学）及相关的表达活动已经形成了一种值得注意的文化现象，这种现象的重要特征之一在于它包含一种持续性的紧张，这种紧张来源于多种因素交织的时空环境下的身份焦虑。"① 李玮、刘观德、毕熙燕等人早期的作品，都生动表现出这种焦虑心态的特征。而随着时间的推移，澳洲相对宽松的移民限制与"文化多元主义"政策的推行，这种"焦虑症"、离散心态也逐渐发生变化，渐渐淡去。有的作家甚至认为自己在澳洲的生活中，很少有"他者"的感觉。"若以祖籍国中国人的心态去审视海外生活，往往着眼于对西方生活的疏离，对民族根性的眷念。""以融入的姿态，以居住国的思维去表现新的生活，两种心理视点所传递的信息效果是不一样的。""你从客居、漂泊中转而找到归属感。有了这种归属感，你就会淡去'离散'的情结，注入'融入'的期待，笔下也就疏离中国叙事了。"② 欧阳昱在其创办的中英文文学杂志《原乡》（英文名为 *Otherland*，即"异乡"）首刊"发刊词"中写道："'原乡'之于'异乡'，正如'异乡'之于'原乡'，是一正一反的关系，宛如镜中映像。""我们是中国大一统文化附庸海外华人，还是新时代民族大融合浪潮下产生的新澳大利亚人？我们是人在异乡，心回原乡，还是人去原乡，

---

① 钱超英：《诗人之死———一个时代的隐喻》，中国社会科学出版社2000年版，第3页。
② 张奥列：《海外华文文学该姓啥？》，《文学报》2019年3月28日第23版。

心归异乡？或者两者兼而有之？"①"家园""原乡"和"乡愁"，在作家海外经验与视野中渐渐解构，海外移居生活为作家们打开了新的开阔视野。在"黄州三部曲"中，就揭示出作者的这种复杂的文化心态。"他乡亦故乡"的"融入"心态，在澳洲许多新移民作家的散文随笔中有细腻而深切的展现。

三 "中华之风"与"澳味"相融合的新移民文学

"澳味华风"，是对澳洲新移民文学创作特色形象而经典的概括。在澳洲新移民文学创作中，两种文化的混杂与两种地理风情熔于一炉，呈现出别具的风格。张奥列指出："澳华文学的灵魂是什么？我以为是：华裔移民在异域生存中的文化，包括对中华文化的重新认识，对西方文化的切身体验，对中西文化冲突和融合的审视与理解，对多元文化中人道生存行为的选择。""澳洲风情与华人生态糅合在一起"，是澳洲华文小说最大的特色。在沈志敏的小说《与袋鼠搏击》中，一位移居澳洲的中国人正在开车寻找工作，与澳洲一群袋鼠有一次奇特遭遇。由于有一只袋鼠被人开车撞伤且丧子，有袋鼠误判"我"是那个肇事者，为了复仇竟然跟踪"我"几百公里，穷追不舍。在人鼠对峙的危急时刻，在那次车祸中另一只在场的灵活袋鼠做证，认出"我"不是肇事人，还试图救治受伤的袋鼠。于是，这群袋鼠最终与"我"达成了和解。人与异域动物应该消除误解、和谐相处的故事，含有象征色彩与寓言意味，给人很深的启示，何尝不是在暗示不同种族的人与人之间的相处呢？欧阳昱的小说《淘金地》，写华侨先辈19世纪中叶到澳洲淘金的故事，打破惯常长篇的写作模式，没有贯穿全书的主角，没有完整的故事情节。故事的发生地全在澳洲，采用一种散点式的结构，由一篇一篇短小的故事或片断拼接组合起来。小说中人物没有名字，一律用"阿"字开头，称阿某。这部小说可以看作澳洲的"清明上河图"，是在澳大利亚版图上展现当年

---

① 欧阳昱：《Otherland 文学杂志十五年回顾》，http：//blog.sina.com.cn/s/blog_76176a770100p28r.html。

中国淘金客奇特而悲惨的人生境遇。澳洲新移民作家的散文随笔中，这种"中华之风"与"澳味"相结合的特色，非常鲜明，散文集《渴望绿色》里，随处可见这样的篇章，如沈志敏《故乡·异乡·梦乡》、张奥列《中央火车站的活雕像》、林茂生《我的祖国》、李中华《流不到家乡的雨水中》、萧蔚《饺子的故事》、刘继光《华夏京音》等，似乎仅看篇名便能领略到"华风澳味"的浓郁特色。

澳洲新移民文学一直以散文随笔、纪实文学、诗歌唱主角，而小说创作力量薄弱，尤其是长篇小说更为少见，缺少有代表性影响力的名家与经典作品，不能不说是澳华文学的短板，正如同张奥列所概括的"只有群舞集体舞，而没有独舞领舞"①。期望澳洲新移民文学在发展中，打造更多的澳华文学经典，让这个地区的新移民文学创作更上一层楼。

欧、美、澳新移民文学，是海外华文文学版图的重要构成部分。在全球化语境下，研究在世界格局中拥有人类最多读者群的华文文学，对推动世界华文文学的建设、交流互动与发展，进而增强我们的文化自信，是分布在五大洲华人华侨的共同使命。

---

① 张奥列：《澳华文学史迹》，华中师范大学出版社2016年版，第19页。

中国文学地理学的理论创新问题

邹建军*

内容提要：文学地理学是由中国学者提出和发展起来的一门新的文学研究学科和一种新的文学批评方法，在理论上具有自己的发现与创新。本文认为地理基因理论、地理叙事理论、地理分布理论、地理哲学理论、天地之物理论和文学区理论等，构成了中国文学地理学理论的创新体系，已经成为当代中国文论话语体系中的重要概念和术语，并拥有广阔的运用前景。

关键词：文学地理学；理论创新；文论话语；理论体系；运用前景

文学地理学是由中国学者提出和发展起来的一门文学研究新学科，也是由中国学者提出和发展起来的一种文学批评新方法，西方的"地理批评"在 20 世纪下半期以来虽然也曾经有一些成就，然而他们的理论观点与批评方法，由于翻译滞后的问题，对于中国的文学地理学，并没有产生太多影响。中国的文学地理学作为一门新的文学研究学科，或者作为一种新的文学研究方法，并不是从西方引进的。虽然在现代以来的法国和美国也曾有所谓以"地理批评"形态而出现的文学地理研究，但似乎一直没有人把它作为一门学科或者一种文学研究方法，从理论上来进

---

* 邹建军（1963— ），男，文学博士，华中师范大学文学院教授、博士生导师，主要研究文学地理学、文学伦理学。

行提倡和从实践上来进行运用,似乎还是处于一种文化批评和哲学批评的阶段。中国学者在文学地理学批评实践方面有着重要的贡献,在文学地理学理论方面也有不少新的理论发现,已经引起越来越多学者的关注和研究。然而,一个基本的事实是,中国学者的理论观点和批评方法,已经在文学批评实践中得到了广泛的运用,在文学研究领域发挥了重要的作用。中国文学地理学理论的重要发现,主要体现在以下六个方面。

一 地理基因理论

所谓地理基因,是指任何一个作家、诗人在从事文学创作的时候,都会带有他从小开始形成的地理基因,并且是特定的、独立的、完善的或者充分的地理基因,是由他从小所出生的地方、所生长的地域所制约的,或者说在某种程度上是由他所在的土壤与气候环境所决定的。① 主要是由他的幼年时代、童年时代、少年时代以及青年时代,也可以包括后面的中年和老年时代所经历的地理因素。地理基因是经过一种历史性的、生命性的和综合性的过程才可以形成的,当然主要的还是根源于幼年时代、童年时代和少年时代的自然环境与人文环境。生活在世界上的每一个人身上,从逻辑上来说都存在地理基因。也许有的人就会问,同一个村庄出生与长大的人,他们身上的地理基因是不是一样的呢?我们只能说,在他们身上的地理基因可能有许多的共同性,但也可能是完全不一样的,而之所以如此,不是因为他们的出生地、成长地不一样,而是因为他们的出生地、成长地虽然相同,但是每一个人的个人禀赋与先天体质并不一样,也就是说每一个人的个性、气质、心理、情境不一样,因此,他们身上所携带的地理基因就不一样。所谓地理基因理论,主要是针对不同的作家和诗人的研究,当然也可以包括艺术家、文化学者以及

---

① 参见邹建军《关于文学发生的地理基因问题》,《世界文学评论》2012 年第 1 期;杜雪琴《文学"地理基因"之源》,《世界文学评论》2012 年第 1 期;张琼《文学与"地理基因"相遇的三种方式》,《世界文学评论》2012 年第 1 期;屈伶萤、邹建军《"地理基因"的形态、内涵及其产生根源》,《当代文坛》2020 年第 4 期。

与此相关的人。这种理论并不是针对社会上一般的人，因为一般的人不从事文学创作、不从事艺术创作，他们身上的地理基因没有办法通过特定的方式保存下来，并且通过文学和艺术的方式表现出来。用这样一种由中国学者提出的地理基因理论，可以观照世界各国的文学，包括俄罗斯文学、美国文学和英国文学等，以及相关的作家和作品。如果我们对这些国家的文学有专门的研究，就可以涉及相关的具体细节，通过对作品中所有的地理因素的分析，讨论地理基因的构成、形态与来源问题。从地理基因理论出发，在研究包括俄罗斯诗人、作家和艺术家在内的所有世界各国作家、诗人和艺术家的时候，甚至是那些一流的理论家和批评家的时候，就可以有一些全新的发现，得出一些新的结论。从前的文学研究基本上不涉及一个作家和诗人身上地理基因的问题，注重的往往是他们身上的社会历史因素，或者是与家族家庭之间的联系，所以不能找到问题的实质与造成种种现象的原因。对于诗人、作家和艺术家的成长和发展而言，地理基因是一个重要的原因，以此作为钥匙可以破解许多重要的秘密与根源性的东西。

二　地理叙事理论

所谓地理叙事理论，主要是针对文学作品和艺术作品本身的。在许多文学作品里，特别是在一些篇幅比较长、规模比较大的文学作品里，或者说在一些以叙事为主要手法的文学作品里，往往存在比较深厚的、博大的甚至是比较精深的地理因素或地理元素，这就是文学地理学理论中所说的地理叙事。[①] 对这样的文学作品中的地理叙事研究，往往会涉及一些地名、地理景观、地理空间、地理意象、地理形象、地理影像，以及它们相互之间的关系，文学地理学者都认为，凡是在文学作品中和地

---

① 参见颜红菲《地理叙事在文学作品中的变迁及其意义》，《江汉论坛》2013年第3期；袁艺林《地理叙事：论易卜生诗歌中的地理空间建构途径》，《内江师范学院学报》2015年第1期；邹建军《真实可靠的地理叙事及其审美意义——对电视连续剧"亮剑"的一种再探讨》，《武汉科技大学学报》2016年第6期。

理要素密切相关、直接相连的叙事内容,都可以叫作地理叙事。当然,这里所说的"叙事"是比较宽泛的,包括故事的展开、事件的展开、人物的活动、人物形象之来源,也包括人物的性格、人物的命运、人物的情感、人物的思想等,以及它们相互之间的关系,凡是与地理方面相关的叙事,都叫作地理叙事。以地理叙事的理论来观照世界各国文学包括俄罗斯文学、英国文学、日本文学、印度文学等,特别是历史上那些杰出的长篇小说、多幕剧、长诗、系列散文等,都可以做出一些新的阐释,或者得出一些新的结论。地理叙事理论在西方的叙事学里是不存在的,在中国的文化叙事学里也是不存在的,所以我们不要一听说"地理叙事",就认为是西方学者的创造,或者是来自外国,地理叙事是中国文学地理学学者对文学地理学的独特贡献,也是当代中国学者对世界叙事学理论的重要贡献。有的学者运用地理叙事的理论,研究中国现当代文学、外国文学和文学理论等,撰写自己的硕士学位论文和博士学位论文,取得了丰硕的成果。据笔者所知,至少已经有十本书名包含"地理叙事"的著作,并且引起了中外学界的关注,获得上下一致的好评,说明地理叙事研究已经成为中国的文学研究中一个比较热门的话题。地理叙事在文学作品中是显著的存在,也是重要的存在,即使没有其他多种多样的地理因素,地理空间或者说与地理相关的空间在任何文学作品中都是存在的,一首小诗、一篇小散文、随笔等作品,也同样是如此。李太白《静夜思》、杜工部的《春夜喜雨》、苏东坡的《题西林壁》这样的作品,其中也存在地理叙事的问题,只不过是各不相同的地理叙事,可以进行多种多样的解释。当然,这里的"叙事"也包括了"抒情"和"议论",只不过与地理相关。西方叙事学或中国文化叙事学理论中的"叙事",同样也是一个综合性的概念。

三 地理分布理论

所谓地理分布理论,主要是针对作家而言的,针对人类历史上所有文学家的出生地与成长地的,看一看他们的来历、他们的历史、他们的作品、他们的创作等。① 在我们所生活的整个地球上，人类历史上的一流作家、一流诗人，或者每一个国家和某一个朝代的作家和诗人，主要分布在哪些地区、哪些地点，构成了什么样的形态，体现了什么样的规律，可以说明什么样的问题。比如说在俄罗斯的历史上，那些一流的作家、诗人或者理论家们，分别来自哪些地方、哪个地区和哪个民族，还可以进一步研究更深层次的问题。在中国学者所做的作家地理分布研究方面，比较成熟的是对中国古代文学家的研究，同时也延伸到了对中国现当代文学家的研究，已经取得一系列重要的成果。在对外国文学、世界文学和民间文学的研究方面，做得还比较欠缺。当然，也有人对此有不同的看法，认为作家的地理分布会存在一些偶然的因素，有的时候偶然因素可以发挥很大作用。从总体上来说，一个作家的成长和发展，往往是由特定的地理因素所决定的，这样的逻辑判断是没有问题的；这里所说的作家的地理分布，只是在所有要素中一个比较重要的因素而已，不可能说明作家存在与发展的所有问题。地理分布是我们研究的一种结果，同时也有可能是一个原因，如当代中国的诗人是如何分布的，四川多少、湖南多少、山西多少，可以进行数据统计与系统分析，找到其中的一些原因，但并不一定存在完整的规律，因此，这样的研究是可以成立的，但不是绝对的。"一方水土养一方人"，这句话里是存在人才成长和发展的真理，但要找到这样的真理，就需要进行全面的研究，并且加以辨析，才可以得出科学的结论，而不可一概而论。作家的地理分布可以研究，并且也相当的重要，诗人的故乡、文学的源地、哲学的圣地等，也就是这样产生，如果没有相关的研究，也不可能得到他人的认可。一方面是数据来源要可靠，另一方面是统计方法要科学，同时也还有一种综合性的判断，不然就会产生问题。研究者要有历史的眼光、人文的观念和科学的方法，要从整体上、全局上和根源上来讨论问题，不可流于表面的现象，更不能为表面现象所干扰，要

---

① 参见曾大兴《中国历代文学家之地理分布》，商务印书馆 2013 年版。

有实质性的发现与科学性的结论。所谓的分布，就是要在统计的基础上，还要以图表的方式进行呈现，不然就会流于一种印象式的，或者是相当武断的论断。同时，作家的地理分布最重要的根据还是地理及其对作家所产生的影响，之所以存在这样的分布，而不是另一种分布，要有对于地理方面的说明，同时也要有综合性的分析，不然就可能没有很强的说服力。

四　地理哲学理论

什么叫地理哲学理论？所谓地理哲学，是指文学的基础与根本是什么，在文学理论的层面上体现了一种哲学的态度与立场。文学本身也是一种哲学，我们要把地理看成一种文学的哲学，而不是要把人本身看成一种文学的哲学。① 在我们现有的文学理论中，主要的或者说唯一的，就是把人看成了文学的来源或者基础，这就是从前的文学的哲学。虽然我们说文学是文学，但文学同时也是一种哲学，一直以来许多人都认同"文学是审美的人学"，好像只有人类才有文学，而离开了人类就没有所谓的文学。就世界上所存在的人文现象而言，的确是只有人类，才有了自己的文学。我们只要一看到人，就可以让我们想起文学；而如果没有了人，就不会有所谓的文学，从道理上和逻辑上来说，是没有任何问题的。然而，我们如果把人当作文学的哲学，就会产生很多问题甚至是很大的问题，因为当今世界人类所面对的许多问题，都是因为这样的理解水平而产生的，并且也是因为如此单一的理论，所产生的问题才一直没有得到很好的解决。我们应该把人和地理放在文学的前面，把它们当成文学的哲学来看待和对待。人类本身并不是文学的哲学，因为文学并不只是表现人类自身，并且人类自己也是因为地理才产生、存在和发展的。离开了地理环境，包括自然地理环境和人文地理环境，不仅文学是不存在的，人类本身也是不存在的，这样的理解就可以构成我们所说

---

① 参见邹建军《江山之助——邹建军教授讲文学地理学》，中央编译出版社2014年版；谢冬冰《自然主义文学哲学根源再探》，《海南师范学院学报》2005年第3期。

的人类的地理哲学。以此而观包括俄罗斯在内的世界各国文学，就可以发现文学的哲学还是地理，而不是人类本身。俄罗斯文学所具有的那样一种广大的地域，他们所遭受的那样一种在人间所少有的苦难，形成那样一种特别深重而沉郁的艺术风格，似乎都与这个国家的地理环境密切相关，也可以从此而得到许多种合理的根据，并进行科学的解释。文学的根本存在与发展，都会涉及哲学的问题，这就是文学的哲学。有人说从前只是听说过艺术的哲学，而没有听说过文学的哲学，其实文学的哲学问题一直是存在的，只是没有引起人们的重视，也少有人来进行具体的探讨。当我们进行文学地理学理论探讨的时候，还不得不考虑这样的问题。文学的根本是什么？文学的基础是什么？文学的来源是什么？文学是因为什么而存在，因为什么而发展？其实都和地理相关，并且是特定的地理，复杂的地理，作为力量而存在的地理。文学是由人所创作的，而人是由地理所制约的，那么，通过文学的中介而产生的文学，也是由地理所制约与决定的，这就是文学的哲学。当然，我们也不可忽略人的作用，由地理所决定的人，通过自己并且也通过地理而发生了文学，文学也会反作用于人类，也会反作用于地理。在考虑文学的哲学这个问题的时候，也要考虑到文学与地理之间的复杂关系，人与文学之间的复杂关系，人与地理之间的复杂关系，不然的话也会产生问题。看来，文学的哲学是值得我们探讨的重要问题。

五 "天地之物"理论

中国文学地理学者所说的"地理"，并不仅仅是地形、地相或地貌那么简单。中学地理学教科书上固有的地理定义，所谓的"地理"也就是地形、地相和地貌，或者还包括一些地质方面的内容；而在中国文学地理学者看来，所谓的"地理"却绝不可能是这样。中国古人所说的"天地之物"，才更加符合中国文学地理学理论中所说的"地理"。在中国古代文化传统中，有所谓"天""地""人"的概念，"人"在中间所能够看到的一切的东西，都可以是作家所观察与所表现的东西。那么，我们说一切的"天地之物"都可以叫作"地理"①。为什么我们可以如此定义"地理"概念呢？因为文学地理学要去研究文学中的地理问题，不可能只是研究文学作品里的"地形"问题，或者文学作品中的"地貌"问题，而是肯定要去研究文学作品中的和人相对而存在的天地万物，也就是人们在天地之间所可以看见的一切的东西。那么，"地理"的概念是包括了水文、气候、物候、天文、星象、动物、植物等，所有的这些东西都应该纳入，而且都必须纳入。自古以来，不论中外，一个作家对于天地之物的表现也是如此原始的，不可能只是表现一点地形与地相之类的东西。所以，文学地理学的"地理"概念，就需要并且应当重新定义。如果不这样理解，一方面是不符合文学作品和作家的实际，另一方面是不符合中外文学作品中地理存在的事实。在文学地理理论中重新定义"天地之物"，不仅不存在任何问题，反而是一个重要的发明创造。因为没有这样的定义是说不通的，也不可能推进中国的文学地理学研究。如果没有这样的理论，文学地理学批评和文学地理学研究就不能有所突破，就不可能在中国建立起文学地理学的新学科和新方法。文学所要表现的就是"天地之物"，包括了人本身；文学作品所存在的就是"天地之物"，也包括了人本身。因此，"天地之物"并不是重复古人的哲学观点，而是借用古人的观点发展出新的文学地理学思想，让文学地理学研究走上一条广阔的道路，为文学地理学开辟了特别广远的前景。

六 "文学区"理论②

中国文学地理学者所提出的"文学区"理论，主要是针对中外文学史和文学的整体形态，而不是针对作家和作品。文学地理学的"文学区"理论认为世界上的文学形态和文学构成并不只是分国别的，而是可以根据不同的地理形态分成不同的、多种多样的文学区，而我们就可以根据

---

① 参见杜雪琴《"天地之物"：文学地理学批评之根》，《文学教育》2012 年第 8 期。
② 参见邹建军、王海燕《"文学区"概念的提出与文学史观念的重构——以三部通行的外国/世界文学史教材为例》，《湖北大学学报》2017 年第 6 期。

这样的分区，进行更加合理的、科学的和明确的文学史叙述。我们现在可以看到的"世界文学史"教材、"外国文学史"教材还是"中国文学史"教材，似乎都是存在问题的，并且有的时候问题还相当的严重；而之所以存在这样的问题，就是因为我们在文学研究和文学批评中没有"文学区"的概念，没有"文学区"的理论。有的人一讲文学史就是"国别文学"，似乎不讲"国别文学"就不会讲外国或世界的文学史了；而在我们现有的讲述中，也完全没有什么"文学区"的概念。即使是讲一个国家的文学如英国文学、美国文学、印度文学等，也很难看到有"文学区"的存在，没有体现出一种"文学区"的观念。俄罗斯高尔基世界文学研究所主编的《世界文学史》，一共八卷十六册，其中还是有一些"文学区"的观念，只是没有明确地提出类似于"文学区"的理论而已。那么，在我们整个的地球上，文学的形成与构成，实际上一直是以虚拟的方式而存在，是以国别文学的方式来构成，这极有可能只是一种表面现象，没有能够真实地反映世界各国文学的形态与世界文学的历史。国家的界限一直是在不断地变动，所以不是非常的稳定，构成了一种基本的历史形态与政治形态。"国别"是一个政治性的概念，而不是一个文学性的概念，也不是一个文化性的概念。文学地理学中"文学区"的概念，及其相关的"文学区"的理论，可以重新用来认识世界或各国文学史的构成，重新认识整个人类或者整个地球文学形态的构成，包括一个国家之内的文学形态产生和形成的过程。我们在讨论俄罗斯区域文学的时候，就可以加以适当运用，在这个过程中可以有许多的发现。整个俄罗斯被分作了八大联邦行政区，体现的是一种政治性的观念；同时，在一个行政区中又分成了几大政治区，什么东西伯利亚、中西伯利亚、西西伯利亚、北西伯利亚等，还有什么北高加索、南高加索等，还有什么什么平原、什么什么高原等，表明在人们的视野中，这个国家明显地存在一种区域性的东西。但是，"文学区"并不等同于行政区，"文学区"是文学区，而行政区是行政区，虽然两者之间是存在关系的。在俄罗斯境内，欧洲文学区和亚洲文学区的分别是存在的；在欧洲文学区之内，还可以分成北方文学区、西方文学区、东方文学区和南方文学区之类。而在其亚洲部分，是否也可以分成几个西伯利亚文学区，加上远东文学区之类的？也还需要进一步的研究。因为这个国家人口数量不大，对于文学区的划分也许不能过细。但是，只要我们有一个大致的分别，就可以进行新的叙述，在学术研究上这就是一种新的发现，一种新的创造。"文学区"概念的提出及其意义是重大的。首先，我们可以由此建构一种全新的文学理论，文学地理学批评理论中的文学区理论，可以重新建立一种新的文学理论。其次，可以另外建构一种文学史叙述的框架，不管是对中国文学史的叙述，还是对外国文学史的叙述、世界文学史的叙述来说，都是如此。再次，还可以极大地推进未来的文学创作，包括中国的文学创作和世界的文学创作。最后，可以以此推动地方文学和区域文学的发展。

　　文学地理学要建设成为一门新的学科，文学地理学要成为一种新的方法，都需要从理论上进行建构，从而完成自己的理论体系的建设。本文所讨论的六个方面的理论，正是体现了中国文学地理学者在理论上的创造性。地理基因理论是为了解决作家身上的地理观念与地理思想的来源问题，地理分布理论是为了解决作家与自然山水与文化传统之间的联系问题，地理叙事理论是为了解决文学作品中所存在的地理因素及其美学意义的问题，文学区理论是为了解决人类世界文学的形态构成与文学史的科学叙述问题，"天地之物"理论是为了解决文学作品中所存在的原始性地理因素和文学作品在产生的时候的原始形态问题，地理哲学理论是为了解决文学、地理与人之间的关系问题，从而更加有效地解释文学的终极来源与产生机制问题。由此可见，六大理论创新体现的正是中国学者们的创造性，是为中国文学地理学学科做出的重要贡献。

　　理论的创新也是需要基础和根基的，没有雄厚的学术积累与文学经验，特别是文学欣赏与文学创作的经验，要在理论上有所创新是不可能的。首先要有特定的并且也是广博的研究对象，只是研究一些个案不可能有规律性的发现；其次，也需要大量的生命体验和艺术经验，对于文学和艺术没有投入与沉淀是很难有所发现的；再次，要有基本的理论观照与提炼的能力，也就是要有一定的理论想象力，并且要以特定的词语进行表达，如果只是知道沿用前人的理论，从来不敢越雷池一步，那还有什么理论发现呢？最后，术语要能够表现一定的概念，而概念要有强大的阐释功能，并不是每一个术语都有这样的功能，如果没有这样的功能，就不能成为一个可以运用的概念。

中国文学地理学者所提出和讨论的以上六个方面的基本理论，已经在文学批评和文学研究实践中得到比较多的运用，并且取得明显的成效。我们从每一年的中国文学地理学学会年会论文中，从各学术期刊和文学期刊所发表的论文中，就可以发现并且证明这样一点。比如从篇名入进"地理叙事"，可以得到 31 条目录，这并不包括中国国内所出版的学术著作；从篇名入进"地理基因"，可以得到 14 条目录。当然，一种理论从提出到运用也有一个过程，并且会有一个比较长的过程，特别是像文学研究这样的基础性的研究。因此，加强对于中国文学地理学理论的评论与推广，也是我们这个时代一项重要的历史性任务。

异域乌托邦的建构与解构：华裔美国文学中的安徽叙事*

陈富瑞**

内容提要：在华裔美国作家的作品中，有多处关于安徽的书写，谭恩美的《奇幻山谷》和邝丽莎的《乔伊的梦》是其中的典型代表。首先，本文以薇奥莱的经历为例分析《奇幻山谷》中1927年的安徽月塘村；其次，以乔伊的经历为例分析《乔伊的梦》中1958年到1962年间的安徽青龙村。他们两人都是从上海去了安徽，后又逃离安徽，再次回到上海。安徽作为主人公建构的理想乌托邦，首先是逃离现实的目的地；之后，安徽在现实中被逐步解构，成为人物再次逃离的起点。无论是薇奥莱眼中的安徽，还是乔伊眼中的安徽，都存在着从建构到解构的过程。

关键词：华裔美国文学；谭恩美；邝丽莎；乌托邦；安徽叙事

谭恩美（Amy Tan，1952—）和邝丽莎（Lisa See，1955—）都是华裔美国小说作家，谭恩美成名较早，对邝丽莎的影响很大。在一次访谈中，当被问及"您觉得哪位华裔作家对您影响很大"时，邝丽莎提到了汤亭亭和谭恩美，她这样说："谭恩美，她是我的好朋友，我很喜欢她那

---

* ［基金项目］国家社科基金项目"21世纪华裔美国文学中的中国形象研究"（17CWW002）。
** 陈富瑞（1982— ），女，文学博士，重庆师范大学副教授，主要从事华裔美国文学与比较文学研究。

细腻的文笔。我上一次去中国就是和她一起去的,我们拜访了她在上海的亲戚,还一起去安徽的一个小村庄为各自的下部作品调研。"① 接下来出版的《乔伊的梦》(*Dreams of Joy*, 2011)和《奇幻山谷》(*The Valley of Amazement*, 2013)中,邝丽莎和谭恩美都写了安徽的村庄,具体的调研细节目前尚未有资料可以查阅,但两位作家对上海和安徽的关注引起了笔者的注意。两本书有一个巧合,谭恩美在《奇幻山谷》写的是安徽月塘村;而后者在《乔伊的梦》中,乔伊所到的地方叫青龙村,赖队长的警卫就是来自月塘村的村民,那么极有可能月塘村和青龙村就是邻近村落。关于月塘村,邝丽莎和谭恩美选择了一样的英文"Moon Pond village"②,这个巧合也暗合了二人考察的是同一个村庄。2017 年邝丽莎在小说《蜂鸟巷的茶女》中,"月塘"这个名字再次闪现,小说中的金先生就出生在月塘村(Moon Pond village)。"文化大革命"期间,金先生的父母从广东搬到安徽一个叫月塘的村子,月塘"拥有如此美丽的名字,但却是一个非常黑暗的地方。……它比我在你的村子里看到的要悲惨糟糕得多"③。和《奇幻山谷》中相似的是,"月塘"因其名字被给予的美好想象,最后都被现实的残酷所解构。邝丽莎和谭恩美考察的是安徽的同一个地方,但却写了不同年代的风貌,都书写了异域乌托邦的建构与解构。究竟是何原因使得这个村子引起两位作家的注意,还需要进一步查证并进行研究。这些一再的巧合,也说明安徽被华裔美国作家同时关注,她们在安徽撷取的一般都是一个村子,谭恩美选了一个偏远的被大山层层阻隔的月塘村,邝丽莎选择了当时农村下放的地点青龙村。对于读者而言,这些特定时代的小镇就成了安徽的代表。安徽作为中国农村的缩影是如何在两位作家笔下呈现的?又具有怎样的意义呢?

---

① 卢俊:《中国情结与女性故事——美国华裔作家邝丽莎访谈》,《当代外国文学》2012 年第 3 期。
② Lisa See, *Dreams of Joy: A Novel*, New York: Random House, 2011, p.256.
③ Lisa See, *The Tea Girl of Hummingbird Lane*, New York: Scribner, 2017, p.226.

一 1927 年的安徽月塘村：以《奇幻山谷》为例

　　《奇幻山谷》共有十二章，其中有三章谈及安徽，分别是"动荡的年月""月塘村"和"极乐山"，时间跨度为一年多，但真正发生在月塘村的故事，其实只有"月塘村"一章，其他两章，一个发生在来月塘的路上，一个发生在离开月塘的路上。安徽叙事主要是以薇奥莱去月塘为线索展开的，月塘人凝视着从上海来的薇奥莱——一个混血儿，一个长着外国面孔却说中国话的女孩，当地极少见到外国人，薇奥莱可能是唯一一个。薇奥莱也凝视着这个贫困的乡村，贫穷并不可怕，可怕的是与世隔绝的闭塞。这种双向凝视也让薇奥莱更清楚自己的处境。本节将从文化光环照耀下的安徽想象、艰难路途的流浪式书写、月塘的贫穷与闭塞和轻如飞燕的归途四个层面进行论述。

　　第一，文化光环照耀下的安徽想象。安徽是中国文化发祥地，有很多历史文化名城，亦有很多名将良相、文人雅士，"文房四宝"被人津津乐道。因此，当人们提及安徽时，首先想到的就是安徽悠久的历史、灿烂的文化和辉煌的过往。薇奥莱将这些光环罩在来自安徽的常恒的家族之上，因此，当自诩为诗人的常恒说自己家族出过十代文官时，薇奥莱对此坚信不疑，即使有所怀疑也会自我说服。以薇奥莱的期待视野，她将要以文人之妻的身份，在花园里和常恒一起花前月下、畅聊余生，甚至还有闲情雅致回忆过往，过着受人尊敬的生活，扮演着"崇高"的角色。为此她做了精心准备：

　　　　为了扮演好常恒的妻子，我到裁缝店去，叫裁缝给我做一件符合文人之妻、能干媳妇身份的服装。
　　　　"妻子！哦哟！"他欢叫道，"你一定让所有的烟花姐妹都嫉妒疯了。在我经手的衣服里，只有极少极少是给那些最后爬到了你这个位置的校书做的"。
　　　　"我将要住在他们安徽乡下的宅子里——一个文人世家的故土。

他们家出过十代文官了。你知不知道,好多有名的文人都来自于安徽?那里可能不如上海光鲜亮丽,但那里更有文化,更像是文人隐居的地方。你给我做衣服的时候,别做得太亮丽或是太时尚,不要上一季的衣服那种西洋风情。我猜他们那里的人会有点保守。当然了,你也不用把衣服做成那种老掉牙的式样。"①

从薇奥莱和裁缝的对话来看,可以得知三点信息:一是薇奥莱对未来生活的设想,要扮演的是文人之妻、一个能干媳妇的角色,既有对未来生活的向往也有自我新身份的定位;二是裁缝惊讶的语气和说出的话也给了薇奥莱信心,进一步锚定了她从良的决心,薇奥莱的回答也说明她对安徽生活的无限向往;三是对未来生活的预期,安徽可能不如上海时尚,但其文化底蕴可以弥补这一不足。这一切都是薇奥莱对安徽的美好想象,跟月塘无关,跟常恒无关。与其说薇奥莱去的是月塘,不如说她去的是她想象的安徽。

薇奥莱将安徽一个省的文化积淀覆盖在月塘一个村落之上,月塘难以承受期望之重。出发前薇奥莱才得知,"常恒的家位于一个叫做月塘的小村子里,那里距离上海有三百英里远"②。根据当时的交通条件,这个距离已经是很远了,距离上海越远可能就越远离繁华。在此之前,她对目的地只是一种幻觉。这些特意订制的衣服也并不合时宜,"我们带来的衣服在上海算不得时髦,但它们到了这里可算倒了霉,我们成了乌鸦群里的孔雀——落汤鸡模样的孔雀"③。这是月塘给薇奥莱的见面礼,这种理想主义的想象必将碰壁,接下来一路的旅途中就时时提醒她、打击她。

第二,艰难路途的流浪式书写。在去往月塘的路上,只有薇奥莱和朋友宝葫芦两个人,常恒借故离开。三百多英里的距离,她们搭乘各种交通工具,历经两个半月的烈日与风霜才抵达目的地,可以说是死里逃

---

① [美]谭恩美:《奇幻山谷》,王蕙林译,外语教学与研究出版社2017年版,第317页。
② [美]谭恩美:《奇幻山谷》,王蕙林译,外语教学与研究出版社2017年版,第313页。
③ [美]谭恩美:《奇幻山谷》,王蕙林译,外语教学与研究出版社2017年版,第331页。

生。从上海到月塘,一步步从大城市到小城市到小县城,再到一个又一个的小镇,道路越来越崎岖,交通工具越来越少,直到"再也没有什么交通工具,可以把我们从一个河口带到下一个河口了"①。意外也频频而至,当时正好是夏天,中间经历了烈日炎炎、狂风暴雨、驴车翻山、断崖峭壁、泥石流封路等各种危险,像看灾难片一样惊悚,看见过被泥石流冲走的马车,穿越过泥泞的田野、被沟壑割裂的小径,走过布满陶片的满地坑洞,作为二十年来的第一批客人住过老鼠遍地跑的旅馆,再用七八天的时间穿越鬼城,踏上铺满白骨的鬼路,走上糙泥路,穿过波涌山,跨过湍急的河流,住进本次路程的最后一个旅馆,一路走来,犹如一个流浪汉的流浪书写。第二天穿着自认为最俗气的衣服,却被旅馆的寡妇老板娘惊叹为"神仙夫人"。这一路的颠簸无数次让她们想起在上海乘马车兜风的场景,想起曾经与其他女性争风吃醋的画面,而如今的生活与之相距甚远。

安徽因其独特的地理环境,自然灾害频发,经常不是大水就是大旱。② 据统计 1910—1949 年安徽更是严重,薇奥莱去安徽是 1927 年,这一年安徽正在经历涝灾,一路上遇到泥石流、暴雨、山洪等自然灾害,接着在另外一个地方也写了干涸的地面、满地的坑洞和颠簸的驴车,这些景象是安徽自然灾害的呈现,其实也从另外一个侧面说明,天灾必然会带来经济的萧条,一路上的艰辛也在暗示月塘的闭塞。

第三,月塘的贫穷与闭塞。偏远且贫穷,进来难出去更难,这就是闭塞的月塘。月塘的贫穷可以从理想中的乡下宅子与年久失修的乡下老屋的对比看出。出发前,薇奥莱以陆成在上海的楼房为蓝本,想象了乡下的大宅子,再加上一座大大的庭院,平滑如镜、倒映出青山的池塘和大路两边的丰收场景,构成了未来乡下的生活图景。而眼前的景象是面前的废桥、小径,长满水藻的绿色池塘,乱七八糟、参差不齐的破房子,

---

① [美]谭恩美:《奇幻山谷》,王蕙林译,外语教学与研究出版社 2017 年版,第 315 页。
② 数据是根据《安徽水旱灾害》的表格统计得出。参见安徽省水利厅编著《安徽水旱灾害》,中国水利水电出版社 1998 年版,第 3—5 页。

光秃秃的院子，想象和现实的差距用天壤之别来形容一点都不夸张，薇奥莱内心的失望程度更是可想而知。作家又将常恒家的房子与其他村民的房子进行了对比，这所又小又破的宅子"还算宏伟"，双重对比更凸显了月塘的闭塞与贫穷。贫穷会导致思想的落后，薇奥莱想到了月塘村可能会保守，但没有想到程度如此之深。"常恒和我不再像以前一样热烈讨论了。在闭塞的内陆地区，我们没有什么可以讨论的东西。在月塘村里上演的唯一新闻，便是村民间鸡毛蒜皮的拌嘴，以及疫病的爆发。就算上海成了一片火海，我们也不会知道的。"① 村民沉浸在家长里短的琐事之中，远离繁华的都市，没人关注外面的世界，也无法关注外面的世界。如果说贫穷限制了月塘人们的想象，看到薇奥莱觉得是"神仙夫人"，如今，对薇奥莱来说，是曾经的奢华与富裕限制了她对贫穷的想象，她想到安徽乡下的生活不如上海光鲜亮丽，但没有想到是如此的破败不堪。此外，月塘的闭塞还体现在交通上，几乎没有通向外界的路，进来有多难出去就有多难，"佛手神话"也禁锢了人们的脚步。

第四，轻如飞燕的归途。去月塘的路程特别难，一方面是前途未卜，另一方面是舟车劳顿，对于从未离开过上海的人来说，这三百多里的路程已是相当遥远。历尽艰难险阻，克服重重困难，冒着生命危险到了月塘，迎接薇奥莱的是满眼满心的失望。"在上海，常恒曾用诗歌向我表达爱意，诗里说，月塘的美丽会使我彻底忘掉挥之不去的上海记忆。然而七个星期已经过去了，我不仅什么也没能忘掉，相反，还一刻不停地思念着上海，并且不断思考着该怎么逃离月塘，返回上海。"② 月塘的美丽如今成了一个巨大的讽刺，薇奥莱唯一的愿望就是想方设法逃离，不惜一切代价逃离月塘，但月塘的封闭着实让这些手无寸铁的女子无奈。月塘几乎没有可以出去的路，即使有钱也雇不来马车，更何况她们的珠宝首饰也被常恒藏了起来。仅有的一条通向外界的路又被当地人妖魔化，于是几百年来当地都没有人敢爬这座山。薇奥莱

---

① ［美］谭恩美：《奇幻山谷》，王蕙林译，外语教学与研究出版社2017年版，第362页。
② ［美］谭恩美：《奇幻山谷》，王蕙林译，外语教学与研究出版社2017年版，第343页。

试着以西方人的思维来否认香柚讲述的"佛手神话"。逃离像监狱一样的月塘的渴望推动她们想到办法,依靠着姐妹间的智慧、团结与支持走出了月塘。爬上山的过程虽然艰难,但与前面来月塘冗长而又沉重的经历相比,回去的路不仅轻快而且畅通,"第二天,我们雇了辆轿车,开到了下一个滨河小镇,然后又乘上一条船。越靠近上海,我们坐的船就越大,沿途的旅店和食物也就越好。再也没有什么驴车、泥巴和满口脏话的车夫了。离开留在山景的魅儿和香柚两周后,我们终于抵达了杭州火车站"。① 与来时的路相比,这回去的路就是身轻如燕,无论是交通还是行囊,无论是步伐还是心情,生活也向着越来越好的方向前进。

薇奥莱凝视着月塘,凝视着月塘的自我妖魔化,并最终与香柚等姐妹一起打破这种妖魔化。笔者认为,月塘的书写在某种意义上与被妖魔化的华人一样,作为中美混血的薇奥莱不仅是以上海人的眼光审视着月塘,也在以美国人的视角来审视这个闭塞、贫穷、愚昧的地方。而这座山通向外界的通道最终是被来自上海的姑娘们打通的,也颇具深意。从去月塘、在月塘到离开月塘,薇奥莱关于安徽的三部曲其实是一个逃亡历程的书写,因为内心的恐惧,薇奥莱选择了跟常恒一起去月塘,上海常恒的光鲜亮丽和安徽常恒的龌龊不堪,既是人物形象的反差,也是上海和月塘的反差,薇奥莱选择逃离伪君子常恒,逃离禁锢她人生的月塘,再次回到上海。当乌托邦幻象被解构之后,薇奥莱眼中的安徽月塘就是落后中国的缩影。

二 1958—1962 年的安徽青龙村:以《乔伊的梦》为例

邝丽莎曾到安徽进行考察,所以作品中多次以安徽农村作为故事发生地。《乔伊的梦》以"大跃进"运动为背景,书写了1958—1962年的

---

① [美]谭恩美:《奇幻山谷》,王蕙林译,外语教学与研究出版社2017年版,第485页。

安徽，故意将"大跃进"运动和三年自然灾害时期混为一体①，以有意误读的方式书写了这一特定时期下的中国。故事涉及多个地方，读者跟随着乔伊和珍珠的脚步，从旧金山到香港到上海，然后从上海经杭州到安徽，再到广州到北京到上海，再从上海到安徽到广州到上海，继而又在上海和安徽之间往返，再从上海到广州到香港。主要活动空间集中在上海城市和安徽青龙村，"从叙事结构来说，小说建构了城市叙事与乡村叙事相互交织的共时叙事，公共空间与私人空间相互对立的二元空间"②。上海发挥着城市叙事的功能，安徽发挥着农村叙事的功能。乔伊和珍珠两地间的多次往返书写了她们的中国双城记。

根据小说描写，青龙村距离上海大约 250 英里（四百公里）的距离，并不太远，但由于交通不便，一般需要几次中转。乔伊和珍珠每次来都是跟 Z. G. 一起。前两次都是 Z. G. 的策略选择，"所有的艺术家和艺术院校的学生都必须在农村待上三到六个月，让群众进行艺术创作"③，在当时的政治环境下，去乡下接受改造可以代替去工厂劳动，Z. G. 认为这更适合她。乔伊第一次来，初次接触青龙村，虽然有些所见所闻让她震惊，但这次的短暂停留，乔伊感受的是新奇与美好，包括刚刚萌芽的爱情。此外，乔伊将她之后跟随父亲在广州、北京、上海等地的游历，所享受的特权阶级的待遇等都融进了她对安徽的想象，助力乌托邦的建构。第二次，乔伊特地邀请母亲珍珠一起来，目睹了农村的变化，人民公社刚刚成立，提供托儿所、洗衣房和食堂，"人民公社免费提供一日三餐，解放了女性"，每个人看到的、感受到的都是一片欣欣向荣、热火朝天的景象，村民们齐心协力，斗志昂扬。这一次她选择

---

① 在"作者手记"中，有如下的说明："大跃进运动开始于 1958 年，结束于 1962 年。"(Lisa See, *Dreams of Joy*, Author's Note, New York: Random House, 2012, p. 1.) 邝丽莎在访谈中说："那时候，中国正在进行大跃进运动，这本新书就是讲述了母女二人在大跃进运动以及三年自然灾害中的故事。"可见，作家知晓二者的时间界限，这是创作中的有意误读。参见卢俊《中国情结与女性故事——美国华裔作家邝丽莎访谈》，《当代外国文学》2012 年第 3 期。
② 颜红菲：《论〈乔伊的梦〉的空间叙事》，《南京师范大学文学院学报》2015 年第 2 期。
③ Lisa See, *Dreams of Joy: A Novel*, New York: Random House, 2011, p. 172.

了和冯涛结婚，怀抱着对新中国建设的热情，留了下来。她完全不了解现实生活，一切都猝不及防。即使婚后发现了问题也只能选择主动承担。于是，乔伊有机会亲身经历了农村的"大跃进"运动，看到公社制定的浮夸目标。包括她最后自救的方式——制作"发射人造卫星"的墙画作品，这些都是浮夸的表现，在信息被封锁的年代，乔伊用艺术的方式巧妙地向外界传递信息，发出鸡毛求救信，最后得到救助，成功逃离青龙村。

作为故事的主要发生地，青龙村在小说中承担了三重使命。第一，青龙村是知青下放农村进行劳动改造的场所。当 Z. G. 遭到过于西方化批评的时候，他主动选择去农村向大众传授艺术，以此来洗去身上的污点，青龙村就是这样一个场所。来到青龙村，他们住进了别墅，乔伊以为这是优待，在 Z. G. 看来这是进行侮辱和惩罚的一种方式。Z. G. 两次来到这里都是他的主动选择，以此逃避进入工厂或者接受其他劳教，而青龙村是当时在农村接受改造的一个选择，也是这一时期农村的缩影。第二，青龙村是"大跃进"和自然灾害最严重的村庄之一。邝丽莎将这里作为当时农村生活的缩影，从乔伊的视角来描写"大跃进"对农村生活的影响，对农村经济的破坏。文中缺少来自中国的声音，使得读者无法了解此时的中国。小说从西方视角进行评判，通过乔伊和珍珠的观察，青龙村及其村民被纳入西方逻辑框架中，依据西方的尤其是美国的思维方式。珍珠一开始就觉得这不对，但没有批评，她认为乔伊的新婚空间是"幽闭恐怖的地方"，这就是不祥之兆。农村是此次运动受影响最大的地方，相对于上海，这里的受灾情况要严重得多。乔伊在"发射人造卫星"的画中，用人物的对比关系、猫头鹰、黑色等元素对时政进行讽刺，愚弄当时以赖队长为代表的管理层。她们居高临下地审视着青龙村，一方面享受着特权阶级的优待，另一方面对其大肆嘲讽，对各种现象与新政进行评判。第三，青龙村是作为城市空间的对立面来书写的。小说中的城市叙事和农村叙事构筑了不同的叙事空间，一方面描写上海的都市场景，另一方面描写安徽的农村场景，同一个中国，同一个政策，完全不一样的现状。在青龙村，人们因饥饿在生存线上挣扎；与此同时，在上海，Z. G.、珍珠和邓正在参加一场精心准备的招待宴会，"这是我来中国后见过的最多的食物，而且非常美味。……我们的餐桌主人告诉香港客人，中国的食物非常多，没有必要提供米饭"①。食物紧缺与丰盈的反差，触目惊心，农村是一米难求，粒粒珍贵；特权阶层是无尽的奢侈与浪费。这与乔伊此时的经历形成了鲜明对比，更突出了"大跃进"运动对城市和农村影响的区别，上海并没有收到任何这方面的信息。如果不是乔伊发出的鸡毛信，可能上海的珍珠永远都不知道周边农村的生活是如此艰难。更大的讽刺是，当 Z. G. 和珍珠借着公社卫星图的名义开车到青龙村时，为了本村的荣誉，赖队长还为"尊贵的客人准备了二十道菜的宴会"，实际上就餐的就只有珍珠、Z. G. 和赖队长三个人，这与路上的场景、现实的画面形成了极大反差。

青龙村是率先设立人民公社的，是知青下乡改造的地方，也是在运动中受影响比较大的地方。小说以在美国长大的乔伊的眼光来看青龙村的变化，二者的对比与反差如此之大，在她的内心更是充满了疑问。大跃进对安徽农村的影响严重，但自然灾害的影响亦是不容小觑。安徽因其特殊的地理位置，境内河流众多，长江流经安徽南部，淮河流经安徽北部，还有其他多条支流，加上江淮地区全年的降水量比较大，容易发生旱涝灾害。1958 年和 1959 年是干旱年份，1960 年是水旱交错，1961 年是干旱，1962 年水旱交错，一般是冬春干旱，夏秋暴雨成灾，几乎年年都有。② 恶劣的自然环境也让这里的生存艰难了几分。邝丽莎在书写中，有意忽略自然灾害的影响，刻意放大人为因素，比如延长"大跃进"运动的时间，与三年自然灾害时期混为一谈等，将安徽蒙上更多政治色彩，这与作家邝丽莎的东方主义视野有关。

---

① Lisa See, *Dreams of Joy: A Novel*, New York: Random House, 2011, p. 297.
② 数据来源于表 1—4 "安徽省 1949—1994 年水旱灾害年表"。参见安徽省水利厅编著《安徽水旱灾害》，中国水利水电出版社 1998 年版，第 7 页。

三 安徽之旅：逃离的终点与起点

两部作品中描述的安徽农村分别是 1927 年的安徽月塘村和 1958—1962 年间的安徽青龙村，时间不同，地点不同，相同的是，这里都频繁经历自然灾害，都远离上海，都是偏僻落后的代表。无论是《奇幻山谷》还是《乔伊的梦》，主人公拥有几乎一样的"逃亡"路线，都是从上海逃亡到安徽，再从安徽返回上海；作品中的安徽一开始都是美好的乌托邦幻象，都经历了从建构到解构的过程。在去之前，主人公内心都怀有对现实生活的恐惧，对未来生活的期待，安徽农村成为当时逃离现实困境的唯一路径。尤其是以薇奥莱的幻象最为典型，自愿坚决前往，后又坚决离开，去的决心有多坚定，离开的决心就有多坚定，两人去的方式不同，去的目的不同，最后是殊途同归。

其一，逃离源自对现实的恐惧，对未来的幻想。首先来看薇奥莱的逃离。对薇奥莱而言，随着年龄的增长、上海局势的变化，不得不考虑"长三行业会"的职业危机，这使得她选择嫁给常恒，离开熟悉的上海，内心渴望的是地久天长的平和。薇奥莱心中的月塘是她幻想出来的理想乌托邦，而现实的月塘是被当地人妖魔化的月塘。抵达闭塞的月塘之后，她唯一的愿望就是逃离月塘，"我想象出一大堆复杂的计划，并对实际的操作问题进行思考。到底哪个更惨呢？——在一家花烟间里揽客，还是住在世界尽头给常恒当小妾？每次扪心自问，我都会给出同一个答案：就算死，我也要死在上海"①。支撑她回上海的是坚定的信念，寻找女儿芙洛拉的信念。上海已经抽象成一个符号，一种感觉，"我脑中的上海不是一个地方，而是一种满足的感觉"②。安徽从一开始的逃离的目的地变成了如今薇奥莱逃离的起点，一定要想办法从安徽逃离，回到上海。

其次来看乔伊的逃离。乔伊凭着年轻女孩的冲动，一张机票，从美

---

① ［美］谭恩美：《奇幻山谷》，王蕙林译，外语教学与研究出版社 2017 年版，第 349 页。
② ［美］谭恩美：《奇幻山谷》，王蕙林译，外语教学与研究出版社 2017 年版，第 390 页。

国洛杉矶飞到陌生的中国上海。找到亲生父亲后，就马不停蹄地跟随父亲李Z.G.到了青龙村。她逃离的是家庭变故尤其是养父山姆自杀带给她的自责，向往的是跟着父亲一起建立新的自我身份。和薇奥莱一样，她也是源自内心的恐惧，自我身份迷失的恐惧。和《奇幻山谷》不同的是，乔伊去了两次安徽青龙村。第一次是被动跟父亲去了安徽，第二次去是为了奔赴爱情，义无反顾地与冯涛结婚，并选择留在安徽。安徽承载了她对新中国的美好想象，亦是理想乌托邦的建构所在。当发现现实的真相后，乔伊坚定地选择离开安徽，不能回到美国也要留在上海。安徽的角色地位发生了变化，从一开始逃亡的目的地变成再次逃亡的起点。

其二，作家都采用了对比手法来书写逃亡的历程。无论是薇奥莱还是乔伊，两人的逃亡历程都是惊心动魄。在叙事上，谭恩美和邝丽莎两位作家都选择了以上海为代表的城市叙事和以安徽为代表的农村叙事，这种二元对立的叙事空间对比鲜明，极易打破人物的安徽想象，是解构乌托邦幻象的主要方式。以《奇幻山谷》为例。薇奥莱一路去月塘都是采用对比的手法，无论是渐行渐远渐荒凉的沿途风景，还是越来越破旧乃至最后几乎消失的交通工具，对比无处不在。除交通外，第一次对比是上海马车和乡下马车的对比。无车可坐时，宝葫芦找到了一个老实的赶大车的人，"他宣称他的马车是远近五个县里最好的，以前曾是地主家的财产"[①]。作家用欲抑先扬的手法，将车子的寒酸与车夫的认知呈现给读者，车夫反复宣称他的车是五个县里最好的最棒的最豪华的车，并且敢于拍胸脯保证。实际上，这辆车早已是破旧不堪——座椅是坏的，华盖是破破烂烂的，绫罗绸缎是被蛾子咬烂了的；马车上既看不到沿途风景，还被颠得七荤八素；即便如此，"那位赶大车的仍旧坚称，这个奇妙的玩意儿确实是最棒的"。车夫越是坚信，就越说明了薇奥莱处境的艰难。这与她们在上海兜风的马车相比，可是差得太远，这一切无不预示着前面的路更难，实际上她也深知"生活正在以每一秒的速度飞速恶化

---

① [美]谭恩美：《奇幻山谷》，王蕙林译，外语教学与研究出版社2017年版，第315页。

着"①。就如无路可走时乘坐的这辆马车一样,薇奥莱已经"脱离了它原本属于的崇高社会阶层",走向更深的深渊。此处马车的描写就为下文对上海的想象埋下了伏笔。此外,还有宏运河今昔的对比。经过宏运河时,驾车的老蹦描述了宏运河昔日的繁华——"既是个熙熙攘攘的港口,又是县政府所在地"②,回忆了当年看过的戏、品过的美味,如今这里成了"一座没有色彩的鬼城"。旅店老板也讲述了昔日的辉煌,包括爵爷的居住史,气派的旅馆装修——涂满红色和金色的宏伟拱门,还有飞龙雕刻,整修的寺庙和翻新的神像等,眼前的废墟诉说着物是人非的沧桑。这种对比一方面反映了安徽的文化底蕴,另一方面也反衬出今日之荒凉。

与《奇幻山谷》中薇奥莱的单一视角不同的是,《乔伊的梦》中的对比既有乔伊对安徽和上海的对比,也有母亲珍珠眼中的对比,同时还有乔伊生活的安徽和珍珠生活的上海的现状的对比,如上文珍珠参加的宴会和乔伊在青龙村遭遇的对比等,上海和安徽的反差无时无刻不体现在作品中。无论是薇奥莱还是乔伊,在安徽待的时间都不长,前后大概都是一年多的时间,最后都是为了女儿坚定离开。安徽曾经作为她们逃离的目的地,如今成了新的逃离起点,她们将曾经的起点上海作为本次逃离的目的地——"死也要死在上海",安徽和上海的往返完成了作家笔下的中国叙事。③ 二人回上海的路径和方式不同,但都一样的惊心动魄。回上海之后,由于二人的身份不同,选择也不同。乔伊与母亲一起回到上海,继而回美国。处处碰壁之后,她计划回她熟悉的美国唐人街。薇奥莱拒绝了母亲和女儿返回美国的邀请,独自留在了中国。

从小说中的叙述得知,谭恩美描写的是20世纪20年代的安徽月塘村,距离上海300多英里,舟车劳顿,历时大概两个半月;邝丽莎描写的是20世纪50年代的青龙村,距离上海约二百五十英里,开车只需要几天的时间。也就是说两个村子相距大概只有五十英里,路上的交通时间与

---

① [美]谭恩美:《奇幻山谷》,王蕙林译,外语教学与研究出版社2017年版,第330页。
② [美]谭恩美:《奇幻山谷》,王蕙林译,外语教学与研究出版社2017年版,第323页。
③ 两部作品中的"上海叙事",是另一个值得研究的课题。

方式却差距甚远，时代的发展从中可窥一斑，但落后与封闭的形态却几乎一模一样。不同作家同样的书写引人深思，20世纪30年代，安徽农村就曾被美国作家赛珍珠写进了小说《大地》中，普通农民王龙在安徽宿州成功的故事几乎家喻户晓。安徽被书写成了能实现"美国梦"的地方，时隔九十年后安徽再次出现在读者的视野中，却是乔伊和薇奥莱的"美国梦"幻灭的地方，对美国读者而言亦是一种冲击。无论是谭恩美还是邝丽莎笔下的安徽，一开始都被建构为异域乌托邦，是薇奥莱和乔伊一心想奔赴的圣地，这里寄托着她们的余生梦想。随着时间的流逝，情节的推进，寄托在安徽月塘和青龙村的理想逐步破灭，安徽也被逐步解构，历史文化名城的形象被消解殆尽，成了中国农村的缩影，是落后与闭塞的代名词。由此看来，小说中的安徽叙事不仅解构了乔伊和薇奥莱想象中的安徽，也解构了赛珍珠笔下的安徽形象，这是安徽叙事的意义之一。

其次，华裔美国文学小说中地理视点的转换大都是在中国和美国之间，而这两部作品的背景设置在中国，地理视点主要是在安徽与上海之间切换，中美之间的切换只是一个外在的叙事框架。安徽与上海是中国农村与城市的代表，二者的对比体现了特定时期的城乡差距，也再次凸显了上海在华裔美国作家书写中的优势地位。从农村回到城市，逃离上海后再回归上海是两部小说共同的叙事选择。安徽作为被建构和解构的异域乌托邦，只是推动小说情节的一个故事发生地。作为东方巴黎的上海，才是作家书写的重点，也是他者关注的对象。在安徽与上海的切换之中，上海更能满足异域读者对东方的他者想象。总的来说，华裔美国文学中的安徽叙事，满足了异域读者对中国的猎奇心理，尤其是关于中国农村的叙事，很大程度上满足了美国读者东方主义视野下的优越感。

城市文化的塑造与传承
——从《甲骨时光》透视一个城市的多重文化意蕴

王冠含*

内容提要：加拿大华人作家陈河的长篇小说《甲骨时光》以宏大的视野、巧妙的构思，将民国时期安阳殷墟的甲骨文挖掘过程和3000多年前殷商的社会实况联系会通，展示了安阳这一古老帝都在历史沉浮中瑰丽多彩的文化意蕴，具体表现为神秘古老的殷商文化、危机四伏明争暗斗的传奇考古文化以及与西方文化交流互通的开放文化等多重内涵。小说在文学如何表现历史，如何表现城市、塑造并提升城市文化内涵方面提供了范例。在全球化的视野中，任何一个城市既是国家的，也是世界的，所以一个作家书写城市就是书写国家，书写世界。

关键词：《甲骨时光》；甲骨文；殷商文化；传奇考古；开放文化

安阳位于河南北部，虽然在当下的城市发展中并不很显眼，但却是一座有深厚历史文化积淀的古城。郭沫若曾说："洹水安阳名不虚，三千年前是帝都。"① 近代考古学家、人类学家李济撰有《安阳》一书，记录

---

* 王冠含（1983— ），华中师范大学文学院博士研究生，主要研究方向为比较文学与民间文学。

① 郭沫若：《观圆形殉葬坑》，《考古学报》1960年第1期。

了安阳甲骨文的发掘过程,并通过对出土文物的研究,推测安阳三千年前的人种构成、气候和农业等情况①,正是这本英文著作,使 21 世纪的作家陈河"感觉到安阳是一个充满魔法的世界"②,最终促使他历时 5 年,创作出一部书写安阳故事的长篇小说《甲骨时光》,并于 2016 年荣获华人华侨"中山文学奖"。小说以近现代知识分子杨鸣条(人物原型为董作宾)为中心,以甲骨文的考古发掘和 3000 年前殷商帝王的活动为两条线索,而书中所有重要的人物和两条线索交叉重叠的中心,就是安阳这一千年古都。第一条线索以纪实为主,同时借鉴了盗墓、寻宝、推理类小说的某些技巧,讲述了军阀混战、日军入侵前夕各方势力明争暗斗,抢夺挖掘甲骨文等重要文物惊心动魄的过程;第二条线索是文本中的文本,即主要人物杨鸣条在研究甲骨文之余,创作发表的小说《贞人大犬》。整部小说以安阳为创作的落脚点和故事现场,通过几组人物的对照和心灵感应,将两段历史有机地交织融汇在一起,写出了中华古老文明甲骨文化代代相传、亘古弥新的永恒魅力,也重塑了安阳这一华夏古都的艺术形象,表现了这一帝都所具有的多重文化蕴涵。

一 古老殷商文化的再现

据历史记载,商王盘庚迁都殷,也就是今天的安阳小屯村,因此商王朝又称为殷商。③ 在这部小说中,殷商文化以文学想象和历史考古两种方式,得以文史互鉴式地呈现,主要体现为:祭祀文化、巫术文化和繁盛的市井文化。

首先是祭祀文化。小说第二章一开始就讲到商王帝辛(纣王)牙齿疼痛,夜里梦见"一个鬼在用勺子挖他的脑子",帝辛据此认为:"这是祖先中的某一位在对他做动作,一定是这位祖先对祭祀有不满意的地方。"④

---

① 李济:《安阳》,外语教学与研究出版社 2012 年版。
② 陈河:《甲骨时光》,十月文艺出版社 2016 年版,第 348 页。
③ 胡厚宣、胡振宇:《殷商史》,上海人民出版社 2019 年版,第 12 页。
④ 陈河:《甲骨时光》,十月文艺出版社 2016 年版,第 43 页。

"国之大事,唯祀与戎"①,这样的习俗在商朝社会里,表现得非常突出。商王帝辛特别重视祭祀,"除了征战,他的重要职责是周而复始没完没了地对祖先及自然神的祭祀"②。帝辛占卜后得知他牙痛的原因是祖先想要喝人血,于是决定向祖先神祭献"三百个活人牲",由此发现周姓部落供应的羌族人牲越来越少,因而抓捕了周文王,并最终导致周文王大儿子被做成肉酱献祭祖先。这一祭祀情节,也成为周王谋变攻击殷商的重要伏笔,为最后导致殷商灭亡的牧野之战,做了有力的铺垫。此外,殷墟出土的甲骨文,上面的卜辞大多为询问祭祀的,考古学者通过研究发现:"即使在祖甲改革后,完成一轮对祖先的祭祀还要花一整年的时间。"③ 这是殷商重视祭祀、祭祀文化兴盛的直接的、可靠的证据。即使到了20世纪初,安阳侯家庄的村民,他们自认为是殷商王侯的后裔,其中一个村民侯新文,他准备亲自在自家田地里挖掘甲骨时,为了获得好运以及祖先的保佑,"在屋子里摆上了祖宗的牌位,杀了家里唯一的一只公鸡,将鸡血洒在地上明义,以祈求祖先神灵保佑他能找到值钱的东西"④。可见古老的祭祀文化在安阳所具有的深厚影响力,已经不局限于春节、清明节等特殊的节日时间,而是在需要祖先庇护保佑时都会进行祭祀,安阳地区的祭祀祖先活动,似乎比其他地方更为频繁,也更加隆重。

其次是巫术文化。巫术是人类早期社会中的普遍现象,其主要执行人被称为巫师。通常意义上的解释为"巫,祝也。女能事无形,以舞降神者也"⑤。这里所谓的"巫",实际上是指巫女,这一行当也随着历史不断演变。"中国的巫,当其跨入夏商周三代以后,便以史官的身份出现。巫术知识和技能也随之扩大为神事、占卜、预言并以之为王事服

---

① (春秋)左丘明著,郭丹、程小青、李彬源译注:《左传》,中华书局2016年版,第246页。
② 陈河:《甲骨时光》,十月文艺出版社2016年版,第43页。
③ 李济:《安阳》,外语教学与研究出版社2012年版,第251页。
④ 陈河:《甲骨时光》,十月文艺出版社2016年版,第186页。
⑤ (东汉)许慎:《说文解字》,中国书店出版社2013年版,第168页。

务，为国家祭祀与军事、政治活动服务了。"① 根据这一解释，我们可以将巫师理解为一类和神打交道的人，他能和神沟通、领会神意并把神的旨意传达给人，是沟通神和人的中介与桥梁。《甲骨时光》中的贞人大犬虽然是祭司，但是他能与商王的"祖先与神明沟通"，可以通过甲骨裂纹和卜辞识别祖先及神灵的意旨，商王几乎每天每日都要占卜，大到祭祀、战争、天象，小到牙痛、打猎等，都要占卜，因此贞人大犬是商王须臾难以离开的巫师类人物。小说中的宛丘巫女和蓝保光患麻风病的母亲，无疑都是巫女并以此为业。大犬的契刻、占卜等巫术活动大多是在殷都安阳完成的，在商朝的最后时期，他还负责保管殷都的甲骨卜辞档案，并殉身甲骨卜辞，临死倒伏在一堆甲骨上面，并在地下将这一姿势保持了三千多年。宛丘巫女本来不在安阳，而是在南方一带活动，是帝辛带贞人大犬出行南方时所遇。贞人和巫女被迫分开很久后，巫女才来到殷都安阳，并被大犬藏身祭庙，他们在殷都幽会繁衍生命，最终又不得不离别，但是他们二人的爱情和灵魂，似乎都留在了安阳这片神秘的土地上从未离开。杨鸣条和贞人大犬之间具有一种神秘的心灵感应："大犬的生命通过龟甲上的契刻流注到了他的感觉里。慢慢地，贞人大犬成为他身体和灵魂的一部分。他经常会在梦想中跟随着贞人大犬回到商朝的都城安阳。"② 而蓝保光患麻风病的母亲，仿佛就是巫女的转世再生，二人同样的懂魔法会巫术，同样的装束打扮到处跳舞，而且和贞人大犬心灵相通，并进而和杨鸣条心灵相通。在小说的最后，蓝母耗尽病体的最大能量，通过魔法带领杨鸣条于梦中穿越到牧野大战的现场以及燃烧的殷都现场，并见到了他撰写的小说中的人物贞人大犬，这一神秘的梦中经历，最终还帮助他破译了殷商甲骨档案的具体位置，从而在安阳成功发掘出大批甲骨文，同时也发现了大犬伏在甲骨上的遗骸。自始至终，巫文化气息弥漫在整个小说中，也弥漫在安阳这一神奇土地的上空。

---

① 张紫晨:《中国巫术》，上海三联书店 1990 年版，第 8 页。
② 陈河:《甲骨时光》，北京十月文艺出版社 2016 年版，第 12 页。

最后是繁荣的市井文化。从安阳殷墟出土的酒樽、铜鼎等大型青铜器来看，商朝的帝都安阳早在三千多年前已经非常繁荣，生活富足而讲究。据历史记载，商朝的第 19 任帝王盘庚迁殷后，王朝逐步走向稳定，至第 22 任武丁王时，达到最繁盛的顶峰。小说中《贞人大犬》的故事主要发生在商朝末期，帝王为末代商王帝辛即纣王。由于周边方国的臣服和长期的安定，征战的掠夺和财富的积累，使得商朝社会生活变得奢靡放荡，人们追求安逸享乐，"园林""酒馆""温泉浴"开始流行，小说中对史书记载的"酒池肉林"有较为生动详细的文学还原，展现了殷墟商时代安阳城市生活的繁盛和奢靡：

> 大犬发现城里新开了一个巨大的露天酒馆。那里面的吃法很特别，是在一个巨大的花园里，酒馆的伙计把烹调好的肉挂在树林中，然后有一条流动的水渠注满了美酒。客人只要付一次钱进入园内，就可以在树林的小池边舀起酒来喝，从树上随便摘一条肉，都是美妙的食物。①

酒和肉的生产当然离不开农业和畜牧或游牧业的发达，据史家考证，殷商时期，安阳一带广泛种植小麦、小米和水稻，而且，"一般平民以小米为主食并用它来酿酒，而小麦和稻米似为特权阶级享用"②。当时的安阳，已经有大量驯养动物，主要为猪和水牛，但祭祀的动物中，"羊和牛作牺牲屡见不鲜，据此可判断部分殷商人仍是王朝统治下的草原牧民"③。所以，商都安阳奢靡的市井生活是以农业及畜牧、游牧业的稳定和发展为基础的。即使 20 世纪军阀混战时沦为主战场的安阳，因为有甲骨这一宝贵文物存在，城市仍然繁荣兴旺。"在鼓楼一带，有好几条街都十分热闹，那里开着好多间古董商号，边上还有酒楼、戏楼、妓院。从北京、

---

① 陈河：《甲骨时光》，十月文艺出版社 2016 年版，第 267 页。
② 李济：《安阳》，外语教学与研究出版社 2012 年版，第 361 页。
③ 李济：《安阳》，外语教学与研究出版社 2012 年版，第 363 页。

天津、山东等地来的客商麇集在那里。"① 小说中呈现的安阳从古至今都有着繁盛的市井文化,体现出千年帝都的繁荣气息。

二 传奇考古文化的呈现

这部小说主要以20世纪初(1928—1936)安阳殷墟甲骨文的考古发掘为素材,作者为此收集阅读了大量历史材料和甲骨文释读文献,以文学的形式披露了我国首次在国家层面,发掘安阳甲骨文的时代历史背景和艰难曲折的复杂过程,同时表现了我国考古工作者的家国情怀以及对甲骨文这一汉字源头的痴迷热爱,强化了安阳这座城市与考古的密切联系,有效地宣扬和重塑了城市的考古文化内涵。安阳市的考古文化气息,集中体现在以下三个方面。

首先是安阳民众的甲骨发掘活动蔚然成风。据史料记载,甲骨文最早被清朝翰林院编修王懿荣发现,并于1900年之前就开始收集刻字的甲骨片。② 随后清朝的一些古文字学者和收藏家,也开始收购甲骨文。安阳小屯村的村民逐渐意识到埋藏于地下的"字骨头"的经济价值后,纷纷加入发掘活动并很快蔚然成风,波及妇孺。直到20世纪初军阀混战时期,安阳田地荒芜农民无法靠种田为生,依然在地里挖掘甲骨换钱。

> 他们(农民)和地主说好,在他们的地里挖掘,如果挖到了甲骨和青铜器,就各分一半。那些地主没有收成也受不了,于是都同意这么干。所以最近安阳到处都在挖掘,每天都有东西挖出来。全国各地的古董商都守在安阳,有什么好东西挖出来马上被买走。③

从小说里的描述细节可知,在安阳小屯村,无论是村妇还是小孩、

---

① 陈河:《甲骨时光》,十月文艺出版社2016年版,第15页。
② 李济:《安阳》,外语教学与研究出版社2012年版,第21页。
③ 陈河:《甲骨时光》,十月文艺出版社2016年版,第15页。

老太太都藏有或大或小的字骨头。当杨鸣条前去考察时,他们都纷纷呈上自己的发掘品以换取银圆。当时的安阳市不仅古董商号林立,而且伪造甲骨文也几乎成为当地的地下产业,小说中能惟妙惟肖仿刻甲骨文的蓝保光,虽然被艺术化了,但现实中实有其人。当时的安阳从炮制假骨头到仿刻字体,再到销售完全一条龙服务,可见当时民间甲骨、文物交易之频繁兴盛。

其次是国外人员的考古发掘活动异常活跃。据董作宾撰写的《甲骨年表》,最早在安阳收集甲骨的外国人是日本人林泰辅,"1909—1910年,在林泰辅购买600多片甲骨的影响下,日本学者也开始争相收集。其他日本学者获得甲骨共达3000余片之多"①。作者以此史实为基础,塑造了青木这一人物,以他来代表在中国参与收购甲骨等文物的日本人,"他在中国的工作主要就是紧盯着安阳这块土地。通过他的鬼使神差的本领,安阳地下出土的青铜器和甲骨片有一大批源源不断流入到日本,使得日本成为当时研究青铜器、甲骨文的最重要的国家"②。青木及其背后的势力,后来发展成威胁阻挠中国人在安阳考古发掘活动的重要对手,双方在考古领域掀起了惊心动魄的斗争。与此同时,加拿大传教士明义士于1914年开始在中国收集甲骨,《甲骨时光》借用了这一史料并使用了"明义士"这一真实名字。明义士长期在安阳活动,精通中文,痴迷于甲骨文研究,他不仅经常在安阳实地考察收购甲骨,而且出版了研究甲骨文的著作《殷墟卜辞》。最可贵的是,明义士与其他在中国抢购文物的外国人不同,他是真正热爱甲骨文,甚至视"甲骨文和安阳是我的生命,每流失一片甲骨文,我都会深受刺痛"③。他在中国收购的上万片甲骨文都没有带出国门,而是捐给了南京博物院或藏在北京故宫博物院、齐鲁大学等地,全部留在了中国。正如李济在《安阳》一书中所言:"在为数不多的外国学者中,他为甲骨研究做出

---

① 李济:《安阳》,外语教学与研究出版社2012年版,第39页。
② 陈河:《甲骨时光》,十月文艺出版社2016年版,第83页。
③ 陈河:《甲骨时光》,十月文艺出版社2016年版,第249页。

了特殊贡献。"①

最后是中央考古团先后驻扎安阳发掘甲骨文,并取得了重要成果。1928年冬,杨鸣条受中央研究院历史语言研究所所长傅斯年派遣,前往安阳考察殷墟甲骨文埋藏情况,经过一段时间的实地考察和民间走访,杨鸣条向傅斯年递交了这样一份调查报告:"甲骨既尚有遗留,而近年近日之出土者又源源不绝。长此以往,关系吾国古代文化至巨之瑰宝,将为无知之土人私掘盗卖以尽。迟之一日,即有一日之损失,是则由国家学术机关以科学方法发掘之,实为刻不容缓之图。"② 第二年秋天,中央研究院的安阳田野考察队正式进入安阳这片土地,开始考古发掘工作,这是中国人自己组织的第一次用现代科学方法进行的田野考古行动,汇集了当时几乎最出色的青年人才,如哈佛大学的李济博士、甲骨文奇才杨鸣条、石璋如、梁思永等。当时各大新闻报社都对这次考古行动给予极大关注和集中报道。中央考古队的第一个收获,是在"大连坑"发现了四块整体大龟全刻甲版。但他们的发掘并不顺利,他们白天挖,而以青木为首的日本势力,运用先进技术也竞赛般开始连夜挖掘,和中国考古团抢时间抢速度,而且挖掘到了稀有的青铜祭祀器物并偷运到日本,致使国宝流失。在双方的对峙中,日本方很快通过阴谋诡计让中央考古团队在安阳难以立足,更别说开展工作,又因为时局变动,中央研究院和河南省政府的协调也陷入僵局,无奈只得返回北京。又过了很久,中央考古队才重新返回安阳继续挖掘工作,而此时杨鸣条自己也历尽波折与神奇,破译了三折画中殷商甲骨祭祀档案室的具体位置,中央考古队根据这一发现,终于找到了在地下沉睡了三千多年的殷商祭祀遗址,出土了保存完整的近两万片甲骨组成的巨型甲骨球,为此次考古画上了圆满句号。

---

① 李济:《安阳》,外语教学与研究出版社2012年版,第41页。
② 陈河:《甲骨时光》,十月文艺出版社2016年版,第95页。

三　对与世界交流互通的开放文化的描述

安阳虽地处中原北边一隅，与沿海城市相比似乎比较偏僻闭塞，然而《甲骨时光》在史料的基础上重构安阳故事，其中呈现的安阳并不像我们想象得那样保守落后，而是与西方世界有长期的沟通交流传统。发掘甲骨文的故事基本是在开放的世界视野内展开的，这也是小说视域开阔、引人入胜的重要原因。

首先，20世纪初的安阳已具有世界性。小说中发掘甲骨文的故事时间大致从1928年到1937年抗日战争全面爆发。从这个时间段往前看，西方帝国主义以武力手段打开闭塞的国门，并在中国建立殖民地和租借地。辛亥革命摧毁了清政府摇摇欲坠的统治，漫长的封建社会随之土崩瓦解，不少年轻人被官费派遣或自费到西方留学。五四运动进一步清扫封建余孽，激进地向西方国家学习。在国内外势力的激荡中，整个中国开始由保守走向开放。地处内陆腹地的安阳，此时也显示出开放性和世界性气息。梅冰枝出演的安阳社戏，虽然是中国古代周厉王和褒姒的故事，却充满生殖崇拜和象征意味，表演大胆诡异，让杨鸣条感到"有外国戏剧的成分，一定是梅冰枝的主意把它们融合进去的"，并且认为"要是他老家南阳的人看这样的戏，一定会觉得是淫荡的"[①]。小说以此突出了安阳的开放气息。城市的开放还体现在年轻人的婚恋生活上。梅冰枝本来是杨鸣条在开封教书时的学生，五四运动后二人又在北大相遇成为恋人，但因为杨鸣条在11岁时就由母亲做主娶了妻，虽然夫妻二人并未一起生活，但还是迫使梅冰枝离开。在安阳再次相会，特别是梅冰枝解除婚约后，二人就开始自由恋爱，体现出年轻人对自由婚恋的大胆追求，这也和五四的时代气息息息相通。安阳，因为时代氛围特别是五四新青年的存在，具有了向西方学习的开放风气和开放文化。

其次，西方传教士在安阳的活动源远流长。除了马可·波罗，意大

---

① 陈河：《甲骨时光》，十月文艺出版社2016年版，第68页。

利传教士利玛窦大概是史书记载的最早到中国的西方人,但是他"于一六零四年第一次见到开封犹太人",这个犹太商人来自河南开封,那时开封已经有犹太教信徒和教堂,里面珍藏的"《摩西五经》已经有五六百年历史",①据此可知西方人可能早在唐朝时期就已经来到中原大地,甚至在那里定居。来自加拿大的怀特主教,1897年来到中国河南,并在开封创办教会和学校后,"怀特主教很快在河南打开局面,圣公会不久就拥有十七个教区、一家医院和几十所中小学校以及大批的教徒"②。所以明义士到中国后,怀特主教很快派他到安阳主持布道,并给了他一个特别的任务,去调查和了解当地的古代历史文物。此外,在"一战"期间,明义士还接受教区分派的任务,带领3000名河南民工奔赴法国战场做后勤劳工,其中很多人是他所在教区安阳地区的民工,比如安阳洹河北岸侯家庄的村民侯新文。他们"坐火车到了香港,接着坐轮船前往欧洲,在海上足足度过一个多月的时间。到了法国,在战场上挖战壕、修路桥、埋尸体,整天在炮声隆隆里度过。后来,战争结束了,一部分不想回家的人留在了欧洲,但也有一部分人坚持要回到中国的"③。这一极具史料性质的细节,真实地说明在传教士带领下,20世纪初的安阳,不仅是被动地接受西方传教士的洗礼,而且早在那时已经有一批农民走出国门远赴欧洲,并作为协约国一方参与"一战",参与了世界性大事,亲身体验到西方的生活和文化,并将这些感知又带回安阳,从而潜在地塑造了城市的文化气质。

最后,甲骨文的发现让安阳引起全世界关注。小说一开始的场景,就是北京东交民巷的瑞典公使馆,这里正在举行盛大的招待晚会,"在上百个宾客中,洋人占了大半,有各国外交使节、专家学者和各种各样的冒险家。学者里面有胡适、丁文江、傅斯年、梁思永、陈寅恪诸位名

---

① 陈河:《甲骨时光》,十月文艺出版社2016年版,第100页。
② 陈河:《甲骨时光》,十月文艺出版社2016年版,第101页。
③ 陈河:《甲骨时光》,十月文艺出版社2016年版,第73页。

人,还有被傅斯年带进来的杨鸣条"①。这一场面不仅巧妙地点明了整个故事的世界性背景,而且介绍了小说的主要人物,杨鸣条、傅斯年、丁文江等近代历史人物,由此悄无声息地走入小说,成为其中的重要人物。在这个招待会上,瑞典的安特生博士还说到另一件事情:"河南安阳的甲骨文会成为世界考古的热点。"②这不仅点明了甲骨文的重要价值和意义,也为后面其他国家介入安阳甲骨文发掘做了铺垫。杨鸣条到达安阳后,发现那里古董商号众多,有的还非常气派,能看到金发碧眼的西方人进出,而且还有日本的药铺和杂货铺。借助杨鸣条的视角,小说告诉我们20世纪初的安阳的确吸引了世界的目光,世界上不少国家早已开始收购甲骨文,甲骨文买卖在安阳已经非常活跃。从小说中我们可以知道,有的古董商号老板实际上是日本人在安阳的代理,并协助日本人在安阳盗取宝贵文物。参与安阳甲骨文收集的还有加拿大传教士明义士,小说中说他收藏的甲骨"达到五万多片,占当时全部存世甲骨的三成以上"③。但明义士的收藏,主要出于对甲骨文化和中国文化的热爱,并没有侵吞的意思,他回国后也把大量甲骨留在中国,体现了学者的纯粹和襟怀。然而,日本人青木虽然也喜欢中国文化,但他效忠于身后的日本政府,他对甲骨文的发掘完全是盗墓式、寻宝式活动,一有收获就会把宝贝运回日本。小说对不同国家在中国考古发掘活动的描述,体现出世界性的眼光和视野,也为安阳这座城市打上了世界性烙印。

安阳只是中国的一个地名,但这个地方出土的甲骨文,不仅代表了中国古老历史的秘密和文明的早期形态,而且也是世界早期文明的重要组成部分。不管对于中国还是对于世界而言,安阳出土的甲骨文都是一笔宝贵的财富。因此,甲骨文不仅是一种地方资源,而且承载着中华民族的历史文化记忆,并呈现了人类的早期发展轨迹。小说选择安阳甲骨

---

① 陈河:《甲骨时光》,十月文艺出版社2016年版,第4页。
② 陈河:《甲骨时光》,十月文艺出版社2016年版,第6页。
③ 陈河:《甲骨时光》,十月文艺出版社2016年版,第35页。

文发掘这一地方资源为素材,在世界性范围内呈现甲骨文对于安阳、对于民族国家的重要意义和价值,在城市书写中突出了地方文化和民族文化,将城市文化融入民族文化和世界背景中,很好地实现了从塑造地方城市文化到传承民族优秀文化,再到与全世界进行文化沟通和对话的文本价值和意义。同时,这部小说也启示我们在某些视角下,书写城市就是书写国家、书写世界。当然,这种从地方到民族国家再到世界的沟通看似自然,实际上离不开作者的世界性视野和胸怀。海外华文作家如严歌苓、张翎、陈河等都同时兼具民族性和世界性的情怀,即使取材于国内历史或故事的小说,同样流露出跨越国界的开阔视野和沟通世界的从容气魄。正如论者所言:"陈河的《甲骨时光》立意更为宏阔,他的'中国想象'是通过去国之后的中西文化对比建立起来的,超越了自我的苦难与个体心灵的困境,描写一个民族的记忆与现实,在历史和现实的交织中建构起了一个恢弘的'中国形象'。"①

从古老殷商文化到现代考古文化再到与世界交流互通的开放文化,《甲骨时光》中塑造的城市安阳,不仅是古老历史中的安阳,更是现代的开放的安阳。小说打通了安阳从古代到现代的时间隧道,打通的途径主要有两条:其一是甲骨文化特别是书中主要人物对中国古老甲骨文化的由衷热爱和由此而生的心灵互通。其二是对安阳这一地方及其相关地理视域的真实描述。从殷商到20世纪,时间虽然间隔了3000多年,但安阳的地理位置没有改变,消失的殷墟只不过转移到了安阳的地下。这也是整个小说得以展开和古今得以沟通的基础和前提。陈河是一位具有地理思维的华人作家,他的多部长篇小说如《红白黑》《沙捞越战事》《米罗山营地》等,里面涉及的地理版图几乎相当于半个世界地图,特别开阔。具体到《甲骨时光》中,虽然故事发生的核心地理空间在安阳,但小说把安阳这一城市与国内乃至世界的地理版图进行联结。国内还写到了北京、开封、山西、台湾等地,国外则涉及日本、加拿大、以色列、巴黎

---

① 张娟:《海外华人如何书写"中国故事"——以陈河〈甲骨时光〉为例》,《文学评论》2019年第1期。

等。开阔的地理视野使安阳这一地方更加真实可信而且赋予其开放的城市文化内涵。任何文化的形成都离不开特定的地理空间和环境,小说中对安阳多重城市文化意蕴的塑造同样离不开文本中阔大而多重的地理书写。

区域文化与中外文学的译介与研究

主持人语

主持人：杨华丽教授

主持人语：

每一种文明都延续着一个国家和民族的精神血脉。世界文明因多彩多姿而产生了交流的基础，世界文明也因互融互鉴而形成了更加丰富多元的生态系统。文明的交流互鉴，从来都是推动人类文明进步和世界和平发展的重要动力。在全球一体化持续推进的21世纪，中华文明与亚洲其他文明、世界其他文明的交流和互鉴变得更加必要也更为迫切。2014年3月27日，习近平总书记在联合国教科文组织总部发表的题为《文明交流互鉴是推动人类文明进步和世界和平发展的重要动力》的讲话，对中国的文化宣传工作提出了新要求、新标准。

考察面对中外文明交流互鉴这一历史问题和现实问题时我们发现，地处"一带一路"与长江经济带的交汇点的重庆亮点颇多。在"请进来"方面，设立"重庆市人民政府外国留学生市长奖学金丝路项目"以鼓励重庆高校与"一带一路"沿线国家加强教育合作，就是其中一个重要举措；在"走出去"方面，重庆师范大学在斯里兰卡凯拉尼亚大学开设孔子学院，就是其中一个突出例子。在文明互鉴互通方面，重庆师范大学文学院做了大量工作，熊飞宇老师则是其中不可忽视的一位。在长文《二十世纪中叶以后斯里兰卡文学在中国的译介》中，他在宏观考察中国与斯里兰卡的文化交流史以及中国各类文献中论及斯里兰卡文学的译介史的基础上，将系统梳理的重心锁定为20世纪中叶以来，而从高校的各类外国文学史尤其是东方文学史的教材及教学参考用书、斯里兰卡国情或文化的综合介绍类图书、中国高校所选用的作品选这几个方面去整理斯里兰卡文学的中译状况，又系统爬梳了斯里兰卡文学作品的单本翻译情况，较为全面地介绍了邓殿臣这位中国斯里兰卡文学尤其是僧伽罗文学研究的奠基者，最后兼及斯里兰卡文学作品的鉴赏与研究状况的梳考。文章梳理全面细致，视野宏阔又不失微观层面的精准，为中外学界研判斯里兰卡文学在 20 世纪中叶以后之中国的译介问题提供了一幅绝佳的地图。有心人若带着这地图去探索斯里兰卡文学中译问题的宝山，定将满载而归。

熊飞宇老师之文，意在介绍斯里兰卡文学这一"他者"在中国的译介情形，与之在一定意义上形成对话关系的，是刘岩、王苇垚对日本《中国文学报》译介中国文学情况的全面梳理，以及杨延峰老师对日本学界译介、研究萧红文学情况的细密论析。显然，研究中国文学在他种文明语境下的传播，研究他种文明背景下学者们对中国文学的认知，是中外文明互鉴问题的另外一极。《京都大学〈中国文学报〉与中国文学的译介》与《日本学界对萧红文学的译介与研究》由此具有异常重要的价值。

在《京都大学〈中国文学报〉与中国文学的译介》中，刘岩、王苇垚借助京都大学相关网站，对 1954 年 10 月至 2021 年 4 月出版的 94 册《中国文学报》上的 659 篇文章进行了系统整理，探究《中国文学报》所刊文章的主要作者群体情况，分析其所载论文研究中国古代文学、中国近现代文学、中国文学作家、中国文学史、文学理论、中国宗教等的具体情形，并对其所刊文章中的书评、介绍文进行了细致分析，较为全面地呈现了聚集于《中国文学报》周围的日本学术界研究中国文学的基本情况、大致特征，有助于丰富中国国内对日本期刊的相关研究，也有助于国内学界了解日本学界的诸多侧面。

从《中国文学报》所载文章可知，鲁迅、郭沫若、茅盾、胡适、巴金、端木蕻良、瞿秋白、沈从文都曾得到日本学界的译介及研究，中国学者肖凤所著《肖（萧）红传》也曾受到日本学者冈田英树的关注。如若将视野扩大至整个日本学界，那么，关于萧红文学的译介与研究就值得另外撰文加以考察。杨延峰先生的《日本学界对萧红文学的译介与研究》恰恰就是这样一篇可以满足我们学术探究兴趣的宏文。杨先生在查阅大量史料的基础上,认为萧红文学在日本的译介包括三个时期——1942年萧红去世之前的译介发轫期、1949年中华人民共和国成立至20世纪70年代的译介反省期、新世纪之后的多元译介期,而日本学界的萧红研究包括三个方面——对《生死场》的研究、对其他单篇作品的研究、创作萧红传记。从整体上看,日本学界研究萧红文学的特点被他概括为"极为重视文本细读",而萧红文学受到日本学界长期关注的原因,乃在于萧红文学的不强调政治性、具有契合日本学者审美需求的私小说特质、凄凉而动感的语言风格、萧红自身充满坎坷的人生经历,以及鲁迅的肯定与推介、海外学界对萧红文学的关注,等等。论者在整理过程中投入了自己的学术眼光,在对日本萧红研究的方法、路径乃至结论的辨析方面,提出了不少有新意的观点,值得萧红研究界重视。同时,这样条分缕析、言必有据的论析,也可以引起中国学界进一步重视"异域之眼"存在的正面价值。

二十世纪中叶以后斯里兰卡文学在中国的译介

熊飞宇*

内容提要：自 20 世纪中叶迄今，斯里兰卡文学在中国得到一定程度、一定范围、一定数量的译介，主要散落在各类外国文学史（尤其是东方文学史）、辞典、作品选之中，而单本的翻译，仅有 12 种可见。有关研究，主要表现为单篇作品的鉴赏，学术论文则寥寥无几，学术专著更付阙如；至于作家对象，则较多集中于马丁·魏克拉玛辛诃，其余作家，颇少论及。斯里兰卡文学译介和研究的单薄与贫弱，主要原因在于专业人才的匮缺。

关键词：斯里兰卡文学；译介；二十世纪中叶

斯里兰卡，中国古称狮子国、师子国、僧伽罗。1948 年 2 月 4 日，正式宣布独立，成为英联邦的自治领，定国名为锡兰。1972 年 5 月 22 日，改国名为斯里兰卡共和国。1978 年 8 月 16 日新宪法颁布，改国名为斯里兰卡民主社会主义共和国。斯里兰卡虽然历史文化悠久，文学起步较早，至今已有两千多年的历史，但因其孤离的地理位置，"决定了斯里兰卡的全部历史发展都要受到印度影响"，故其文化常被认为是"印度次

---

* 熊飞宇（1974— ），男，文学博士，重庆师范大学文学院、重庆市抗战文史研究基地副研究员，主要研究方向为重庆抗战文化、中外文学关系。

大陆文化的一种地方分支"①，而斯里兰卡文学也被视为"印度文学的一个支流"②。"由于民族组成和历史方面的原因，斯里兰卡的文学可分为僧伽罗语文学、泰米尔语文学和英语文学"③，其中僧伽罗文学和泰米尔文学尤具特色，堪称"两朵艳丽的奇葩"④。为了"把在殖民统治下落入深渊的文学拯救出来"，"发展为普通人民服务的生气勃勃的民族文学"，斯里兰卡文化部还将9月14日设立为"文学日"，自1959年开始纪念。⑤

中国与斯里兰卡的文化交流可谓源远流长。自中华人民共和国成立之后，两国的文学交流更趋活跃。关于此间的人员往来，薛克翘曾有过概述：

> 去斯里兰卡访问的中国文学工作者主要有：杨朔（1960）、杜宣（1962）、以严文井为首的中国作家代表团（1963）等。斯里兰卡来华的有：由全锡兰作家协会主席马丁·魏克拉马辛诃任团长的锡中友好协会代表团（1959）、锡兰作家协会秘书长（1961）、锡兰作家（1962）、斯里兰卡著名诗人（1985）等。⑥

就作品译介而言：

> （20世纪）五六十年代，中国出版的锡兰小说有《魏克拉玛辛诃短篇小说集》《蛇岛的秘密》和《西里西瓦利短篇小说集》三种，都译自英文。八十年代前期，我国出版了译自僧伽罗文的两部中篇

---

① 王兰：《斯里兰卡的民族宗教与文化》，昆仑出版社2005年版，第212页。
② 宽忍编著：《佛教手册》，中国文史出版社1991年版，第40页。
③ 刘兴武编著：《斯里兰卡》，上海辞书出版社1984年版，第166页。
④ 邵铁生：《斯里兰卡文学》，外语教学与研究出版社1999年版，"内容提要"第1页。
⑤ 《锡兰纪念"文学日"》，《世界文学》1959年第10期。
⑥ 薛克翘：《中国与南亚文化交流志》，上海人民出版社1998年版，第316页。又据一村《北京举行中外作家春节联欢会》（载《世界文学》1964年第3期），1964年2月8日晚，中国作家协会邀请在京的亚、非、拉丁美洲和欧洲作家与中国作家春节联欢，锡兰作家康达萨密、锡兰诗人普瑞玛瑞特纳出席（第146页）。本文所引述作家作品译名不同，不作统一。

小说《密林里的村庄》（黎炳森译）和《逃亡者》（林海与范为纲译），还首次发表了锡兰西格利亚石壁上的古诗11首（邓殿臣译）。1987年，中国出版了斯里兰卡的中长篇小说集《月光下的爱情》（邓殿臣译自僧伽罗文），其中收有四位作者的4种作品。①

据此观之，"我国译介的斯里兰卡作品很有限，而且都是近现代的作家作品"②，以至于作家徐则臣在临去斯里兰卡之际，本想"了解除景点之外"的"其他事情"，却连"译成中文的斯里兰卡文学书一本也没有找到"，③ 忍不住通过《在信仰的国度》一文发出感慨。故本文拟对斯里兰卡文学在中国的译介略作梳理。

一　斯里兰卡文学在中国译介现状的各类综述

对于斯里兰卡文学在中国的译介现状，国内学者在不同阶段曾有不同的概括，总体上呈现出由简到繁、逐步完善的趋势。具体而言，有下述代表性的文字：

（一）王向远：《东方各国文学在中国——译介与研究史述论》，江西教育出版社2001年10月版

此书曾易名"东方文学译介与研究史"，作为"王向远著作第二卷"，于2001年10月由宁夏人民出版社出版。第一章"印度及南亚、东南亚各国文学在中国"第七节"对南亚、东南亚其他国家文学的译介"之"一、对巴基斯坦、孟加拉、斯里兰卡等南亚诸国文学的译介"，提到的作品有《魏克拉玛沁格短篇小说选》《蛇岛的秘密》《月光下的爱情——斯里兰卡中长篇小说选》《逃亡者》《公理何在》《密林中的村庄》《生存

---

① 薛克翘：《中国与南亚文化交流志》，上海人民出版社1998年版，第320页。上引文字，亦见于薛克翘《中国斯里兰卡文化交流史》，社会科学文献出版社2021年版，第199页。
② 王向远：《东方各国文学在中国——译介与研究史述论》，江西教育出版社2001年版，第86页。
③ 徐则臣：《去额尔古纳的几种方式》，漓江出版社2018年版，第104页。

的权利》。①

（二）马祖毅等：《中国翻译通史·现当代部分》第二卷，湖北教育出版社 2006 年 12 月版

第 16 章"南亚其他国家的文学"重点介绍的斯里兰卡作家有马丁·魏克拉玛沁格、阿·西尔瓦、伊朗基兰等，提到的译作包括《魏克拉玛沁格短篇小说选》《蛇岛的秘密》《月光下的爱情——斯里兰卡中长篇小说选》②《逃亡者》《密林中的村庄》《生存的权利》《公理何在》。③

（三）查明建、谢天振：《中国 20 世纪外国文学翻译史》，湖北教育出版社 2007 年 2 月版

中编"中国当代外国文学翻译（一）（1949—1976）"第十二章"亚非拉文学的翻译"第五节"朝鲜、越南等亚洲其他国家文学的翻译"述及斯里兰卡文学方面时，云："翻译出版了斯里兰卡著名作家马丁·魏克拉马沁格（1892—　）的中篇小说《蛇岛的秘密》（冀英译，作家出版社，1963）和《魏克拉马沁格短篇小说集》（何青译，作家出版社，1961），以及西里·西伐利的《西里·西伐利短篇小说集》（陈静译，作家出版社，1964）。"④

下编"中国当代外国文学翻译（二）（1977—2000）"第二十四章"亚、非洲国家文学的翻译"第三节"东亚、南亚、东南亚国家文学的翻译"之"七、斯里兰卡文学的翻译"，又云：

---

① 王向远：《东方各国文学在中国——译介与研究史述论》，江西教育出版社 2001 年版，第 86 页。
② 书名有误，当是《月光下的爱情——斯里兰卡中篇小说选》。
③ 马祖毅等：《中国翻译通史·现当代部分》第二卷，湖北教育出版社 2006 年版，第 614—615 页。
④ 查明建、谢天振：《中国 20 世纪外国文学翻译史》上卷，湖北教育出版社 2007 年版，第 733 页。

斯里兰卡文学方面，中国翻译出版了斯里兰卡作家索莫巴勒·朗纳冬格的长篇小说《逃亡者》（林海等译，湖南人民出版社。1984），依朗基兰（Ilankiran, 1924—　）的长篇小说《公理何在》（郑瑞祥等译，北方文艺出版社，1986），雷纳德尔·乌尔福（1880—1969）的长篇小说《密林中的村庄》（黎炳森译，北岳文艺出版社，1986）。另外，还出版了 2 种斯里兰卡作品选集：中短篇小说集《生存的权利》（张永全等译，上海译文出版社，1983）和《月光下的爱情：斯里兰卡中篇小说选》（西尔瓦等著，邓殿臣译，贵州人民出版社，1987，列入"东方文学作品选丛书"）。[1]

（四）杨义主编，周发祥、程玉梅、李艳霞、孙红、张卫晴：《二十世纪中国翻译文学史·十七年及"文革"卷》，百花文艺出版社 2009 年 11 月版

第五章"'文革'前的亚非拉文学翻译"第三节"亚洲文学翻译简况"之"八、亚洲其他国家文学"指出："亚洲其他国家尽管翻译作品数量不多，但内容基本反映民族文学特色以及反抗殖民斗争的艰苦历程。"[2] 就斯里兰卡而言：

斯里兰卡作家帕拉穆涅提拉克著，刘寿康、石永礼翻译的民间故事《安达瑞的故事》包括朝廷弄臣和"聪明的傻瓜"及其徒弟的两组故事，1963 年由作家出版社出版。马丁·魏克拉马沁格著、冀英翻译的中篇小说《蛇岛的秘密》通过孩子的经历折射出社会的形形色色，1963 年由作家出版社出版。何青辑选、翻译的《魏克拉马沁格短篇小说集》辑入作者十五篇小说，通过琐事反映斯

---

[1] 查明建、谢天振：《中国 20 世纪外国文学翻译史》下卷，湖北教育出版社 2007 年版，第 1418 页。

[2] 杨义主编：《二十世纪中国翻译文学史·十七年及"文革"卷》，百花文艺出版社 2009 年版，第 188 页。

里兰卡人民的生活和斗争,该作品集分别由英文、俄文转译,1961年由作家出版社出版。陈静辑选、翻译的短篇小说集《西里·西伐利短篇小说集》包括作者九篇作品,1964年由作家出版社出版。①

该章末尾所附《亚非拉文学翻译书目表(1958—1966)》亦列此四种书目。②

(五)高永的有关综述

2013年8月,高永的《三语石的鸣响——东方边缘诸国与中国文学关系研究》由北京理工大学出版社出版。其中第三章"三语石的鸣响——斯里兰卡文学在中国"分四节展开：斯里兰卡小说在中国的译介；斯里兰卡佛教文学在中国的翻译；斯里兰卡其他文学样式在中国的翻译；斯里兰卡文学在中国的研究。③ 同时为斯里兰卡流散作家迈克尔·翁达杰(Michael Ondaatje)特辟专章,即第八章"'无国界作家'迈克尔·翁达杰在中国",又分两节介绍：翁达杰小说在中国的翻译；翁达杰在中国的研究。④ 此两章,章末均有"小结"。

2014年4月,孟昭毅等著《中国东方文学翻译史》由昆仑出版社出版。其第四编(1979—2012)第二十九章"南亚诸语种文学翻译"第十一节"其他翻译家及其译作"之"四、斯里兰卡文学在中国的翻译"⑤,亦为高永所撰。

---

① 杨义主编：《二十世纪中国翻译文学史·十七年及"文革"卷》,百花文艺出版社2009年版,第189—190页。
② 杨义主编：《二十世纪中国翻译文学史·十七年及"文革"卷》,百花文艺出版社2009年版,第218页。
③ 高永：《三语石的鸣响——东方边缘诸国与中国文学关系研究》,北京理工大学出版社2013年版,第41—64页。
④ 高永：《三语石的鸣响——东方边缘诸国与中国文学关系研究》,北京理工大学出版社2013年版,第126—138页。
⑤ 孟昭毅等：《中国东方文学翻译史》下卷,昆仑出版社2014年版,第749—766页。

2016年9月，陈建华主编"中国外国文学研究的学术历程"由重庆出版社出版。第12卷为《亚非诸国文学研究的学术历程》，分上下两篇，上篇"中国亚洲文学研究概况"第九章即"斯里兰卡文学研究"①，下篇"中国亚非重要作家作品研究"，第二十六章"翁达杰研究"②，此两章，同样由高永撰写。

上述后两种的内容，与《三语石的鸣响》一书大同小异。高永对斯里兰卡文学在中国的译介所作梳理与总结，是目前国内所见最为全面、详细的综述。本文的考察，主要着眼于高永未曾涉及或较少关注的文献材料，从某种意义上，也可说是对高永研究工作的补遗。笔者考察的时间范围，起自中华人民共和国成立，迄于当下；考察的区域范围，则是集中在中国大陆地区。

二 文学史中的斯里兰卡文学

对于斯里兰卡文学的整体概述，往往见诸高校的各类外国文学史尤其是东方文学史的教材及教学参考用书。另外，在20世纪八九十年代，各类辞典层出不穷，一时间蔚然成林。这些文学类辞书，所撷拾采录者，多为文学史上值得关注和珍藏的颗颗明珠，故在某种意义上，也可将其视为文学史的一种别体。现爬梳如下：

（一）中国大百科全书总编辑委员会《外国文学》编辑委员会、中国大百科全书出版社编辑部编：《中国大百科全书·外国文学》，中国大百科全书出版社，第Ⅰ册，1982年5月版；第Ⅱ册，1982年10月版

所收斯里兰卡文学词目共6条：僧伽罗文学、古鲁卢高弥、波罗迦罗摩巴忽二世、S. 拉胡拉、M. 魏克拉玛辛诃、西格利亚诗，均为邓殿臣、黎炳森所撰。

---

① 孟昭毅等：《亚非诸国文学研究的学术历程》，重庆出版社2016年版，第107—121页。
② 孟昭毅等：《亚非诸国文学研究的学术历程》，重庆出版社2016年版，第315—328页。

(二）邓殿臣《斯里兰卡文学介绍》，《国外文学》1985年第1期

作者将斯里兰卡文学分为三个时期：第一，古代文学（公元前三世纪到公元十世纪），其中包括：1. 僧伽罗语《佛经释文》；2. 巴利语著作《岛史》《大史》和《千篇故事集》；3. 梵语文学作品——《悉达落难记》；4. 西格里亚壁诗；5.《国语庄严论》。第二，中世纪文学（公元十一世纪到1815年），其中包括：1. 佛教文学（"三皈""四论""五史"）；2. 本生故事文学；3. 科提文学和信使诗；4. 康提文学和新诗的兴起（四类新诗：赞美诗、抗战诗、色情诗、民谣）。第三，近、现代文学（1815—1980年），其中包括：小说；诗歌；戏剧文学；民间故事。第四，泰米尔语文学，包括：诗歌；戏剧；小说；摩尔人的作品；文学评论；几位著名作家。最后指出斯里兰卡文学的特点在于：1. 古老的文学；2. 佛教文学；3. 多样的文学；4. 印度的影响。

该文是"中国第一篇较系统、全面介绍斯里兰卡文学的论文，为中国后来的斯里兰卡文学研究奠定了良好的基础"；"更难能可贵的是"，作者"将文学的演进与斯里兰卡社会的发展结合起来进行论述"，可以"更容易把握其文学史的发展动力与精神实质"。[①]

（三）中山大学中文系主编，吴文辉、易新农、张国培编著：《外国文学》上册"东方部分"，广西人民出版社1985年9月版

此书作为"大学语言文学自学丛书"之一，据编著者《前言》，目的在于"试图改变""不正常的传统习惯"，"以恢复世界文学的全貌"。第三章"南亚文学"，辟有专节即第四节"斯里兰卡、尼泊尔文学"，介绍斯里兰卡文学，由吴文辉撰写。这在正式出版的中国高校文科教材中，当属首次。[②]

[①] 高永：《三语石的鸣响——东方边缘诸国与中国文学关系研究》，北京理工大学出版社2013年版，第54页。
[②] 讲义或自印教材中涉及斯里兰卡文学者，理应更早。

（四）张英伦、吕同六、钱善行、胡湛珍主编：《外国名作家大词典》，漓江出版社 1989 年 10 月版

本书是我国第一部较为完备的外国名作家传记大词典，共收 104 个国家和地区 1534 位外国名作家的条目，囊括古今各国不同时期、不同流派和不同风格的代表人物，并插入 1360 幅图片。所选外国名作家的人数，是《外国名作家传》[①] 的四倍；就其国家和地区的覆盖面而言，则超过了《中国大百科全书·外国文学》卷。

斯里兰卡方面，所收词目仅两条：罗睺罗、马丁·魏克拉玛辛诃，且均为邓殿臣所撰。

1989 年 11 月，外国文学家大辞典编辑委员会编，张迪安、关家鹤主编的《外国文学家大辞典》，由春风文艺出版社、辽宁少年儿童出版社联合出版，共收录一万四千多位古今文学家，其中斯里兰卡作家的数量远较《外国名作家大词典》为多，但未及一一梳列。1991 年 4 月，帅本华主编，吴书松、卢润祥副主编的《中外文艺家及名作辞典》，由甘肃人民出版社出版，收入中外文学、戏剧、音乐、曲艺、舞蹈、美术、书法、雕塑、电影与电影摄影等属于文学艺术部类的作家艺术家及其名作，共计 6500 多条词目，涉及斯里兰卡者，亦有多条。

（五）季羡林主编、刘安武副主编：《东方文学辞典》，吉林教育出版社 1992 年 12 月版

该辞典收录的范围包括作家、作品、重要作品中的主要人物、重要神话传说和其中的主要人物、作家集团、文学流派、文学刊物、文学组织机构、文学奖、文学理论方面的术语等，另有文学的国别综合条目。

斯里兰卡方面，共收条目 45 项，计有：斯里兰卡文学（国别文学综论），古鲁卢高弥（作家、学者，被称为"众人之师，智慧之神"），罗

[①] 张英伦、吕同六、钱善行、胡湛珍主编，中国社会科学出版社出版：上册，1979 年 2 月；中册，1979 年 10 月；下册，1980 年 12 月。

睒罗（诗人），西利生那（小说家），西尔瓦·S（小说家），西尔瓦·W（小说家），魏克拉玛辛诃（作家、文学评论家），玛亨德（藏族诗人），牟尼达萨（作家），森纳那亚克（文学家），西利西沃里（作家、文学评论家），伊兰迦拉特尼（作家、政治家），萨拉特江德拉（文学家、文学评论家），贾亚迪拉格（作家）①，贾亚拉特（作家），阿莫拉赛格拉（作家），凯拉萨巴蒂（泰米尔语作家、文学批评家），佛经《释文》（僧伽罗语），《五百五十本生故事》，《千篇故事集》，《岛史》（巴利语诗体编年史），《大史》（巴利语诗体编年史），《悉多落难记》（梵语长篇叙事诗），《国语庄严论》（僧伽罗语修辞学著作），《皇冠宝石诗》（长篇叙事诗），《益世书》（箴言诗），《优异诗篇》（僧伽罗语大诗），《古地拉特》（梵语大诗），《米娜》（斯里兰卡第一部僧伽罗语小说），《贾亚提沙和罗萨琳》（中篇小说），《月光》（中篇小说），《洁白》（长篇叙事诗），《乡村的变迁》（长篇小说，开斯里兰卡现实主义之先河），《一缕青丝》（短篇小说），《患病之后》（短篇小说），《女人的诡计》（短篇小说），《心》（短篇小说），《苦命人》（长篇小说），《玛纳梅》（剧作），《五亩地》（长篇小说），《爱的波折》（中篇小说），《驿亭》（中篇小说），《不破第三戒》（中篇小说），西格利亚诗（大多为僧伽罗语），信使诗（文体）。

（六）中国社会科学院外国文学研究所编，高慧勤、栾文华主编：《东方现代文学史》，海峡文艺出版社 1994 年 1 月版

该书下册的"斯里兰卡现代文学"由邓殿臣撰写。"绪论"部分首先指出斯里兰卡现代文学的四个特点：一是"汇入到世界文学的洪流，使斯里兰卡文学的面貌焕然一新"；二是"文学已不再是佛教的附属，而发展成为一种独立的文化形态"，即作品内容"变为以现实的世俗社会生活

---

① 邓殿臣曾自其短篇小说集《犹豫不决》译有《三份证词》，收入《斯里兰卡短篇小说三篇》，发表于《世界文学》1985 年第 3 期，并配发作者像。译者指出，该篇"似是一篇推理小说，读者可以自己从三份证词中找出真正的罪犯"。

为主"，作者和读者也"扩展到各个阶层"；三是"文学作品的体裁也在西方文学的影响下发生了变化"，小说作为一种崭新的文体，在佛本生故事的基础上形成发展起来，并后来居上，很快取代了诗歌的霸主地位而执文坛牛耳；四是文学作品的语言"不再是巴利语、梵语和古僧伽罗语，而是接近于白话文的现代僧伽罗语"。其次是将斯里兰卡现代文学划分为三个阶段：第一阶段是指1900年至1948年民族独立，表现出鲜明的"反帝反殖、维护传统民族精神的战斗姿态"。第二阶段是从1948年至1977年，文学"兴旺发达，繁花似锦"，从思想内容来看，可分为三类：一是"以反映西方思想为主题"；二是"以弘扬传统思想文化为主题"；三是"反映阶级压迫和劳动人民的痛苦"，激励人们奋起革命。第三个阶段是从1977年至现在，此即斯里兰卡的当代文学阶段。文学一方面向"自由化、多样化的方向"发展，另一方面则出现了"文学式微、文坛冷落"的现象。

第一章"小说创作"，提到的小说家有塞伊门·德·席尔瓦、比亚达萨·西利塞那、阿·西尔瓦（长篇小说《月光》和短篇小说《贤妻》已译成中文）、马丁·魏克拉玛辛诃（"斯里兰卡的泰戈尔"，有三部曲《家乡巨变》《争斗时代》《时代之米》）、艾地利维拉·萨拉特钱德拉、G. B. 森那纳亚克、克纳达萨·阿莫拉塞格拉、T. B. 伊兰迦拉特尼、K. 贾亚迪拉克、卡鲁那塞那·贾亚拉特、古纳塞那·维达那、A. V. 苏拉维拉等。

第二章"诗歌创作"，指出20世纪初，以首都科伦坡为中心的僧伽罗语诗歌繁盛一时，是为斯里兰卡诗歌史上的"科伦坡时代"，依其内容，可分为六类：爱国抒情诗，代表诗人为S. 玛亨德；长篇叙事诗，代表诗人为萨格拉·巴兰苏利亚；风景诗，代表诗人有艾尔伯特·德·席尔瓦、阿南大·拉迦卡鲁那、K. H. 德·席尔瓦；儿童诗（儿歌），代表诗人为穆尼达萨·库玛拉东格；艳情诗/爱情诗，代表诗人为阿尔维斯·佩雷拉；佛教诗，代表诗人为S. 玛亨德。

第三章"民间文学和戏剧文学"，分两部分：一是民间文学，指民歌、民谣和民间故事（包括童话、寓言、神话、笑话等），占有重要地位；二是戏剧文学，代表作如萨拉特钱德拉的《玛纳梅》、古纳瓦德那的《狐狸女婿》、贾亚塞那的《窗户》、那瓦迦德卡玛的《苏伯和亚沙》等。①

（七）季羡林主编，刘安武第一副主编，叶渭渠、仲跻昆、梁立基、黄宝生副主编：《东方文学史》，吉林教育出版社，1995年12月版

该书第三编"近古文学（十三世纪前后—十九世纪中叶）"第三章"南亚文学"，辟有专节，即第八节"斯里兰卡佛教文学"，具体内容包括：1. 佛教散文文学；2. 佛教韵文文学；3. 禽使诗；4. 格言诗；5. 赞歌和民谣。②

第五编"现当代文学（二十世纪初至今）"第四章"南亚文学"，亦辟有专节，即第十节"魏克拉玛辛诃和斯里兰卡文学"。其中提到的小说家有：马丁·魏克拉玛辛诃，是斯里兰卡现代文学史上最杰出的文学家；森纳那亚克，同时也是僧诃（伽）罗语新诗的开山祖，新诗《寂静》已译成中文；古纳达萨·阿莫拉塞格拉，代表作为《苦命人》（1955）；贾亚迪拉格，作品有《大梵天》（1966）、《小老汉》（1972）；伊兰迦拉特尼，中篇小说《父子之间》已译成中文；僧人西利·西伐利，已有《西利·西伐利短篇小说集》翻译出版。诗歌虽退居小说之后，但四行诗、自由体诗都争放异彩，主要分为叙事诗、爱国诗、风景诗、佛教诗四类。佛教忌娱乐，故斯里兰卡古代戏剧文学不甚发达，至近现代，方在印度和西方的影响下有较大发展。萨特拉江德拉的《玛纳梅》（1956），堪称斯里兰卡戏剧史上划时代的作品。③

此外，如张效之主编《东方文学简编》（山东教育出版社1985年

---

① 高慧勤、栾文华主编：《东方现代文学史》下册，海峡文艺出版社1994年版，第1043—1055页。
② 季羡林主编：《东方文学史》上册，吉林教育出版社1995年版，第624—631页。
③ 季羡林主编：《东方文学史》下册，吉林教育出版社1995年版，第1339—1344页。

12月版)，梁潮、麦永雄、卢铁澎《新东方文学史（古代·中古部分）》（广西师范大学出版社 1990 年 8 月版)，张朝柯主编《亚非文学简史》（辽宁大学出版社 1991 年 4 月版)，郁龙余主编、孟昭毅副主编《东方文学史》（陕西人民出版社 1994 年 8 月版)，吴元迈、赵沛林、仲石主编的《外国文学史话》的"东方古代·东方中古卷"及"东方近现代卷"（吉林人民出版社 2001 年 12 月版)①等文学史著作，均未纳入斯里兰卡文学。

（八）邵铁生：《斯里兰卡文学》，外语教学与研究出版社 1999 年 12 月版

这是"中国第一部，也是目前为止唯一一部以斯里兰卡文学为研究对象的学术专著"②，收入"北京外国语大学外国文学史丛书"。全书共分四章：狮子国的传说；佛教文化和佛教文学的传播与发展；现代小说的兴起；泰米尔文学的发展，"书中全面介绍了斯里兰卡从古到今的文学发展脉络，对主要作家和作品做了评论和分析"。③"虽为研究型著作，但其中大量存在的是译介性文字"，尤其是"民间文学"部分，"只是对作品内容进行了介绍，却没有对其进行深入研究，更没有将其置于整个斯里兰卡文学史中加以考察"。卷首有"内容提要"，书末所附"文学大事年表"，也是"中国第一份有关斯里兰卡文学的年表"，对"了解斯里兰卡文学发展进程不无助益"。④

2013 年 12 月，俄罗斯高尔基世界文学研究所编撰的《世界文学史》中文版八卷十六册，由上海文艺出版社正式出版。该书被誉为世界文学史领域的"航空母舰"，其中涉及斯里兰卡文学的章节包括：第三卷第八

---

① 其中"东方古代·东方中古卷"包括史话 147 则，"东方近现代卷"包括史话 126 则。
② 高永：《三语石的鸣响——东方边缘诸国与中国文学关系研究》，北京理工大学出版社 2013 年版，第 61 页。
③ 薛克翘：《中国斯里兰卡文化交流史》，社会科学文献出版社 2021 年版，第 199 页。
④ 高永：《三语石的鸣响——东方边缘诸国与中国文学关系研究》，北京理工大学出版社 2013 年版，第 61 页。

编"南亚文学与东南亚文学"第三章"僧伽罗文学"（第935—938页）、第四卷第八编"南亚文学与东南亚文学"第三章"僧伽罗文学"（第662—664页）、第五卷第九编"南亚和东南亚文学"第三章"僧伽罗（兰卡）文学"（第828—831页）、第六卷第八编"南亚和东南亚文学"第二章"僧伽罗（斯里兰卡）文学"（第956—960页）、第七卷第八编"南亚及东南亚文学"第三章"斯里兰卡文学"（第929—932页）、第八卷第八编"南亚与东南亚文学"第三章"僧伽罗语文学"（第933—936页），其所论内容，颇值得参考。

三 综合类图书中的斯里兰卡文学

除专门的文学类图书之外，有关斯里兰卡国情或文化的综合介绍类图书，往往也会述及其文学方面的内容。兹举数例。

（一）刘兴武编著：《各国手册丛书：斯里兰卡》，上海辞书出版社1984年6月版

第七章"教育、文化、卫生"之"（二）文学艺术"，涉及领域包括：文学、戏剧、舞蹈、音乐、绘画、雕刻、电影。就文学而言，主要分僧伽罗语文学、泰米尔语文学和英语文学三类加以介绍；就戏剧而言，则分为古典剧和现代剧两种予以提示。①

其后，如李树藩、王德林主编《最新各国概况》（长春出版社1993年2月版），何道隆主编《当代斯里兰卡》（四川人民出版社2000年6月版）等，均有关于斯里兰卡文学的简要介绍。值得一提的是，李向阳总主编的"'一带一路'国别概览"丛书，收有张淑兰、徐炜丹编著，郑清典审定的《斯里兰卡》。该书对斯里兰卡文学的介绍，是目前所见时间最为切近的有关斯里兰卡文学的综述。就斯里兰卡当代文学而言，则指出

---

① 刘兴武编著：《斯里兰卡》，上海辞书出版社1984年版，第166—173页。

"最著名的作家是罗迈什·古奈塞克拉"。①

（二）楼宇烈主编、魏常海副主编：《东方文化大观》，安徽人民出版社 1996 年 12 月版

第五编"情调各异的文学"之"二、尊佛崇古——斯里兰卡文学"，为邓殿臣所撰。分三部分：（一）"千年窠臼——佛教文学"，其中包括"佛经传注""《岛史》和《大史》""中世纪的佛教文学作品""本生文学"；（二）"兰卡'诗经'——《悉达落难记》和《西格利亚诗》"；（三）"国中泰斗——现实主义作家魏克拉玛辛诃"。②

（三）王兰③：《斯里兰卡民族宗教与文化》，昆仑出版社 2005 年 8 月版

第五章"斯里兰卡的文化"第一节"文学"，对斯里兰卡文学的介绍主要包括四个方面：巴利文文学，僧伽罗文学，泰米尔语文学，英语文学④，较有新意。

此外，林焕文、徐景学主编《世界名人辞典》（黑龙江朝鲜民族出版社 1987 年 9 月版），戚廷贵、刘孝严、唐树凡主编《东西方艺术辞典》（吉林教育出版社 1992 年 4 月版），章佩林主编《全球名人大典》（哈尔

---

① 张淑兰、徐炜丹编著：《斯里兰卡》，大连海事大学出版社 2019 年版，第 63—68 页。关于罗迈什·古奈塞克拉（Romesh Gunesekera，1954—），《世界文学》2003 年第 3 期的"英国当代青年作家作品小辑"，刊有李尧翻译的《罗·古奈塞克拉小说自选》（第 6—27 页），共三篇，其中《选择》（Carapace）和《蜡染印花布》（Batik）选自《修士的月亮》，《斯特林烤饼》（Stringhopper）最初发表于《格兰塔》杂志。译者指出，"罗·古奈塞克拉作为一个移民作家，虽然远离故土，但是始终没有让自己的目光离开远隔重洋的岛国斯里兰卡"，其"作品状物书怀，刻画人物，都充满写实主义的神韵"，"但也不乏象征主义的色彩"。

② 楼宇烈主编：《东方文化大观》，安徽人民出版社 1996 年版，第 684—687 页。该书第一编"泱泱东方的风貌"之"四、大洋宝石——斯里兰卡"（第 52—57 页）、第三编"悲智双运的宗教"之"四、僧高经古——斯里兰卡佛教"（第 421—430 页）、第四编"多彩的语言文字"之"二、语古字圆——斯里兰卡语言文字"（第 614—617 页），均为邓殿臣所撰。

③ 王兰又译有苏联瓦·伊·科奇涅夫研究斯里兰卡各民族发展史的学术专著《斯里兰卡民族历史文化》，中国社会科学出版社 1990 年 3 月出版。

④ 王兰：《斯里兰卡的民族宗教与文化》，昆仑出版社 2005 年版，第 214—230 页。

滨出版社 1992 年 8 月版），中国百科大辞典编撰委员会编辑、王伯恭主编《中国百科大辞典》（中国大百科全书出版社 1999 年 9 月版）等工具书，亦收录有关斯里兰卡文学的词条。

四　作品选中的斯里兰卡文学

文学作品的选辑，往往也是文学评论的一种方式。作家与篇目的去取，即是文学标准、编选原则、审美趣味的体现。而在中国高校的课程体系中，作品选常常和文学史相伴而生，可以互参互补。

（一）季羡林主编，刘安武、张鸿年、刘振瀛、潘金生、李振中副主编：《东方文学作品选》，湖南人民出版社 1986 年 9 月版

本书为"高等学校文科教学参考书"，选录斯里兰卡文学作品计三种：其一为"西格利亚诗选"11 首，邓殿臣译，原载 1983 年《南亚与东南亚资料》；其二为马丁·魏克拉玛辛诃的《局长舅舅》（邓殿臣译）；其三为森纳那亚克的《心》（邓殿臣译）。选文之前，均冠有简要的作家作品介绍。①

（二）梁立基、陶德臻主编：《亚非文学作品选读》，中国人民大学出版社 1998 年 1 月版

本书是《外国文学简编》（亚非部分）修订本的配套教材。第四编"现代亚非文学"之"斯里兰卡"部分，节选了魏克拉辛珂《蛇岛的秘密》的第七章"马多尔岛"，题下有【简介】，除对作家（或作品）有所介绍外，对选文的内容也做了总体上的揭示和概括。②《外国文学简编》（亚非部分），由朱维之、雷石榆、梁立基主编，中国人民大学出版社 1983 年 2 月初版，其中原无斯里兰卡文学的介绍，修订版由梁立基、陶

---

① 季羡林主编：《东方文学作品选》下册，湖南人民出版社 1986 年版，第 332—362 页。
② 梁立基、陶德臻主编：《亚非文学作品选读》，中国人民大学出版社 1998 年版，第 650—656 页。

德臻主编，1998年1月出版。该版第四编"现代亚非文学"第四章"现代南亚文学"第五节即为"马丁·魏克拉玛辛诃"①。此后各版，均保留相关内容。

除此之外，1982年，由俞灏东编选的宁夏大学中文系教学用书《亚非拉文学作品选》付印，分古代文学、中世纪文学、近代文学、现代文学、当代文学五册，均未收录斯里兰卡的文学作品。1987年6月，俞灏东、何乃英编选的"高等学校文科教材"《东方文学作品选》由北京出版社正式梓行，同样未见斯里兰卡的文学作品收录。该教材是为配合《东方文学简史》（陶德臻主编，彭端智、张朝柯副主编，北京出版社1985年5月版）而编选，"简史"亦未论及斯里兰卡文学。

（三）浦漫汀编：《东方童话》，河南文艺出版社1998年9月版

《东方童话》与《东方寓言》《东方神话》《东方哲理诗》《东方思想》《东方宗教》一道，构成"东方文化丛书"，后两种未见出版。

该书选辑的童话共90篇左右，"皆为东方童话中的有代表性的名篇力作"②，其中"斯里兰卡·伊朗·阿拉伯"部分，选收斯里兰卡童话两篇：《大象布拉塔普》（阿·普列马达沙作，东飞译）和《红色女巫》（佚名作，雷起立译）。③ 书前有《红色女巫》的插图。

编者在卷首的《东方童话概说》指出：《大象布拉塔普》属于拟人体童话，《红色女巫》则是超人体童话。"前一篇中的大象在重新开始漫游生活的前夕，特意嘱咐朋友们：猪和豺'也是动物，他们有权在森林里生活。虽然他们的手段很卑鄙'，到处挑拨离间，伺机捣乱，制造事端，'但是不要仇视他们'，要给他们以'帮助'。这段临别忠告表现了大象的宽容，同时也是东方童话常有的对和谐、与人为善的观念的强调。"④

---

① 梁立基、陶德臻主编：《外国文学简编》[亚非部分]，中国人民大学出版社1998年版，第504—510页。
② 浦漫汀编：《东方童话》，河南文艺出版社1998年版，"东方童话概说"第3页。
③ 浦漫汀编：《东方童话》，河南文艺出版社1998年版，第239—253页。
④ 浦漫汀编：《东方童话》，河南文艺出版社1998年版，第24页。

五 斯里兰卡文学作品的单本翻译

斯里兰卡文学作品的翻译,数量不多,而单本著作,更是屈指可数。但即便如此,各类综述也时有遗漏;或仅提及书名,具体内容则并不着墨。鉴于此类著作出版年代较早,且印数偏少,读者甚或研究者都难得一见,故此处不惮辞费,尽可能予以全面介绍,其中《蛇岛的秘密》将在下文有述。需要强调的是,这里的介绍不包括发表于报刊的单篇译作,如《译文》《人民日报》《诗刊》《世界文学》《外国文学》《百花洲》《儿童文学》等,曾有斯里兰卡诗歌和小说的译介;[①]《南亚与东南亚资料》等亦有刊载。因资料所限,难以一一爬梳,故从略。

(一)《魏克拉马沁格短篇小说集》,何青译,作家出版社1961年12月版

据书末《译后记》(作于1961年11月14日),马丁·魏克拉马沁格是锡兰现代文学的重要作家,时任锡兰作家协会主席。1959年10月,曾率锡兰文化代表团访问中国。其第一部长篇小说《丽拉》,以反对迷信为主题;第二部长篇小说《女人》则是描写锡兰妇女的屈辱地位。其早期作品,最受读者欢迎的是《海市蜃楼》(1925),以妇女争取自由为主题。《改变中的村庄》(1944)是"僧伽罗长篇小说中最杰出的一部",真实反映了农村阶级分化的历史过程。《一个时代的结束》(1948)"描写的是资本主义侵入农村所造成的农村经济危机和农民的革命斗争"。[②]

小说集共收短篇小说15篇:《一盆面团》《穆德里雅尔舅舅》《母亲的死》《儿媳妇》《母亲》《西服上衣》《奴隶》《农村悲剧》《消遣》《墓地》《诗人》《爱情》《眼镜蛇》《死者的家》《受侮辱的人》。前12篇是根据作者所寄英文原稿翻译,最后3篇是从俄文版《魏克拉马沁格短篇

---

① 薛克翘:《中国斯里兰卡文化交流史》,社会科学文献出版社2021年版,第199页。
② [锡兰]马丁·魏克拉马沁格:《魏克拉马沁格短篇小说集》,何青译,作家出版社1961年版,第166—167页。

小说集》转译。小说的题材,"大多采自人民生活中的琐事细节,每篇作品看起来很像一幅生活素描",从中可以看到"锡兰美丽的河山","殖民主义的毒害"和"锡兰人民的生活和风俗习惯"。①

此书之外,邓殿臣曾自僧伽罗语版《魏克拉玛辛诃全集·短篇小说卷》译有《一缕青丝》,收入《斯里兰卡短篇小说三篇》,发表于《世界文学》1985 年第 3 期,同时配发作者像。译者在引言中指出:"小说揭示了在斯里兰卡这样的佛教国家里一般僧侣的内心世界与广大信众的道德、价值观念,反映了僧伽罗民族的文化传统。"该篇后被收入李文俊主编的《世界文学精粹(小说卷)——四十年佳作(World Literature, 1953 - 1993)》(浙江文艺出版社 1993 年 6 月版)。

(二)T. B. 帕拉穆涅提拉克(T. B. Peramunetillake):《安达瑞的故事》,作家出版社 1963 年 11 月版

"本书根据作者提供的英文打字稿译出,插图亦系作者供给。"前勒口有作者简介及内容提要:

> T. B. 帕拉穆涅提拉克是锡兰当代作家,僧伽罗文晨报《锡兰之光》的编辑;现任亚非作家会议常设局秘书长助理。
> 本书包括作者所搜集和改写的两组民间故事。《安达瑞的故事》的主人公安达瑞是锡兰康提王朝的一个宫廷弄臣,是一个家喻户晓的人物。《马哈达纳穆塔的故事》是关于一个"聪明的傻瓜"和他的五个门徒的传说。这些幽默风趣的故事,嘲笑了封建统治者的腐朽无能,几百年来,一直在锡兰人民中广泛流行。

两组故事之前,均有译者说明。《安达瑞的故事》(Andare),由刘寿康翻译。安达瑞"是一个诗人、滑稽家、有名的射手和严肃的思想家。

---

① [锡兰]马丁·魏克拉马沁格:《魏克拉马沁格短篇小说集》,何青译,作家出版社 1961 年版,第 166—167 页。

他以说笑话的方式,向国王提出别人都不敢提出的有关人民的重大问题"。"锡兰学校拿安达瑞的笑话和诗歌作为学生的教材。事实上,安达瑞的名字,在今天,已经成为一个绰号。"① 《马哈达纳穆塔的故事(大顾问)》(Mahadanamutta),由石永礼翻译,"传说的来源,已消失在古代的迷雾中。作者也不详"②。

(三)西里·西伐利:《西里·西伐利短篇小说集》(Siri Sivali Short Stories),陈静译,作家出版社1964年1月版

此书为高永书里所遗漏。后勒口有作者照片及简介云:"西里·西伐利法师是锡兰当代著名作家,锡兰作家协会主席,锡兰维迪阿兰卡拉大学教授。西里·西伐利用僧伽罗文写作,曾发表过不少作品,有短篇小说也有文学评论。"

小说集共选译短篇小说9篇:《警察注意的事情》《空白的书》《尊敬高贵的人》《卡土维塔老爷》《我的叔叔》《懒惰的秘密》《两个立场》《委员会引起的分歧》《劫路的强盗》。前勒口有阅读指南云:

> 亚非两大洲是人类文明最古的发源地,是人类文化的摇篮。
>
> 今天亚非人民正面临着一个民族解放和文化复兴的新时代。亚非人民风起云涌的反对帝国主义、反对殖民主义的斗争,不仅对亚非两洲人民的前途有着伟大的历史意义,并且也对全人类的命运发生决定性的影响。
>
> 进步的亚非作家是这一伟大斗争的积极参加者,又是这一斗争的代言人。他们继承了光辉灿烂的文化传统,从人民的斗争中汲取了丰富的灵感,正在不断创造着具有新的思想和感情的优秀作品。

---

① [锡兰] T. B. 帕拉穆涅提拉克:《安达瑞的故事》,刘寿康、石永礼译,作家出版社1963年版,第2页。
② [锡兰] T. B. 帕拉穆涅提拉克:《安达瑞的故事》,刘寿康、石永礼译,作家出版社1963年版,第64页。

这些作品是全世界人类的共同财富。中国读者怀着极大的兴趣来阅读这些作品，并且将从这些作品中得到鼓舞。

对于此书，刘寿康认为，"小说集中的作品通过一些平凡的日常生活揭示出它们所蕴藏的深刻的社会意义"，使读者"对四十年代的锡兰情况得到进一步的了解"；"作品别具幽默、讽刺的艺术风格"，而且作者讽刺的笔触也落到"高贵的人"身上。这些短篇，"篇幅都不大"，但都"笔墨简括，生动活泼"，其中"来自生活的有趣观察和幽默的描写都给读者留下深刻印象"。①

（四）古·维塔纳等：《生存的权利》，张永全等译，上海译文出版社1983年10月版

本书为斯里兰卡中短篇小说选，据苏联 Москва "Художественная Литература" 1979 年版转译，共收 17 位作家的 29 篇作品。具体包括：1. 古·阿马拉塞卡拉三篇：《自行车》（张太康译）、《新年前夕》（顾生根译）、《朋友》（尹承灿译）；2. 伊·阿里亚拉蒂纳姆一篇：《贾夫纳的水灾》（叶瑞安译）；3. 瓦拉达拉贾（瓦拉达尔）一篇：《加涅沙神的赐予》（李元军译，沈灿星校）；4. 马·马·维克拉马西格（即马丁·魏克拉玛辛诃/魏克拉马沁格）四篇：《吹牛大王》（叶瑞安译）、《眼镜蛇》（顾生根译）、《喜在结尾》（叶瑞安译）、《取乐》（张太康译）；5. 古·维塔纳两篇：《生存的权利》（张永全译）、《桥》（祝康济译）；6. 加涅萨林甘两篇：《茶的颜色》（于国畔译）、《分娩》（姚龙宝译）；7. 贾亚蒂拉卡两篇：《幽灵》（叶瑞安译）、《明朗的早晨，漆黑的夜晚》（高光三译）；8. 多·贾瓦三篇：《猎奇》（周如心译）、《出诊》（张月明译）、《两种人》（叶瑞安译）；9. 戴尼埃尔三篇：《吃米莫忘种稻人……》（丛亚平译，尹承灿校）、《秘密》（李成果译）、《南来的风》（沈灿星译）；

---

① 刘寿康：《新书评介：〈西里·西伐利短篇小说集〉》，《世界文学》1964 年第 4 期。

10. 伊拉贾拉蒂纳姆一篇：《小船》（郑祚琛译）；11. 拉特纳帕拉一篇：《父亲》（姚龙宝译）；12. 卡·森迪纳丹一篇：《一把米饭》（张爱民译，王友玉校）；13. 萨马拉孔一篇：《鸟儿》（张永全译）；14. 韦·阿·阿·西里瓦一篇：《枪声》（王友玉译）；15. 西里谢纳一篇：《可悲的故事》（于国畔译）；16. 阿·维·苏拉维拉一篇：《疑虑》（张永全译）；17. 米·蒂利卡拉特纳一篇：《黑骨头》（张太康译）。

对于上述作品，张永全在"译后记"中指出：其"题材广泛，风格和技巧各有特色"；作者"从各个不同的侧面，以朴素而鲜明的笔调描写了这个秀丽岛国的自然风光和社会生活"，"在一定程度上反映了时代的风貌，是斯里兰卡当代社会的真实写照"；"这些艺术素描大多数取材于生活琐事，但观察细致，描写入微，深刻地反映了世态人情"，"字里行间充满了对正义的向往，对光明的未来的憧憬，对弱小者的同情，对暴虐者的憎恨，有极其浓厚的人道主义思想和现实主义倾向"。①

（五）索莫巴勒·朗纳冬格：《逃亡者》，林海、范为纲译，湖南人民出版社 1984 年 7 月版

本书根据各纳拉特纳出版社 1691 年②第 2 版僧伽罗文本译出。小说的主要内容是：

> 十六世纪初，葡萄牙入侵锡兰，锡兰各部落各自为王经常发生战争。贵族子弟卡陆瓦因父亲被国王杀害，隐姓埋名流落到高山王国，在大臣朗纳老爷家做仆人。朗纳的女儿宫娟娜爱上了卡陆瓦，经常在生活上照顾他。朗纳发现女儿的私情后要杀卡陆瓦，卡陆瓦连夜逃走。卡陆瓦的哥哥狄瓦森与梅格拉有情，致使梅格拉怀孕。嫉妒成性的宫娟娜误以为卡陆瓦爱的是梅格拉，便毒瞎了梅格拉的

---

① ［斯里兰卡］古·维塔纳等：《生存的权利》，张永全等译，上海译文出版社 1983 年版，第 321—323 页。

② 疑是 1961 年之误。

眼睛。此时战乱纷起,卡陆瓦以为宫娟娜已死,遂担负起照看梅格拉的责任。狄瓦森在葡萄牙军队的帮助下攻入高山王国,打败了国王的军队。卡陆瓦与宫娟娜重逢。宫娟娜看见卡陆瓦抱着孩子向她走来,以为孩子是卡与梅所生,便绝望地从悬崖上跳了下去。卡陆瓦悲痛欲绝,也随之跳了下去,二人双双殉情。①

(六) 依朗基兰:《公理何在》,郑瑞祥、张秀莲译,北岳文艺出版社 1986 年 3 月版

收入"东方文学丛书"(季羡林主编,刘国楠、梁立基副主编)。伊朗基兰是斯里兰卡著名的泰米尔语作家、进步作家协会的创建人之一。《公理何在》是其著作中"最优秀的一部",书名原文直译为《天理啊!你听我诉说》。1959 年,小说连载于科伦坡的泰米尔日报《太阳报》;本书是根据印度马德拉斯市巴利出版社 1962 年第 1 版译出。

前勒口"内容提要"云:作者"以委婉动人的文笔"描写了一出爱情悲剧,"以锋利的笔触揭露了贫富对立、门第差异等尖锐的社会问题"。"作品感情真挚,动人心弦,催人泪下,是一部颇为深刻的现实主义力作。"其中的主要人物安查理,在斯里兰卡凯拉萨巴蒂教授看来,是泰米尔文学作品,尤其是斯里兰卡泰米尔文学作品中的"崭新的人物形象"。②

(七) 雷纳尔德·乌尔福:《密林中的村庄》(The Village in the Jungle),黎炳森译,李丽莎校注,北岳文艺出版社 1986 年 9 月版

收入"东方文学丛书"。小说是"以坐落在斯里兰卡南部的坎布鲁比帝亚村的变迁为背景创作而成"③。前勒口"内容提要"云:"这是一部

---

① 周振甫、林辰、孙绳武主编:《中外小说大辞典》,现代出版社 1990 年版,第 808—809 页。该词条为孙淑珍所撰。
② [斯里兰卡] 依朗基兰:《公理何在》,郑瑞祥、张秀莲译,北岳文艺出版社 1986 年版,"译者的话"第 2 页。
③ [斯里兰卡] 雷纳尔德·乌尔福:《密林中的村庄》,黎炳森译,北岳文艺出版社 1986 年版,第 202 页。

生动地再现斯里兰卡山村兴衰史的现实主义的中篇佳作。它描述了狩猎老人斯利杜一家悲惨的生活遭遇,颂扬了斯利杜及其两个如花似玉的女儿备受欺凌而被迫反抗的斗争精神,有力地揭露了村长草菅人命的罪恶,鸣出了人间社会之不平。"

雷纳尔德·乌尔福,即伦纳德·西德尼·伍尔夫(Leonard Sidney Woolf),1904 年毕业于剑桥后,于同年 10 月被派往锡兰,成为锡兰英国殖民政府驻北部贾夫纳的初级公务员,后任职于康提。1908 年 8 月,上任为锡兰南方省的助理官员,管理汉班托塔(Hambantota)区。1911 年 5 月返回英国。1912 年初辞职,同年与弗吉尼亚·伍尔夫(Virginia Woolf)结婚。1913 年出版《密林中的村庄》,在英国文学史首次"不是描写殖民地白人殖民者,而是描写在大英帝国的最底层,以刀耕火种的农业为生,黑皮肤或棕皮肤的土著人的艰苦生活的小说",被认为是英国殖民地文学的"经典作品",堪与爱德华·摩根·福斯特(Edward Morgan Forster)的《印度之行》(*A Passage to India*)相提并论。① 1949 年 9 月,由 A.P. 古纳拉特纳译成僧伽罗语,成为斯里兰卡文学史上的经典之作。1964 年,被斯里兰卡教育部规定为学生课外必读书。进入 70 年代以来,又被定为斯里兰卡大学文科教科书。1980 年,由斯里兰卡导演李斯特(James Peries Lester)改编成电影《百得达嘎玛》(*Baddegama*)。

(八)《月光下的爱情:斯里兰卡中篇小说选》,邓殿臣译,贵州人民出版社 1987 年 5 月版

收入"东方文学作品选"。选集收文四篇:一是《月光下的爱情》,W. A. 西瓦尔著,原名《月光》,发表于 1941 年;二是《父子之间》,伊兰迦拉特尼著,原名《驿亭》,发表于 1979 年;三是《爱的波折》,K. 贾亚迪拉格著,发表于 1967 年,1978 年再版;四是《出泥不染》,古纳达萨·里亚那盖著,原名《不破第三戒》。

---

① 罗龙新:《闻着茶香去旅行:斯里兰卡红茶故事》,浙江人民出版社 2017 年版,第 62—63 页。

（九）《岛史》，韩廷杰译，中国藏学出版社 2020 年 5 月版

《岛史》是斯里兰卡最古老的编年史诗，又称《岛王统史》《洲史》。译本依据印度巴利文学者 B. C. Law 的校订本，并参照奥登堡（Herman Oldenberg）的英译本和平松友嗣的日译本翻译而成。1995 年曾由台湾慧炬出版社出版。

全书共分 22 章：调伏夜叉；调伏龙与悬记；摩诃三摩多王系；第一、二次结集；学派及师资相承；阿育王皈依；第三次结集；各方教化；阇耶来岛；阿婆耶灌顶；天爱帝须王灌顶；摩晒陀来岛；奉献大云林园；接受大寺和支提耶山；遗骨度来；接受大菩提树；摩晒陀入灭；比丘尼教团；阿婆耶木杈伽摩尼；书写佛典；诸王事迹；以后诸王事迹。《中译本序言》指出，"《岛史》叙述的国王，从穆达湿婆开始，到摩诃舍那王终止，重点叙述与佛教有重大关系的天爱帝须王、杜多迦摩尼和摩诃舍那王。对其间的国王一一叙述，都注明他们的执政时间及其佛教事业"，"南传上座部佛教史所以有明确时代，主要靠这部《岛史》"。①

（十）阿努克·阿鲁德普拉加桑（Anuk Arudpragasam）：《简短的婚姻故事》（*The Story of a Brief Marriage*），吴亚敏译，广西师范大学出版社 2020 年 9 月版

阿努克·阿鲁德普拉加桑，斯里兰卡青年作家，泰米尔族。2016 年，在美国出版首部英文长篇小说《简短的婚姻故事》。这是一本以斯里兰卡内战为背景的小说。作者将故事的主人公放置在婚姻带来的短暂希望之中，无限放大他的活动细节，无限精微地描述他的心理状态，以此展现绝境中人对于生的渴望，以及战争给人的身体和心灵带来的双重毁灭。

2020 年 12 月，《南亚东南亚研究》第 6 期发表张玮的《斯里兰卡小

---

① 《岛史》，韩廷杰译，中国藏学出版社 2020 年版，"中译本序言"第 4 页。

说〈一夜夫妻〉的叙事时间与内战创伤》。题中的《一夜夫妻》，即是《简短的婚姻故事》的另一译名。小说作者则被译作阿奴卡·阿努德拉伽桑。论者指出："这是一部没有英雄、没有宏大战争场面的战争小说，聚焦战乱中流离失所的普通民众，以轰炸造成的人员伤亡为描写切入点，用简洁的故事情节和简单的事件呈现斯里兰卡人民的内战创伤。"文章通过分析小说中"故事、话语和时间之间关系"，进而"解读作品所描写的斯里兰卡民众相互关爱、保持对生命和生活的热爱"，证明"爱具有救赎的力量"。

（十一）《大史》，韩廷杰译，中国藏学出版社2021年12月版

巴利文《大史》是一部最早的佛教编年史著作，也是一部以佛教发展史为线索的王朝史，是研究上座部佛教最主要的参考书。叙述内容从公元前5世纪佛陀3次访问锡兰岛，直至18世纪英国入侵，篇幅长达101章，不仅是历史文献，更是优美的文学作品，堪称一部恢宏的史诗。① 其中第1章至第20章由马鹏云初译，韩廷杰修改定稿；其余81章皆由韩廷杰翻译。1996年曾由台湾佛光文化事业有限公司出版。

六　斯里兰卡文学的重要译者邓殿臣

对于斯里兰卡文学的译介者，高永在综述中重点介绍的是邓殿臣和邵铁生。笔者认为，作为中国斯里兰卡文学尤其是僧伽罗文学研究的奠基者，邓殿臣还未受到足够的重视，故本文再花篇幅，对邓殿臣给予更多的关注。

邓殿臣（1940—1996），河北安平县（今属衡水市）人。1985年，《月光下的爱情》翻译完稿，1987年出版。此系其文学领域的代表作。同年10月，所编写的《斯里兰卡古代历史故事》（共13节）收入"外国历史小丛书"，由商务印书馆出版。这是其向历史文化领域拓展的标志性著作。

---

① 《大史》，韩廷杰译，中国藏学出版社2021年版，封底。

1988年以后，他主持编写《东方神话传说》第五卷"佛教、耆那教与斯里兰卡、尼泊尔神话"，分五编：佛教神话传说；耆那教神话传说；《故事海》中的故事；斯里兰卡神话传说；尼泊尔神话传说。除撰写佛陀传略之外，又从僧伽罗语全文转译《大隧道本生》和《顾迪拉本生》，使二者得以在中国首次面世。第四编"斯里兰卡神话传说"共十则，包括：佛陀三次来岛的传说；玛亨德长老来岛布教的传说；狮子国的起源；关于"圣足山"的神话传说；关于菩提树的神话传说；迦米尼大帝；桑加波国王为民献身；佛牙和佛牙大游行；古玛拉陀娑和迦梨陀娑；国王和卫士。"十个故事大都与佛教有关，从不同侧面反映了这个古老佛国的几个重大历史事件，可视为佛教神话的一部分。"①

1991年8月，其《南传佛教史简编》列入"法音文库"（净慧主编），由中国佛教协会出版。该书所用资料，"主要取自僧诃罗语、汉语及少量英语"②，并按国别和地区分六编，即斯里兰卡佛教史，缅甸佛教史，泰国佛教史，柬埔寨佛教史，老挝佛教史，中国傣族佛教史，标志其学术研究已扩展至宗教领域。

1991年，中国佛教协会赵朴初会长向佛协下属的中国佛教文化研究所提出翻译巴利文南传佛教经典《大藏经》，邓殿臣积极响应，一面与吴立民所长共商制订翻译计划，一面向在京的斯里兰卡威马莱拉担尼（Vimalaratana）法师学习巴利文，与其合作翻译《长老尼偈》③。1993年1月，他被公派至斯里兰卡进修，在维普拉萨拉大长老主持的佛学院学习巴利文。1996年2月，完成《长老偈》的翻译。《长老偈》是巴利三藏经藏《小部》中的第八部经，是佛陀声闻弟子诵出的一部诗歌总集，包含264位长老的1291首诗偈，共分21集。④《长老尼偈》则是南传佛教

---

① 邓殿臣主编：《佛教、耆那教与斯里兰卡、尼泊尔神话》，北京大学出版社1999年版，《前言》第8页。
② 邓殿臣：《南传佛教史简编》，中国佛教协会1991年版，"序"第2页。
③ 翻译依据1972年出版的斯里兰卡传本，为巴利语原文和僧伽罗语译文的对照本。
④ 《长老偈·长老尼偈》，邓殿臣译，中国社会科学出版社1997年版，"长老偈·前言"第1页。

小部经典之第九。1997年8月,《长老偈·长老尼偈》由中国社会科学出版社出版①；2011年8月，又由黄山书社再版。

此外，又曾为《东方文化词典》（居三元、张殿英主编，北京大学出版社1993年2月版）②、《南亚大辞典》（黄心川主编，四川人民出版社1998年2月版）③ 等撰写词条。

关于邓殿臣，查明建、谢天振《中国20世纪外国文学翻译史》之"亚、非文学翻译家"，以及《中国翻译家辞典》(《中国翻译家词典》编写组编写，林辉主编，中国对外翻译出版公司1988年7月版)、《中国翻译词典》（林煌天主编，湖北教育出版社1997年11月版）等专业工具书均未收入。

七 有关斯里兰卡文学作品的鉴赏与研究

长期以来，中国国内对斯里兰卡文学的研究，主要表现为单篇作品的鉴赏；不过，从目前看来，学术论文包括学位论文渐呈增长之势。主要成果有：

---

① 《长老偈》曾经宋立道据英译本校阅，《长老尼偈》则经吴立民翻阅、润文。

② 据笔者统计，共计114条，分别是：阿黑贡迪卡、阿卢寺、阿摩罗波罗派、阿莫拉德沃、阿莫拉赛格拉、阿奴拉、阿努拉特普罗、阿斯羯利派、艾白克、艾萨拉大游行、安德烈、奥尔科特、巴纳杜勒大辩论、毕利多法会、毕利多经、波隆纳鲁伐、部派论集、达磨波罗、大史、大寺、当布拉石窟、岛史、杜拉瓦、杜图迦摩尼、法显洞、法住记、佛陀达萨、佛牙史、高尔郑和碑、高维、根那拉、供养法会、古地拉诗、古鲁卢高弥、国语庄严论、赫迪阿拉基、赫那、皇冠宝石诗、祭地道场、祭鬼道场、祭星道场、贾亚迪拉格、贾亚拉特、金鬘大塔、卡德拉迦摩神、卡拉瓦、康提、科伦坡国家博物馆、库玛拉冬格、穆尼达萨、库玛拉斯瓦米、罗曼那派、马拉拉色克拉、玛亨德、S.玛亨德、玛纳梅、摩尔人、摩尔瓦德派、牟尼达萨、目犍连语法、那万旦纳、帕拉奈维达那、佩拉德尼亚学派、皮利斯、普桑节、祇陀林寺、千篇故事集、清净道论、萨拉昂格拉、萨拉迦玛、萨拉特姜德拉、桑格坡、森纳那亚克、僧伽罗人、僧伽罗语、僧伽罗语本生故事、僧伽罗学会、僧语注释、摄阿毗达磨义论、圣水浩荡、圣足山、世界佛教徒联谊会、斯里兰卡东方语言学术委员会、斯里兰卡佛牙寺、斯里兰卡国际眼库、斯里兰卡联合报业公司、斯里兰卡四大神庙、斯里兰卡铜宫、斯里·罗睺罗、叟拉得、塔史、天爱帝颂、瓦洪布拉、瓦拉甘巴、维哈拉·摩诃提沃、维杰耶、维克拉玛拉基、魏克拉玛辛诃、无畏山寺、J.西尔瓦、S.西尔瓦、W.西尔瓦、西格利亚诗、西利塞那、悉多落难记、暹罗派、小史、信使诗、一屋饭、益世书、迎神经、优异诗篇、月光、月形石、斋僧法会。

③ 邓殿臣为《南亚大辞典》编辑委员会委员及撰稿人。条目未具名，具体不详。

（一）《东方文学名著题解》，季羡林、刘安武编，中国青年出版社，1989 年 10 月版

本书是《外国文学名著题解》（中国青年出版社，1983 年 4 月出版）的补充，主要介绍亚洲和北非的十八个国家、地区和古埃及、古巴比伦、古希伯来的 167 个作家和 219 部作品（包括民间集体创作和无名氏的作品）。每位作家先简单介绍生平和创作情况，然后对其主要作品另立专条介绍内容、思想特点和艺术特点，并作评价。其中所涉斯里兰卡的作家与作品，计有：1.《岛史》；2.《大史》；3. 鸠摩罗达萨及其《悉多落难记》；4. 诗歌《西格利亚壁诗》；5. 寓言故事《五百五十本生故事》；6. 波罗迦罗摩巴忽二世及其《皇冠宝石诗》；7. 斯里·拉胡拉及其《燕雀信使诗》；8. 魏克拉玛辛诃及其《三部曲》。上列条目均为邓殿臣撰。

（二）《东方文学名著鉴赏大辞典》，主编：陶德臻，副主编：何乃英、张朝柯、郑忠信（执行），河南人民出版社 1994 年 12 月版。其内容包括作家简介、内容提要和作品鉴赏三部分。辞典收录斯里兰卡名著三部（篇）。

1. 马丁·魏克拉玛辛诃：《蛇岛的秘密》

马丁·魏克拉玛辛诃（M. Martin Wickramasinghe，1891—1976），或译魏克拉玛辛诃、魏克拉玛辛格。一生创作 80 多部作品。代表作为长篇小说《乡村的变迁》（1944），真实地反映了斯里兰卡社会在资本主义冲击下所发生的深刻变化，已被译成俄文、泰米尔文，并于 1965 年改编成电影。其主要作品还有长篇小说《海市蜃楼》（1925）、《时代的终结》（1949）、《禁欲》（1956）、《罪恶时代》（1957），自传《出生以来》（1961），游记《苏联的崛起》（1962）等；又以普通农民生活为题材，创作相当数量的短篇小说，有短篇小说集《奴隶》，为斯里兰卡民族文学事业做出重要贡献。

中篇小说《神秘岛》（1944），由冀英翻译，题作《蛇岛的秘密》

(*The Mystery Of The Snake Island*),作家出版社1963年5月出版。小说共十章:群盗;打猎;海上历险;孩子们的战斗;一个放荡的骗子;盗窃队;马多尔岛;奇怪的客人;移动的火光;浪子回家。著者原译马丁·魏克拉马沁格,后勒口有作者像及其简介。

《蛇岛的秘密》是一部优秀的儿童读物,也是最能体现魏克拉玛辛珂创作特点的中篇小说。小说从儿童题材的角度,描绘了20世纪40年代斯里兰卡农村生活的画面。赏析为陈永祥所撰。论者以为,小说的艺术价值主要体现在三个方面:一是真实地描写了农民的艰难生活和不幸遭遇。如描写村长在官吏的支持下企图赶走乌帕里,霸占小岛,以及藏匿于小岛上的杀人逃犯巴拉普的经历,都是当时现实生活的真实反映。通过这些描写,表现了作者对农民命运的深切关怀和同情。二是塑造了乌帕里这一儿童形象。小说多方面描写其活泼勇敢、勤劳正直的品格。乌帕里一连串顽皮的恶作剧虽然闹得四邻不安,但却表达了纯真儿童对理想社会的憧憬。小说最大的艺术价值,在于"它用孩子们的眼光观察社会,用孩子们的思想去理解社会,又用孩子们的语言来表达对社会的理解",尤其是在语言运用上,不仅注意到符合儿童的身份、儿童的性格特点,还表现出儿童心理和性格成长的过程,堪称儿童文学的"典范作品"。① 小说以浪漫主义的幻想性和现实主义的写实性相结合,描绘自然风光和社会现实,刻画儿童心理世界,在两相对照中,产生强烈的艺术效果。

2. 乌·阿·西尔瓦:《贤妻》

乌·阿·西尔瓦(1890—1957),现实主义小说家。共创作中、长篇小说《不朽女皇》《小乞丐》《女教师》《荒原之月》《月光》及短篇小说集《手绢》《贤妻》等,有"小说之王"的美誉,在斯里兰卡小说发展史上占有重要地位。其作品继承了梵语、巴利语和古典僧伽罗语文学的优良传统,在艺术上加以拓展,带有浓郁的地方色彩、民族特色和引人入胜的艺术趣味,同时往往具有吸人注意的开端、生动曲折的情节以

---

① 陶德臻主编:《东方文学名著鉴赏大辞典》,河南人民出版社1994年版,第1040—1046页。

及出人意料、耐人寻味的结尾。

《贤妻》，邓殿臣译自其短篇小说集《贤妻》（1952），载《世界文学》1987 年第 5 期，有译者引言。赏析为陈志英所撰。小说讲述了一个"吃喝玩乐、肆意捣蛋的浪子"艾得文，转变为"自食其力、诚实肯干的新人"的故事，说明"贤妻在其转变过程中的决定性影响作用"，歌颂了"女性的崇高与伟大"。论者以为，作品的艺术价值主要体现在：一是通过对话和对比凸显贤妻之"贤"。作品篇幅短小，有关"贤妻"西西莉亚的直接描写仅千字左右，可谓惜墨如金，但却留下很大的想象空间。"经理的试探、艾得文的执着，经理与西西莉亚的对话，经理与儿子的对话"，"丝丝入扣，有时甚至紧张激烈"，但都"从不同的侧面揭示着和丰富着西西莉亚的优美心灵，也能使读者去领悟西西莉亚的贤淑"。二是作品的结尾特别富有戏剧性。经理的全篇结语给人以会心的微笑，既出人意料之外，又在情理之中，可媲美于"欧·亨利式结尾"。三是作品的结构格局，"十分集中干练"。"前半部分集结多种故事因素，后半部分集中主要矛盾冲突"；"开头是劈头盖脑，结尾是戛然而止"；"悬念的迷雾笼罩着整个故事，结尾则峰回路转，别有洞天"。①

3. 森纳那亚克②：《心》

森纳那亚克（1913—1985）以短篇小说见长，有小说集《没有穷人的世界》（1945）、《报复》（1946）等。《心》，邓殿臣译，收入季羡林主编《东方文学作品选》。赏析为王慧才所撰。论者认为，"《心》是一篇

---

① 陶德臻主编：《东方文学名著鉴赏大辞典》，河南人民出版社 1994 年版，第 1313—1318 页。

② G. B. 森纳那亚克的作品，译介到中国的另有：1.《在亚非作家运动中进一步发扬万隆精神》，《世界文学》1963 年第 8 期。1963 年 7 月 16 日至 20 日，亚非作家会议执行委员会会议在印度尼西亚巴厘岛举行，森纳那亚克作为亚非作家会议常设局秘书长，在会上以此为题作了总报告。其内容包括"当前亚非形势""亚非国家的进步文学运动""常设局的活动"。发言的标题是《世界文学》编辑部所加。2.《斯里兰卡小说两则》，包括《走》和《宝藏》，邓殿臣译，《国外文学》1988 年第 1 期。译者在篇末的《作者介绍》中，称其为"斯里兰卡短篇小说的魁首"。3.《追求幸福的人们》，邓殿臣译，《国外文学》1992 年第 1 期。篇末《作者简介》亦誉之为"斯里兰卡最负盛名的短篇小说家"。此篇发表于 1982 年，是作者"最后的作品"。4.《两个渔夫》，《中国校园文学》2004 年第 1 期。未署译者。配有插图包括作者像，为书铭所作。

写得十分精彩的悬念小说。作家以悬念贯穿小说始终，采取层层剥笋的办法，最后揭示谜底，结束故事，情节十分引人入胜"。①

除此之外，如《东方文学五十讲》（邓双琴、谭绍凯、曹汾、易漱泉、张效之编，贵州人民出版社 1987 年 9 月版）、《东方文学名著讲话》（陶德臻、彭端智、张朝柯、俞灏东主编，宁夏人民出版社 1987 年 12 月版）、《亚非文学 200 题》（全国高等师范院校外国文学教学研究会编写，广西教育出版社 1988 年 8 月版）、《东方文学鉴赏》（温祖荫著，福建教育出版社 1988 年 10 月版）、《东方文学名著宝库》（傅加令编著，工人出版社 1989 年 2 月版）、《东方文学鉴赏辞典》（彭端智主编，金易副主编，华中师范大学出版社 1990 年 12 月版）等均无斯里兰卡文学作品入选。

（三）张光勤、王洪主编：《当玫瑰开花的时候：中外微型小说鉴赏》，社会科学文献出版社 1998 年 2 月版

选录《苏密妲》②。作者 H. P. 西里瓦尔德纳，斯里兰卡当代作家，20 世纪 80 年代初崭露头角。邓殿臣译自其短篇小说集《死神哭泣的时候》，收入《斯里兰卡短篇小说三篇》，原载《世界文学》1985 年第 3 期。

吴岳添、张小娴在赏析中指出："这是一篇颇为别致的微型小说。它不仅篇幅短小，而且全部情节只有十分钟。作者以深邃的洞察力，抓住了这个转瞬即逝的生活镜头，表达了他对纯洁爱情和崇高友谊的美好理想。同时以巧妙的艺术构思，把这十分钟之内发生的事情描绘得令人神往、发人深思。"③

---

① 陶德臻主编：《东方文学名著鉴赏大辞典》，河南人民出版社 1994 年版，第 1318—1321 页。

② 《苏密妲》又被收入东野茵陈编选《世界微型小说荟萃 300 篇》（百花文艺出版社 1992 年版）。该书同时收录斯里兰卡伊兰力拉特尼的《教师的调遣》（张成礼译）。张贤亮主编《世界微型小说传世精品·情感婚恋系列·哭泣的女人》（海南国际新闻出版中心 1996 年版）亦收录《苏密妲》。

③ 张光勤、王洪主编：《当玫瑰开花的时候：中外微型小说鉴赏》，社会科学文献出版社 1998 年版，第 114 页。

(四)刘安武主编:《世界经典散文新编·亚洲卷·南亚 西亚:逝去的岁月》,百花文艺出版社 2000 年 1 月版

选编斯里兰卡散文五篇,俱为赵秋莲所译并有译者说明。其中阿·杜·西·魏达纳格莫四篇:《威萨克节》《僧伽罗人的婚礼》《僧伽罗人的葬礼》和《古城康堤和它的大象游行节》。前三篇译自科伦坡 M. D. 古纳塞诺有限公司 1961 年出版的《僧伽罗族民间文化》。该书"系一部富有民族风情的散文著作"。最后一文,则"根据斯里兰卡驻中国大使馆提供的近期资料译出"。作者具体情况不详。① 另有 A. P. 古纳拉特诺的《机智勇敢的放羊娃》,选自古纳拉特诺编著的"我们的民间故事"丛书第二册,马哈勒格莫萨曼出版社 1959 年 7 月出版。②

(五)孟昭毅:《东方文艺思潮研究》,昆仑出版社 2016 年 1 月版

第五编"现代文艺思潮的形成(20 世纪初—20 世纪中期)"第三章"震荡与分化中的南亚文化板块"中指出:"斯里兰卡现实主义文学以比亚达萨·西里塞那(1875—1946)的《幸福的婚姻》(1907)和魏克拉玛辛诃(1891—1976)的'三部曲'小说《家乡巨变》(1944)、《争斗时代》(1957)、《时代的终结》(1949)为代表"③,并在第三节"魏克拉玛辛诃文学的'僧伽罗情结'"展开详细论述。最后得出结论:"魏克拉玛辛诃以其深广的僧伽罗情结,描绘了 20 世纪前后斯里兰卡现代社会的种种景象,为世界了解它打开了一扇窗户,也使斯里兰卡文学开始走向世界。"④

第六编"东方后现代文艺思潮勃发(20 世纪中期—21 世纪初期)"第四章"南亚文化板块的裂变分解"第三节"南亚流散作家群的创作倾

---

① 刘安武主编:《逝去的岁月》,百花文艺出版社 2000 年版,第 271 页。
② 刘安武主编:《逝去的岁月》,百花文艺出版社 2000 年版,第 288 页。
③ 孟昭毅:《东方文艺思潮研究》,昆仑出版社 2016 年版,第 442 页。
④ 孟昭毅:《东方文艺思潮研究》,昆仑出版社 2016 年版,第 454 页。

向",则提到斯里兰卡两位著名的流散作家:翁达杰和古奈塞克拉。①

(六) 关于马丁·魏克拉玛辛诃的研究

中国学者对于斯里兰卡作家的研究,最为集中的是马丁·魏克拉玛辛诃。除上引文学史、辞典、作品鉴赏等材料之外,单篇论文也并不鲜见。

1. 张哲《〈维拉戈雅〉与马丁·维克拉马辛哈的小说创作之路》。《维拉戈雅》另译作《禁欲》。1944 年,马丁·维克拉马辛哈的小说《冈贝拉利亚》出版,标志着僧伽罗语小说创作进入现实主义阶段。作为"现实主义僧伽罗语小说之父",马丁·维克拉马辛哈的创作之路,在僧伽罗语小说的发展历程中极具代表性。论者以其小说作品为例,论述其不同时期的作品所受社会、经济、文化、宗教等各方面因素的影响,以及作品所产生的影响力,并从主人公人物形象塑造的特点出发,对其最成功的现实主义小说《维拉戈雅》加以分析。②

2. 岳凯华、何思奇《斯里兰卡作家魏克拉马沁格汉译文本研究——从后殖民文学话语出发》,载《黄冈师范学院学报》2022 年第 2 期。论者认为魏克拉马沁格的作品具有明显的后殖民主义文学特征,指出《魏克拉马沁格短篇小说集》的汉译,"一方面体现了两国在后殖民时代进行反思与批判的相似性,另一方面也对中国的外国文学研究思潮转变起到了推动作用"。

此处还需要特别提及的是特·赛音巴雅尔的斯里兰卡文学之旅。

1995 年 2 月,蒙古族作家特·赛音巴雅尔应斯里兰卡宗教文化部和人民作家阵线的邀请,以中国作家代表团成员的身份,赴斯里兰卡访问并讲学,主题是关于中国少数民族当代文学和中国当代文学。③

2 月 25 日上午 10 时,特·赛音巴雅尔曾参观斯里兰卡现代文学的奠

---

① 孟昭毅:《东方文艺思潮研究》,昆仑出版社 2016 年版,第 560 页。
② 黄美华主编:《亚非语言文学研究》,中国传媒大学出版社 2012 年版,第 93—99 页。
③ 《特·赛音巴雅尔传略》,载内蒙古师范大学中国少数民族作家研究中心编《特·赛音巴雅尔研究专集》,中央民族大学出版社 2005 年版,第 564 页。

基人马丁·维克拉马兴科的故居。在《访问马丁故居》中，特·赛音巴雅尔对其代表作——长篇小说三部曲《家乡巨变》《斗争时》《时代的终结》做出评价，认为："作者描写了斯里兰卡一个没落地主家庭三代人的不同命运、不同经历、不同性格以及他们之间的矛盾、冲突、爱情和友谊，反映了在英国、法国、葡萄牙资本主义势力的猛烈冲击下，从十九世纪末到二十世纪初斯里兰卡社会发生的巨大变化。它是一部文学巨著，在斯里兰卡文学史上占有重要的地位"，并"很快被译成俄、英、罗马尼亚、保加利亚、泰米尔等多种文字"，"在国际上也产生了一定的影响"，作者因此获得了"斯里兰卡的泰戈尔""斯里兰卡的高尔基""斯里兰卡的鲁迅"的称誉。[①] 回国后，特·赛音巴雅尔即用蒙汉两种文字写出论文《斯里兰卡·斯里兰卡佛教文学》和长篇游记散文《印度洋上的岛国》。

（七）比较文学视域下的斯里兰卡文学研究

随着中国和斯里兰卡文化交流的扩大与深化，斯里兰卡文学也在比较文学视域下得到进一步的观照和研究。其代表性的成果如下。

1. 瓦库迪：《中国与斯里兰卡爱情诗歌的比较研究》，博士学位论文，南京师范大学，2006 年

该论文是在程爱民教授的指导下完成。正论分三章：中国与斯里兰卡古典爱情诗歌比较；中国与斯里兰卡现代爱情诗歌的比较研究；徐志摩和 Siri Gunasingha（悉利·古纳辛格）爱情诗歌比较研究。论者认为，在古典爱情诗歌领域，以伦理为中心的儒家文化和以佛祖为中心的佛教文化，各自培育出相关联的主题，即爱情抒情短诗的擅长和长篇叙事史诗的流行；同时，以农耕文化为底蕴的民族特色和面朝大海热带风情的岛国特色，又使二者的爱情内容与描写方式各有侧重。两国爱情诗歌在现代化的发展历程中，均呈现出下列特征：开放性、时代性、多元性和民族性，但依照各国的实际情况，具体有所不同。通过对徐志摩和 Siri

---

① 特·赛音巴雅尔：《特·赛音巴雅尔选集》第二卷，中央民族大学出版社 2002 年版，第 425 页。

Gunasingha 爱情诗歌的比较，更能形象地显示出二者在现代诗歌发展道路上不同的诗歌风景。

2. 郑慧梓：《苏内德拉中国主题小说研究——以〈科伦坡人和上海人〉为例》，硕士学位论文，北京外国语大学，2021 年

该论文是用僧伽罗语写作、在江潇潇博士指导下完成。苏内德拉是斯里兰卡当代知名女性作家。曾在中国生活多年，创作并翻译了多部中国主题的作品。论者认为，小说《科伦坡人和上海人》在平行时空中描绘了科伦坡和上海的人和事，通过对比，展现出两个城市不同的风貌和特色；同时又在垂直时空中，分别记述 20 世纪初以来，科伦坡和上海的历史变迁和百年兴衰。作者通过对中国形象的塑造，呈现其对中国的理解，本质上是对斯里兰卡社会弊病和发展困境的反思。小说角色的互动实际上是全球化时代不同国家之间命运相交的微观表现。

综上以观，中国对斯里兰卡文学的译介与研究，还偏于单薄。究其根由，主要是僧伽罗语、泰米尔语、巴利语等人才的匮乏。如上引文学史中有关斯里兰卡文学的章节，以及词典中的有关条目，多为邓殿臣所撰。其结构、内容与文字等诸方面，具有一定的相似性甚至重复之处，缺少突破和新变。但目前亦有一些可喜的变化在逐步显现，一是《岛史》《大史》大陆版的梓行，在一定程度上改变了斯里兰卡文学的译介以近现代作家作品为主的状况；二是斯里兰卡作家作品的研究，专著方面虽尚付阙如，但学术论文、学位论文已渐次增多。随着僧伽罗语专业在北京外国语大学、中国传媒大学、重庆师范大学、云南民族大学的开设，专业人才的队伍将不断壮大，斯里兰卡文学的译介或将得到根本的改观。

京都大学《中国文学报》与中国文学的译介[*]

刘 岩 王苇垚[**]

内容提要：《中国文学报》由京都大学文学部、中国语学中国文学专业、中国语学中国文学研究室编辑，于1954年10月刊印并发行第一册。至2021年4月，《中国文学报》共出刊94册，收录文章659篇，是日本学术界对中国文学研究的集中体现之一。本文对京都大学大学院文学研究科·文学部官网所记录《中国文学报》既刊目录进行系统整理，将其分为文章作者、论文、书评、介绍文四大板块，并进行系统分析论述，探究《中国文学报》所刊文章的主要作者群体以及他者视域下的中国文学研究所呈现特征，以期丰富中国国内对日本期刊的相关研究。

关键词：京都大学；《中国文学报》；中国文学；译介传播

中国文学主要由汉民族所构筑，从口头传承的神话传说到文字记载的经典古籍，从诗文等正统文学到戏曲、小说等丰富多彩的衍生体裁，五千年的兴盛衰亡尽含其中，是中华文化中耀眼的瑰宝。"日本汉学"作

---

[*] ［基金项目］国家社科基金一般项目"日本近代中国西南调查及馆藏图文资料整理与研究"（22BTQ013）。

[**] 刘岩（1985—），男，工学博士，贵州大学外国语学院副教授、日本研究所所长，主要研究方向为典籍外译与传播、中日近代交流史；王苇垚（1999—），男，硕士研究生，研究方向为日语笔译。

为以中华文化为研究对象的国际汉学中的一员，便有其独特的一面，表现出与本国文化更为贴近的，甚至血肉相连的黏着。① 近代以来，日本京都大学对中国文学即有密切关注。1906 年，日本京都大学文学部开设"中国语学中国文学讲座"，开始对中国文学进行系统授课。1919 年，随着"中国语学中国文学第二讲座"的开设，进一步加强了京都大学文学部对中国文学的研究。《中国文学报》由京都大学文学部、中国语学中国文学专业、中国语学中国文学研究室编辑，秉持"将中国语言和中国文学联系起来，同时采取不将近代以前文学视为近现代文学之异种存在的态度进行互补研究学习"② 的宗旨，要求学者对典籍、古典诗、白话文等全部文献具有充分的阅读能力，兼顾历时性研究和共时性研究两种态度的视野，跨越语言和文学的基础知识，开拓能够满足今天要求的新研究。1954 年 10 月刊印并发行第一册后，基本保持一年两册或一册的进度，直到 1969 年受日本"全学共斗会议"事件影响曾停刊 3 年，于 1972 年复刊。至 2021 年 4 月，《中国文学报》共出刊 94 册，收录论文、书评、介绍文、资料共 659 篇。

本文将京都大学大学院文科研究所·文学部官网所记录《中国文学报》既刊目录进行数据整理，对《中国文学报》所刊论文、论文作者、书评及介绍文进行分析阐述，探究《中国文学报》既刊文章的论文、作者群体、书评及介绍文特征。

一 《中国文学报》作者群体考

从 1954 年至 2021 年，《中国文学报》中收录的文章皆由在中国文学领域颇有建树的研究人员所著，作者队伍数量庞大，共 252 人。其中，既有来自日本本土的学者，也有来自中国、韩国，以及美国、英国等西方

---

① 钱婉约：《日本中国学京都学派刍议》，《北京大学学报》（哲学社会科学版）2000 年第 5 期。
② 京都大学大学院文学研究科·文学部：『中國文學報』，https：//www. bun. kyoto-u. ac. jp/chinese_ lang_ lit/cll-wenxuebao/，2022 - 01 - 26。

国家的专家。

（一）《中国文学报》主要发文作者

由于《中国文学报》中的部分文章由多位学者共同合作著成，因此本文将发文 10 次及以上的作者定为主要发文作者，共有 34 名，仅占《中国文学报》作者人数的 14%，但是发文量达 284 篇，大约占据了《中国文学报》既刊文章总量的 43%。其中，除斋藤希史、釜谷武志二人分别为东京大学文学部教授及神户大学人文学研究科教授外，其余学者皆有京都大学文学部授业的经历。其中，以京都大学名誉教授兴膳宏发文最多，达 52 次，位居榜首。川合康三 21 次、木津祐子 20 次，分别位列第二及第三。斋藤希史、小川环树、入矢义高、小松谦、清水茂、釜谷武志、金文京相继位居前十名。

表1　　　　　《中国文学报》高产作者及发文次数

排名	作者	发文次数（次）
1	兴膳宏	52
2	川合康三	21
3	木津祐子	20
4	斋藤希史	18
5	小川环树	16
6	入矢义高	15
7	小松谦	14
8	清水茂	13
9	釜谷武志	10
10	金文京	10

（二）《中国文学报》中的其他作者

日本著名中国文学学者入谷仙介、日本东北大学名誉教授村上哲见、日本中国戏曲研究学者岩城秀夫发文 8 次。东京大学综合文化研究科教授谷口洋等6人分别发文7次。日本富山大学人文学部教授大野圭介等4人发文6次。而京都大学综合人类学部教授道坂昭广等11人虽然仅发文5次，但是约占发文次数大于等于5次且小于10次作者总人数的42%，是不可忽视的中坚力量。并且从该群体中可以发现，《中国文学报》不仅关注日本学者的成果，同样也注重中国本土及欧美国家学者对中国文学的研究。例如，收录了美国汉学家倪豪士（Willian H. Wienhauser, Jr.），美国日本学家、汉学家伯顿·沃森（Burton Watson）的作品，分别为6篇及5篇，以及中国学界泰斗饶宗颐所作5篇文章。

发文5次以下的作者，共有216人，约占《中国文学报》作者群体的86%。其中，除日本学者之外，也不乏中国学者的身影。比如，中国南京大学中文系教授张伯伟所著《近年来有关中国古典文学研究的一见解》《朝鲜时代私家杜注考》及《评点溯源》皆收录于《中国文学报》中。同样，作者群体中也有来自欧洲国家学者，譬如法国籍学者吉恩－皮埃尔·迪埃尼（Jean-Pierre Diény）、苏远鸣（Michel Soymié），德国籍学者京特·德邦（Günther Debon），皆有文章收录于《中国文学报》。

二 《中国文学报》既刊文章中的研究

《中国文学报》中共收录论文444篇，主要为日本学者对中国文学进行研究的成果。其主题十分多元，包含对中国古代文学、中国近现代文学、中国文学作家、中国文学史、文学理论以及中国宗教进行的研究，同时也包含日本学者对中国、西方学者所著论文进行翻译的译介类论文。

（一）中国古代文学研究

中国古代文学经典作为平衡传统与现代之间张力的古典资源之一[①]，

---

① 吴承学、沙红兵：《中国古代文学的经典》，《中山大学学报》（社会科学版）2004年第6期。

受到了日本学者的充分关注。《中国文学报》中收录中国古代文学研究论文共 233 篇，约占所收录论文总数的 52%，也就是说，半数以上的研究主题与中国古代文学相关，并且可以将其划分为诗词研究、小说研究、典籍研究、戏曲研究等 10 个板块。

如表 2 所示，对于中国古代文学的研究，学者们主要集中于诗词之上，共有相关论文 135 篇，在中国古代文学研究中占比约 57.9%。其中不仅有对诗词本身作出的考察，也有对诗歌题材进行的综述，还有对诗词中出现的修辞手法、诗词诞生的背景等进行的探讨，极具多元性。同时，研究文本早至《诗经》，晚到苏轼所作《南乡子·送述古》，亦极具历时性。

表 2　　　　　　　　　　中国古代文学研究板块分布

研究板块	诗词	小说	典籍	戏剧	赋	乐曲	序	神话	碑文	传奇
数量（篇）	135	37	28	13	8	5	2	2	2	1
百分比（%）	57.9	15.9	12	5.6	3.4	2.1	0.9	0.9	0.9	0.4

小说研究的相关论文共 37 篇，集中于四大名著之《水浒传》《红楼梦》《三国演义》以及宫调小说《董西厢》，不仅对其诞生进行了相关研究，还对小说中的人物形象进行了分析。而 1980 年 10 月出版的第 32 册《中国文学报》中，京都大学人文科学研究所教授金文京更是以《小说〈李娃传〉的剧化——〈曲江池〉及〈绣襦记〉》一文，探讨了中国古代剧本《曲江池》《绣襦记》与小说《李娃传》的渊源。

有关典籍的研究同样十分多元，涉及中国古代诗词典籍、历史典籍、书法典籍等。其中，中国第一部纪传体通史《史记》受到了青睐，共有 4 篇相关论文，且研究角度各不相同，不仅有探究《史记》中体现司马迁因果报应思想的文章，也有对人物描写进行的阐述，还有对第二人称代词作出的研究，同时也有探讨《史记》中歌与传说的论文。

关于戏剧的论文则多为对元杂剧的研究，也不乏对宋代及清朝戏剧的探讨，而较有特色的是对于中国话剧的研究。中国话剧脱胎于晚清的戏曲改良运动，是一种在本土发生的新兴民族戏剧。① 学者夏岚对这一领域有所关注，著《中国话剧史上的翻译剧及其上演：二战时及以后》《从翻译和出版看中国对外国戏曲的接受》两篇论文，其第一篇在第 51 册、第 60 册《中国文学报》上两次刊出，第二篇则收录于第 78 册《中国文学报》。两篇成果皆从翻译的角度出发，探讨了外国戏剧在中国的传播与接受。

另外，赋作为中国古代兼具诗歌与散文性质的文体，以"极声貌以穷文"的铺叙方式、"遂客主以首引"的问答结构和"卒章显志"的述志讽喻，对后世叙事产生了深远的影响，② 因而同样受到了日本学者们的关注，共有 6 篇相关研究。贾谊作为西汉文学家，其赋上承屈原、荀子的传统，下启汉代大赋之先声，自然成为研究的重点之一。在 1958 年 4 月刊行的第 8 册及 1960 年 10 月刊行的第 13 册《中国文学报》中，曾经的日本中国学会理事长金谷治及日本汉学家伊藤富雄分别发表了《关于贾谊的赋》和《贾谊的〈鵩鸟赋〉的立场》，对贾谊的赋进行了系统性研究。

除上述研究板块之外，对于中国古代文学的研究还着眼于古代乐曲、序、神话、碑文、传奇，共有论文 12 篇，占比约为 5.2%，皆丰富了日本汉学界相关板块的研究，一定程度上弥补了日本汉学界对相关板块研究的不足。

(二) 中国近现代文学研究

中国近现代文学的发生、嬗变深受日本文学影响，日本文学的某些

---

① 马俊山：《演说与中国话剧之发生考论》，《中国现代文学研究丛刊》2010 年第 4 期。
② 傅修延：《赋与中国叙事的演进》，《江西社会科学》2007 年第 9 期。

因子直接或间接地参与了中国文学的现代性建构。① 中国近现代文学研究的相关论文于《中国文学报》中共15篇，其中仅有1篇论文将目光集中于中国近代文学，即日本京都大学讲师赵侦宇于2020年4月投稿的《围绕黄遵宪〈日本杂事诗〉的改订研究》，其余论文研究主题皆为中国现代文学。这当中又以研究茅盾所著文学作品为重点，共3篇论文，分别为1958年10月山田富夫所作《关于〈子夜〉》、1960年4月吉田富夫所作《茅盾文学序说——以〈腐蚀〉为中心》及《论茅盾的性欲描写及〈蚀〉〈野蔷薇〉中的性爱》。

其余论文则围绕中国现代文学作家鲁迅的《药》《野草》，丁玲的《太阳照在桑干河上》，郭沫若的《落叶》，胡适的《四十自传》，巴金的《家》，李昂的《杀夫》等作品开展研究。值得一提的是日本神户大学人文学研究科教授滨田麻矢于2016年10月发行的第88册《中国文学报》上，发表了题为《以爱之名——20世纪中国文学的少女形象》的论文，系统阐述了20世纪中国文学作品中少女形象的特征，弥补了日本对中国文学作品中女性形象研究的不足。

（三）人物研究

《中国文学报》中共收录96篇人物研究论文。如表3所示，《中国文学报》所刊人物类论文集中于对中国古代个人的研究，共涉及44名古代文学家、思想家、政治家等人物，并且在杜甫诞辰1250周年、1300周年的1962年与2012年，《中国文学报》分别出版两册杜甫诞生纪念特刊，使得与杜甫相关的论文在人物研究中占据了相当的比例。值得一提的是，1956年4月所刊行的第4册《中国文学报》中，日本近代文学研究者中村幸彦所发表的《隐藏的评论家——清田儋叟的评论业绩》一文，另辟蹊径地跳出清田儋叟儒学家的身份，进而对其文学评论进行了考辨，向日本学者展现了清田儋叟作为文学评论家的一面。

---

① 方长安：《中国近现代文学接受日本文学影响反思》，《福建论坛》（人文社会科学版）2005年第10期。

表3　　　　　　　　《中国文学报》刊载研究人物汇总

所在时期		具体人物	数量
古代	个人	杜牧、孔子、王梵志、清田儋叟、温飞卿、杨维桢、王世贞、潘岳、张协、贾岛、陆机、沈亚之、嵇康、杜甫、高适、元结、陆游、阮籍、陶渊明、陆机、庾信、曹操、李白、李贺、白仁甫、李商隐、钱谦益、隋炀帝、王维、钱起、吴梅村、韩愈、白居易、柳宗元、谢灵运、苏轼、陆云、归有光、郭璞、卢藏用、陈子昂、梅尧臣、庄子、李德裕	44
	集体	盛唐诗人、梁初文学集团、中唐诗人、中唐士大夫、隋朝文人	5
近代		王国维、铃木虎雄、黄遵宪、宫岛诚一郎、梁启超	5
现代		鲁迅、厨川白村、端木蕻良、瞿秋白、沈从文、龙榆生、吉川幸次郎、小川环树	8
当代		胡万春	1

而对于近代人物的研究则相对较少，且集中于王国维、铃木虎雄、黄遵宪、宫岛诚一郎、梁启超等人。其中，唯一一篇与中国近代思想家、政治家、教育家、史学家、文学家梁启超相关的论文为中国学者蔡毅所作《清末"诗界革命"起源的再讨论：黄遵宪·梁启超与明治汉诗的关系》，收录于2021年4月所刊行第94册《中国文学报》。文章以黄遵宪、梁启超与日本明治时期汉诗的渊源入手，探究了二人对戊戌变法前后的诗歌改良运动的影响与贡献。

另外，对于现代人物的研究则集中于鲁迅、厨川白村、端木蕻良、瞿秋白、沈从文、龙榆生、吉川幸次郎、小川环树等文学家及学者，且多采用对比研究的方式探究两个人物之间的联系与影响。例如，1994年10月发行的第49册《中国文学报》中，在日学者、日本同志社大学教授钱鸥所作《京都时期的王国维与铃木虎雄》，不仅说明了王国维流亡日本京都时期与铃木虎雄的联系及二人相互之间的影响、吸引，还展示了王国维未发给铃木虎雄的书信，极具客观性与真实性。聚焦当代作家的研究则仅有一篇，由日本当代中国现当代文学研究家相浦杲执笔，介绍了中国当代工人作家胡万春所著短篇小说集《青春》《爱情的开始》以及电影剧本《钢铁世家》《家庭问题》等作品。

（四）中国文学史与文学理论研究

有关中国文学史的论文，在《中国文学报》中共 9 篇，既有对文学体裁于某一时期的地位之研究，又有关于某一景物在文学史上的变迁，还有对中国文学家所著文学史类书籍的考证。

《中国小说史略》是鲁迅所作第一部系统论述中国小说发展史的专著。日本中国文学者、鲁迅研究者中岛长文于《中国文学报》中连续 3 年发表 5 篇《〈中国小说史略〉考证》论文，既对《中国小说史略》进行了分析与考证，同时也向日本学界展现了中国小说的发展历史。

自 20 世纪 50 年代至 21 世纪以来皆有对文学理论进行探讨的论文，时间跨度极大的同时还极具多元性，对中国古代的诗词理论、书画理论及近代学者所提出的理论皆有考辨，其中又以中国明代文人袁宏道所提出的"性灵说"为研究重点。

"性灵说"是中国古代诗论的一种诗歌创作和评论的主张，其核心是强调诗歌创作要直接抒发诗人的心灵，表现真情实感，认为诗歌的本质即是表达感情的，是人的感情的自然流露。1958 年 10 月所刊第 9 册《中国文学报》中，日本汉学者松下忠便发文《袁中郎的性灵说》以补充日本汉学界对"性灵说"的研究。而袁枚作为清朝乾嘉时期的著名诗人、文学家，在诗文创作方面，与蒋士铨、赵翼并称"乾嘉三大家"，又与赵翼、张问陶并称"性灵派三大家"①，同样成为"性灵说"研究的重点之一，中国学者李锐清于 1987 年 10 月，在第 38 册《中国文学报》中发文《袁枚"性灵说"乃其与其他诗派的关系》，既对袁枚所理解的"性灵说"进行了说明，又将其对中国其他诗派的影响作出了诠释。

---

① 孟健：《提笔先须有性情，风裁休划宋元明——袁枚性灵说抉微》，《文艺争鸣》2021 年第 10 期。

（五）其他研究

《中国文学报》中还收录了除上述 5 个文学领域以外的论文 14 篇，但是由于所存篇章较少且类型繁杂，涵盖了宗教、汉语方言、海外对中国诗词的接受、中国文学的比较研究等板块，因此笔者将其归类为其他研究。

这些论文之中，以关于中国诗词在海外接受类型的研究居多，共有 5 篇，集中在唐代现实主义诗人杜甫与北宋豪放派诗人苏轼的作品于日本、朝鲜的接受。其切入角度也各有不同，例如，韩国高丽大学汉文系教授沈庆昊所著《杜甫诗集于李氏朝鲜的刊行》一文，从朝鲜最后一个封建王朝——李氏王朝时期，杜甫诗集于该国的刊行情况入手，探讨朝鲜人民对杜甫诗歌的接受。而南京大学外国语学院朝鲜语系教授、韩国学者郑墡谟所作《高丽朝对苏轼接受的样相——以使臣往来及苏东坡诗文集的传入为中心》《高丽朝对杜甫诗词的接受——以李奎报为中心》两篇论文，前者是从使臣往来与苏轼诗文集于朝鲜的传播作为切入点展开研究，后者则以朝鲜高丽时期的文学家、哲学家李奎报为中心分析朝鲜对杜甫诗词的接受。

（六）译介类论文

《中国文学报》中共收录译介类论文 53 篇，不仅包含了日本学者对中国、欧美学者所著论文的译介型文章，也有日本学者对中国典籍进行的译注型论文。

译介型论文以翻译中国学者所作论文为主，共有 15 篇。其研究不仅集中于中国古代文学家、文学作品，还关注中国古代文学的发展、推移，同时也对中国古代文学家在日本、朝鲜的接受进行了阐述，极具多元性及跨文化视野。而法国学者苏远鸣（Michel Soymié）、美国汉学家倪豪士（Willian H. Wienhauser, Jr.）所著《从敦煌文献看后期道教的诸相》《记忆的再现——读杜甫〈汉江〉》两篇论文，集中于论述古代文献对宗教的影响及中国古代诗作，分别由兴膳宏、浅田雅子及平田昌司翻译为日文。并且，从时间维度来看，译介型论文发表时间集中于 21 世纪以来这一时间段，表明了《中国文学报》不仅聚焦于日本国内的中国文学探索，同时也十分看重中国本土及欧美国家对文学领域的研究。

另外，共有 36 篇译注型论文被收录于《中国文学报》，译注文本则为唐代官修的目录《隋书·经籍志》的序言，中国南宋时期理学家朱熹与其弟子问答的语录汇编《朱子语类·读书法》《朱子语类·论文》，以及梁元帝萧绎所撰写中国南北朝时期的重要书籍《金楼子》。并且，京都大学名誉教授兴膳宏参与了所有译注型论文的撰写，而日本京都大学文学研究科教授木津祐子、东京大学文学部教授斋藤希史与兴膳宏同属日本东方学会，因此也参与了 15 篇译注型论文的撰写。译注作为副文本，具有多元功能。它不仅能够为读者服务，帮助他们更全面地把握译作，而且能为专业读者，包括翻译学者和比较文学学者研究翻译、研究译作在受语中的接受提供有价值的文献；此外，还能为译者通过文本以外的途径建构自己的文化身份创造条件。① 这些译注文，将在日本尚未进行较为深入研究的中国古代文学作品译介为日语，使得日本其他学者更容易理解文本内容，在一定程度上拓宽了日本学者的研究视野。

三 《中国文学报》既刊文章中的书评

"所谓书评，是指对作为整体的图书的内容所进行的评论。"② 1954 年至 2021 年，《中国文学报》中收录的书评共 175 篇，其中，既有集中于某一特定中国典籍或人物文本进行阐释的专题性书评，也有对多个文本展开叙述的综合性书评，以及译介性书评。借此将日本国内外关于中国文学的书籍推介给读者，帮助其开拓研究视野。

---

① 姚望、姚君伟：《译注何为——论译注的多元功能》，《外语研究》2013 年第 3 期。
② 袁桐：《重思书评的定义、历史及其分类》，《出版发行研究》2020 年第 1 期。

(一) 专书书评

专书书评具有集中性、深入性的特点，对象为某一特定著作。《中国文学报》中共有专书书评135篇。从时间维度上看，此类书评年代跨度极大，其中虽有间断，但是自1954年10月所发行的第1册至2021年4月所发行的第94册中，皆存有对中国文学作品进行评论的文章。

如表4所示，《中国文学报》中关于人物的书评集中于阐述中国诗人生平的文本，共29篇。其中涉及的诗人为三国时期诗人阮籍，唐朝的诗人李白、王维、柳宗元及杜甫，北宋诗人苏轼以及近现代诗人郁达夫、闻一多等。而有关中国文学家文本的书评则有两篇，分别为冈田英树所著《书评：肖凤〈萧红传〉》以及山田敬三所著《书评：丸尾常喜〈鲁迅"人""鬼"的纠葛〉》。

关于中国典籍的书评则十分多元，涉及中国诗词、小说、戏剧、绘画、传奇、宗教、史书、传记等，其中多数为对相关领域作出综合性叙述的文本，比如日本京都大学名誉教授川合康三的《书评：松原朗著〈中国离别诗的形成〉》、日本著名中国文学学者入谷仙介对李希凡所著《论中国古典小说的艺术形象》的述评等，无论是文本还是书评，皆以较为宽广的视野对某一领域下的典籍作出了详细的阐释。

《中国文学报》同样对以历史为主题的书籍有一定的关注度，领域涉及中国文学史、中国文学研究历史及中国印刷史。其中，日本汉学泰斗斯波六郎的著作《中国文学中的孤独感》受到了相当的关注，日本汉学家入矢义高及日本京都大学名誉教授福永光司分别于《中国文学报》第2册及第9册中撰写该书书评。而在2020年4月所发行的第93册《中国文学报》中，鹿儿岛大学法文教育学域法文学系教授高津孝对北京大学中国古代史研究中心教授辛德勇所著《中国印刷史研究》进行了评论，向日本学界介绍中国的印刷史，使得日本学者了解中国相关印刷历史全貌。

表 4　《中国文学报》专题性书评文本主题及数量

书评文本主题		数量（篇）
人物	诗人	29
	文学家	2
典籍	诗词	34
	小说	9
	戏剧	4
	曲	3
	绘画	2
	传奇	1
	宗教	1
	史书	4
	传记	1
历史	中国文学史	15
	中国文学研究史	1
	中国印刷史	1
文学	中国古代文学	9
	中国近代文学	1
	外国文学	2
	中外比较文学	3
论文	中文论文	5
	日文论文	5
哲学	中国哲学	1
政治	中国政治	1
娱乐	娱乐场所	1

以文学主题的书评则集中于介绍论述中国古代文学的书籍，例如日本中国学会名誉会员小尾郊一所著《书评：网祐次〈中国中世文学研究——以南齐永明时代为中心〉》、日本中国友好协会京都府联合会会长笕文生所著《书评：小尾郊一〈中国文学中出现的自然与自然观——以

中世文学为中心〉》。

以论文为主题的书评中，既有对中文论文的介绍，也有对日文论文的评价。西里尔·伯奇作为英国著名汉学家，其著作《中国文学的诸类型研究》及《关于明代传奇的若干问题及方法》在1976年4月所发行的第26册《中国文学报》中，分别被日本京都大学教授前山慎太郎及日本京都大学人文科学研究所教授金文京所评论。

而对关于中国哲学、政治、娱乐场所等书籍所作书评则分别仅有一篇，为铃木达明所著《书评：中岛隆博〈残响的中国哲学——语言与政治〉》、东京大学大学院综合文化研究科教授石井刚所著《书评：滨田麻矢·薛化元·梅家玲·唐颢芸编著〈漂泊的叙事：一九四〇年代东亚的分裂与联系〉》、日本汉检协会汉字文化研究所所长阿辻哲次所著《书评：ヤロスラフ·プルシェク〈瓦子——民间文艺的摇篮期〉》。

（二）综合书评

综合书评具有宏观性、多元性的特征，是对某些书或书籍群体进行评论的书评。①《中国文学报》中共有综合书评20篇。其中既有对中国古代典籍作出分析的书评，也有对介绍中国古代诗人书籍进行述评的文章，还有对中国文学史相关著作、日本学者所作论文展开解析的评论。

综观20篇综合书评的特征，可以看出其对中国文学史文本的介绍较少，眼光主要集中于文学作品本身抑或是对文学作品、作家进行阐释的书籍之中。从时间分布来看，20世纪50年代所收录综合书评最多，共13篇。1954年10月所刊行第1册及1956年4月所刊行第4册《中国文学报》中，日本京都大学名誉教授清水茂与日本汉学家田中谦二分别对不同版本的《水浒传》《西厢记》进行了分析，以鸟瞰式眼光探究同一文本不同版本的特点。而于1956年4月出版的第4册《中国文学报》中存有4篇综合书评，其中由于李长之所著《中国文学史略稿》及林庚所著

---

① 徐柏容：《论综合书评》，《出版发行研究》1991年第6期。

《中国文学简史》篇幅过大，分别为 50 万字及 60 万字，对于两册书籍的书评由日本学者荒井健、一海知义等人共同创作。其次，1957 年 10 月发行的第 10 册《中国文学报》中，日本京都大学名誉教授荒井健对中日两国作家石川一成、李嘉言所著关于唐代诗人李贺的作品进行了统一评价，对李贺在中日两国分别呈现的形象加以分析，使读者了解李贺的生平以及作诗概况。最后，1958 年 4 月发行的第 8 册《中国文学报》中，日本京都大学名誉教授吉川幸次郎对哈佛大学东亚学讲师 Glen W. Baxter、美籍华裔著名汉学家陈世骧、日本中国语言文学家小川环树所著三个版本的《中国文学》进行了述评，探究三人对中国文学理解的共同点，并向读者介绍。

（三）译介性书评

《中国文学报》中共有译介性书评 20 篇，集中于 20 世纪 50 年代至 90 年代，皆为对译介文本展开评价的文章，包含中译日书籍 6 本、中译英书籍 6 本、英译中书籍 1 本、英译日书籍 1 本、日译英书籍 1 本，不仅包含中国典籍、中国文学家所著作品，还有欧美学者所创作的与中国文学相关著作。

1974 年 10 月发行的第 24 册《中国文学报》中，美国汉学家、翻译家伯顿·沃森对英国丛书《企鹅经典丛书》（Penguin Classics）中所出现的中国诗歌英译状况进行了评论，向读者展示了中国古代诗歌作品于英国刊物中的译介情况。另外，日本神户大学人文学研究科名誉教授釜谷武志所著《书评：高木正一译注〈钟嵘诗品〉》分别于 1977 年 4 月、1979 年 4 月两次收录于《中国文学报》。

21 世纪以来《中国文学报》所收录译介性书评则仅有 2 篇，分别为 2002 年 10 月发行的第 65 册中孙昌武著、绿川英树译的《书评：筧文生著〈唐宋文学论考〉》、2008 年 10 月发行的第 76 册中兴膳宏的《书评：周勋初著、高津孝译〈中国古代文学批评史〉》。前者为中国学者对日本学者所著书籍进行的评论且由日本学者译为日文，后者则是日本学者对另一日本学者所译中国书籍开展述评。

四 《中国文学报》既刊文章中的介绍文

介绍文是对某一事物或人物进行阐释的说明性文体。1954—2021 年，《中国文学报》中共收录介绍文 40 篇。如表 5 所示，从介绍主题入手，可以将《中国文学报》中介绍文划分为研究、讨论、场所、会议、书目等 11 个板块。

表 5　　　　《中国文学报》中介绍文分类汇总

	介绍文主题	介绍内容
研究	中国文学研究	戏曲文物研究、钟嵘《诗品》研究、书论研究、寒山诗研究、唐代文学研究、古代文学研究
	外国对中国文学的研究	法国的中国文学研究、美国的中国文学研究、德国的中国文学研究、韩国的中国文学研究
讨论	对文本的讨论	《琵琶记》、《胡笳十八拍》、历史剧《海瑞罢官》、李煜的词
	对研究的讨论	《红楼梦》研究
	对人物的讨论	关汉卿
场所	历史遗迹	湖北省三国遗迹
	文学家故居、住所	丁玲的故乡、罗振玉及王国维于京都的住所
会议	学术会议	第三次中国文学艺术工作者代表大会、中国四川国际文化研讨会、国际辞赋学学术研讨会
书目	中国书目	中国世界文学选读书目
	日本书目	日本所藏汉籍书目
批判	对中国文学家的批判	胡风、丁玲

续表

介绍文主题		介绍内容
方法	读书方法	利用数字档案阅读汉籍
学界	红学界	红学界现状简介
机构	中国文学机构	中国社会科学院文学研究所
人物	中国古代诗人	杜甫
	日本现代学者	藤野先生
图画	日本学者的画	青木正儿的画

　　整体上来看,《中国文学报》中的介绍文以介绍文学方面的研究为主,共有 17 篇。着眼于中国本土对文学领域研究的同时,十分关注他者视域下的中国文学领域研究,形式多为将美国、法国、德国学者所著介绍文译介为日语后,收录于《中国文学报》内。例如,1963 年 4 月出版的第 18 册《中国文学报》中,存有奥地利裔法国汉学家康德谟著、日本京都大学文学部教授兴膳宏所译《介绍:法国中国文学研究的现状》。1965 年 4 月出版的第 20 册《中国文学报》内收录了德国汉学家京特·德邦著、日本东北大学名誉教授村上哲见所译《介绍:德国中国学在中国文学领域的成就》。又如美国学者倪豪士(Willian H. Wienhauser, Jr.)所著《美国中国古典诗研究——一九六二年至一九九六年》共有两部,由于篇幅过长,《中国文学报》将日本京都大学名誉教授川合康三所译两部介绍文拆分为上、下及上、中、下等篇章,分别收录于第 55、56 册以及第 59、60、61 册之中。再如法国学者フランソワ・マルタン所著《近十年法国中国文学研究的发展》一文,则由日本教授兴膳宏翻译并分为上、下两部分收录于第 57 及 58 册《中国文学报》。而金文京为在日韩国学者,能够熟练运用日语进行写作,并不需要日本学者进行翻译,其所作《韩国的中国学研究现状介绍》收录于 2011 年 10 月发行的第 81 册《中国文学报》内。

　　同样,《中国文学报》中所收录的介绍文对日本以及中国围绕中国文学领域中的文本、研究及人物所展开的讨论也有介绍。第 6、第 7、第 13

以及第 21 册《中国文学报》中，日本汉学家岩城秀夫、村上哲见、入矢义高及松村昂分别著文以介绍围绕《琵琶记》《胡笳十八拍》、李煜的词、历史剧《海瑞罢官》开展的学术讨论。而 1955 年 4 月刊行的第 2 册《中国文学报》中日本东北大学名誉教授村上哲见所著《介绍：围绕红楼梦研究展开的批判讨论经过及论点》介绍了日本学界围绕中国四大名著之一的《红楼梦》开展的批判讨论及论点。1960 年 4 月发行的第 12 册《中国文学报》中收录日本汉学家田中谦二所著《介绍：关于关汉卿生平年代之后》则对日本学界围绕元代戏曲作家关汉卿所作讨论进行了介绍。

另外，《中国文学报》中的介绍文对场所、会议、书目、批判、方法、学界、机构、人物、图画等模块进行了介绍，帮助日本学者掌握中国文学研究领域的概况，拓宽其研究视野，使其推动日本汉学界发展。值得一提的是，《中国文学报》的介绍文之中含有以对中国文学家进行批判为主题的文章，主要集中于对胡风、丁玲两人的批判。作者太田进、相浦杲将中国国内对胡风、丁玲所作批判及论据展现给了读者，使其了解两个事件的始末。

结　语

至 2021 年 4 月，《中国文学报》已发刊 94 册，为日本学者提供了介绍中国文学的平台。期刊中收录的论文从多个维度对中国文学领域进行了研究，书评及介绍文则对中国文学领域相关内容作出了诠释。

不仅如此，对《中国文学报》中所收录文章进行系统分析后发现，其所收录研究主要围绕中国古代文学、中国近现代文学、文学领域人物、中国文学史、中国文学理论等方面展开，同时，对于宗教等领域同样有关注。书评则极具多元性，不仅收录了单一书评对特定书籍进行集中性、深入性的探讨，也有较为宏观的综合书评及具有他者视域的译介性书评。而介绍文在介绍文学方面的研究、讨论、书目等板块的同时，十分注重从不同角度入手，向日本学界阐述中国、韩国及欧美国家的中国文学领域研究状况。

综上所述，在《中国文学报》中发文的日本学者，除着眼于对中国文学的研究介绍以外，同时十分注重跨文化视野。可以说《中国文学报》包罗了来自多个国家学者的研究成果，是日本学术界对中国文学领域相关研究的集中体现之一。

日本学界对萧红文学的译介与研究

杨延峰*

内容提要：萧红文学一直受到日本学界的广泛关注，其声誉甚至一度超过国内。萧红文学在日本的译介包括三个阶段：1942 年萧红去世之前的译介发轫期；1949 年中华人民共和国成立至 20 世纪 70 年代的译介反省期；21 世纪之后的多元译介期。日本学界的萧红研究包括三个方面：对《生死场》的研究；对其他单篇作品的研究；创作萧红传记。日本学界研究萧红文学的特点是：极为重视文本细读。萧红文学受到日本学界长期关注的原因是：不强调政治性、具有私小说特质，契合了日本学者的审美需求；凄凉而动感的语言风格和萧红自身充满坎坷的人生经历吸引了日本学者；鲁迅的肯定与推介以及海外学界对萧红文学的关注也对日本学界产生影响。

关键词：萧红文学；日本学界；译介；研究

自 1937 年被译介到日本的第一部作品《马房之夜》算起，萧红文学就一直受到日本学界的广泛关注，其声誉甚至一度超过国内。据笔者统计，截至 2022 年 10 月，日本学界译介的萧红作品共计 27 篇（部），绝大部分萧红的代表作都得到了译介。在研究方面，据笔者统计，截至 2022 年 10 月，日本学界研究萧红文学的论文多达 72 篇，另有专著 2 部。

---

* 杨延峰（1978—），男，史学博士，天津师范大学外国语学院日语系校聘副教授，主要研究方向为中日文学交流史。

日本学界的上述译介和研究成果堪称丰富，理应受到国内学界的重视。然而，总的来看，在我国学界，针对日本学界译介和研究萧红文学所取得的成果而展开的研究，成果还很少见。据笔者所查，只有两篇文章涉及萧红文学在日本译介与研究的情况。其中一篇是肖凤的论文《萧红研究在台湾及国外》，该文用一个段落的篇幅粗略勾勒了萧红文学在日本的译介情况。另一篇是章海宁发表在《人民日报·海外版》的介绍性小文章《萧红——"超越时间与空间存在于世"》，该文简述了萧红文学在海外的译介与研究情况，其中有三个段落涉及萧红文学在日本的情况。相对于前述日本学界丰硕的萧红文学译介和研究成果而言，显然，这两篇文章中的相关内容不足以涵盖前者。

相对于上述已有的研究成果，本文力图全面梳理萧红文学在日本学界的译介过程和研究要点，提炼出日本学界研究萧红文学的亮点，阐明萧红文学在日本学界受到持续关注的原因，以期对我国学界的萧红文学研究有所启示。

一　日本学界对萧红文学的译介历程

（一）译介发轫期（1942 年萧红去世之前）

一般来说，学界对一名外国作家的关注和研究往往始于译介。前文已述，第一部被译介到日本的萧红作品是短篇小说《马房之夜》。这部小说最初发表于 1936 年 5 月 15 日出版的《作家》杂志第一卷第一号。之后被埃德加·斯诺译为英文 Night at Stable，发表在伦敦的英文杂志 Life and Letters Today 上。日本改造社编辑高杉一郎看到这篇小说，于 1937 年 11 月将其转译成日文，发表于改造社创办的杂志《文艺》，由此开启了日本学界译介萧红文学的先河。据笔者所查，迄今国内公开发表的论文中尚未有关于《马房之夜》英译作者、题名和所载英文杂志的记述。

抗日战争期间，虽然中日两国处于交战状态，但仍有部分日本学者在热心介绍萧红文学，且目的比较纯正。如鹿地亘在 1937 年 7 月 15 日至 18 日的《报知新闻》上，发表了《交友录第一页》（『交友録第一頁』），该文记录了 1937 年"八·一三"事变前夕萧红在上海帮助鹿地夫妇逃难的故事。《手》以萧红的中学生活为题材,是其短篇小说的代表作之一。长野贤将其译为日文后,配上《关于萧红》(『蕭紅について』)一文,于 1940 年 1 月发表在日本中国文学研究会的机关志《中国文学月报》第 58 号上。长野在配文中说:"萧红是我喜欢的女作家,其经历和作品在日本不为人知。……拙译若能将其一部分传递到日本则幸甚。"①

《红的果园》是萧红 1936 年旅居日本期间创作的短篇,小说展现了处于日本控制之下的"满洲国"的荒废状况,表达了作者失去故土的悲哀之情。1940 年 5 月,山本吉夫翻译了这篇小说,发表于《文化组织》。1941 年 2 月,中山樵夫重译了这篇小说,收录在《郁闷的中国——现代作品与文学史》(『郁闷する支那—现代の作品と文学史』)里。除《红的果园》外,1940 年 6 月,武田泰淳翻译了萧红旅居日本期间创作的另一短篇《家族以外的人》,收录在东成社版《现代中国文学全集》(『现代支那文学全集』)第九卷。

以上是日本学界最早译介萧红文学的大致情况。总的来看,这一阶段的萧红文学译介基本上处在一种自发、初始的阶段,译介的作品不多且比较零散,发表的文章多属回忆、介绍性质。

(二)反省期(从 1949 年中华人民共和国成立至 70 年代)

战败之后,日本学界带着对侵略战争的悔恨和对中国人民的负罪感,产生了一种"文化反省"的思潮。同时,由于处在美军的占领之下,日本学者的苦闷是不难想象的。此时,中华人民共和国的成立让他们看到一种新的可能。在这样的背景下,萧红文学再次走进日本学者的视野。这一时期仍以译介为主,但已经有了尾坂德司创作的《萧红传》。1955 年 3 月,小野忍和饭塚朗翻译了萧红的《红玻璃的故事》,收入岩波书店出版的小说集《北望园的春天》(『北望園の春』)。同年 3 月,冈崎俊夫再次将萧红

---

① 長野賢:『蕭紅について』,『中国文学月報』1940 年第 58 号。

的《手》译成日文，收入河出书房出版的《现代中国文学全集第 14 卷》（『現代中国文学全集第 14 卷』）。该书于 1971 年由河出书房新社再版，名为《现代中国文学 11》（『現代中国文学 11』）。鹿地亘写了《萧军与萧红》（『萧军と萧红』）一文，发表于 1962 年 9 月出版的《中国现代文学选集　月报》（第 8 号）（『中国现代文学選集　月報』第 8 号）。同年 9 月，庆应义塾大学的立间祥介教授翻译了《呼兰河传》，收入《中国现代文学选集第 7——抗战文学集第 1》（『中国现代文学選集第 7 －抗戦期文学集第 1 』）。这是日本学界译介的萧红的第一部长篇小说，也是萧红文学在海外的第一部长篇作品译本。在《中国现代文学选集第 7——抗战文学集第 1 》的《解说》中，立间祥介用 9 页篇幅详细介绍了萧红生平及其作品。该书于 1972 年再版，名为《中国的革命与文学 5——抗战文学 1》（『中国の革命と文学 5 －抗戦期文学 1』）。1964 年 11 月，立间祥介又翻译了《黑"列巴"和白盐》，发表在《中国》（12）上。仅从上述收录萧红文学作品的书名便不难看出，这一阶段的萧红文学译介带有对侵略战争进行反省和通过文学作品了解新中国历史与现状的动机。

（三）译介研究并行期（21 世纪之后）

1980 年，日本横田书店翻印了黑龙江省文学研究所于 1979 年 10 月再版的《跋涉》。此后在经过八九十年代的短暂沉寂后，日本学界在 2000 年之后再次出现译介萧红文学的高潮。这一阶段的译介有两个特点，一个是译介与研究并行，另一个是译介多元化。新世纪之后日本学界的萧红文学译介，往往是出于研究的需要。例如，中见里敬于 2008 年和 2009 年分上下两部分在《言语科学》（『言語科学』）发表了《生死场》日译本。2014 年至 2018 年，平石淑子在《日本女子大学纪要・文学部》（『日本女子大学紀要・文学部』）发表了萧红的《回忆鲁迅先生》《萧红书简》《萧红・萧军往复书简：北京—上海》日译本并做了详细的注释。2021 年，平石淑子又翻译了《王阿嫂的死》，发表在《殖民地文化研究：资料与分析》（『植民地文化研究：資料と分析』）。

另外，随着中国综合国力的快速提升，日本学界也希望通过萧红文学更加全面、细腻地了解中国人民走过的道路，由此，一些原本没引起学界注意的萧红作品也得到译介。2000 年 3 月，下出宣子翻译了《莲花池》，收录在《中国现代文学珠玉选：小说 2》(『中国現代文学珠玉選：小説 2』)。2000 年 9 月，浦元里花翻译了《马伯乐》，发表于《火锅子》。2001 年 3 月，平石淑子所译《手》收录于二玄社出版的《中国现代文学珠玉选：小说 3》(『中国現代文学珠玉選：小説 3』)。2016 年 2 月，平石淑子翻译的《在东京》，收入《中国现代散文杰作选 1920—1940：战争·革命的时代与民众的姿态》(『中国現代散文傑作選 1920→1940：戦争·革命の時代と民衆の姿』)。2018 年 2 月，下出宣子翻译了《山下》，发表在《幻境》(『幻境』) 创刊号。2018 年 6 月，津守阳翻译的《花园》，收录在《中国现代文学杰作选：1910—1940 年代的现代·通俗·战争》(『中国現代文学傑作セレクション：1910—40 年代のモダン·通俗·戦争』)。2022 年 8 月，下出宣子翻译了《旷野的呼喊》，发表在《黑色的雪球：描绘对日战争的汉语圈作品集》(『黒い雪玉：日本との戦争を描く中国語圏作品集』)。总的来看，无论出于研究的需要还是深入了解中国的需要，这一时期的萧红文学译介都呈现出多元化的特点。

二 日本学界萧红文学研究的要点

80 年代后，文化坚冰逐渐消融，通过举办庆祝萧红诞辰 70 周年等一系列活动，中国学界迎来萧红研究的高潮。随着我国学界萧红文学研究的展开，日本学界也开始了对萧红文学的研究。1980 年 10 月，日本《野草》杂志第 26 号发表了中川俊的论文《萧红研究笔记之一：关于〈生死场〉》(『蕭紅研究ノート　その一—「生死の場」をめぐって—』)，向日本读者系统介绍了萧红生平及其作品《生死场》。后来成为日本萧红研究大家的平石淑子，则在本期发表了《萧军·萧红著作及关系资料目录稿》(『蕭軍·蕭紅著作及び関係資料目録稿』)。客观地说，海外研究萧红文学，日本居于领先地位，其研究主要分为三个方面：对《生死场》的研究；对其他单篇作品的解读与研究；创作萧红传记。

（一）对《生死场》的研究

日本学界首先关注的是《生死场》的表达主题。《生死场》首版时间是1935年12月，囿于当时形势，我国学界一度把《生死场》定位为抗战文学。日本学界的眼界则比较开阔，他们站在客观的立场上，试图将《生死场》原有的主题挖掘出来，例如尾坂德司发现了作品中关注女性生存的一面。他在阅读《生死场》后说："并没有像我预想的那样写抗战，也没有写日军的凶恶残忍。题名为'生死场'，让我感觉好像是女性的战场的意思。"①"通过王婆和金枝，展示了女性像海绵一样的生命力和走向进步的方向性。不得不说这是一部珠玉之作。"② 最有代表性的评论是片山智行的评论。他认为："从出场人物的发展趋向来看，《生死场》可以归为抗日主题。但是，如果把这部作品的主题限定在'抗日'上，或者过度强调'抗日'主题而轻视其他的侧面，那未必是全面地评价了这部作品。"进而，片山颇有见地地指出："《生死场》可以说是这样一部作品：既包含着'抗日'问题，也镶嵌着作者对各种自然的、社会的、政治的不合理性提出的抗议。"③

日本学者还普遍关注《生死场》第十四章结尾处的一段话的意义及标点问题。这段话的原文是："过去恨男人，现在恨小日本子。"最后她转到伤心的路上去："我恨中国人呢？除外我什么也不恨。"④ 对于这段话的意义，片山智行解释说："金枝当然憎恨作为侵略者的日军的暴行。因此，她首先说了'恨日本人'。然而，她与王婆不同，王婆牺牲了儿子和

---

① 尾坂德司：『萧紅伝』，燎原書店1983年版，第6页。
② 尾坂德司：『萧紅伝』，燎原書店1983年版，第173页。
③ 片山智行：『萧紅の文学観と「抗日」問題—「生死の場」を中心に—』，『人文研究：大阪市立大学大学院文学研究科紀要』，1988年第40卷第6分册。
④ 萧红：《萧红全集·小说卷1》，北京燕山出版社2014年版，第286页。

女儿成为勇敢的抗日支持者,而金枝则直接被中国男性所祸害。"① 平石淑子也从女性关怀的角度进行解读,她说:"如果将这部作品当作'抗日文学'来读,这一部分完全说不过去。……在发表前萧军、鲁迅、胡风等多位男性都读过这部作品,他们都没有提议删除这句话,甚至提都没有提到这句话。这是为什么呢?他们当然知道这部作品的主题是民族抵抗,正因此才给予其高度评价。或许他们认为'恨中国人'这句话反而揭露了中国社会历史的病根,这仍然是自己民族的问题。……从萧红这边看,她通过与未婚夫同居摆脱了顽固的父亲的支配,但是结果却是使自己怀孕,而且在生产前被抛弃,与萧军同居后才逐渐脱离困境,……这一过程中自己被迫面对的女人的生理问题,被男人'庇护'所必须付出的这种'屈辱',作者必须将之书写出来。"②

除了这段话的意义外,日本学者还普遍注意到其中的一个标点问题,那就是"我恨中国人呢?除外我什么也不恨"中的问号。关于这个问号的意义,尾坂德司认为:"萧红在写作《生死场》的过程中,将作品主题定为抗日。尽管如此,无法阻止对男人的恨吹进作品中。这样可以吗?萧红为此而苦恼。于是这种苦恼就变成了问号。这是主题的分裂,是作品的缺点。然而,正因为作品有这个缺点,才能从这个裂缝中听到萧红真实的喊叫,我很感动。"③ 可以看出,日本学者通过对这句话意义及标点的文本细读和分析,对《生死场》的表现主题提出了新的观点,这些观点即便放在今天也不过时。

(二) 对其他单篇作品的解读与研究

《呼兰河传》是萧红后期最重要的代表作,无论从思想性还是艺术性上都超越了《生死场》。日本学界对《呼兰河传》的研究多集中在对其文

---

① 片山智行:『蕭紅の文学観と「抗日」問題—「生死の場」を中心に—』,『人文研究:大阪市立大学大学院文学研究科紀要』,1988 年第 40 卷第 6 分册。
② [日] 平石淑子:《萧红传》,崔莉、梁艳萍译,中国人民大学出版社 2017 年版,第 171 页。
③ 尾坂德司:『蕭紅伝』,燎原書店 1983 年版,第 173 页。

体和结构的探讨上。例如,通过将《呼兰河传》中的有二伯、冯歪嘴子等人物形象与以同一人物为原型的《家族以外的人》中的有二伯、《后花园》中的冯歪嘴子进行文本比较,平石淑子发现:故事中的舞台并非萧红现实中的故乡"呼兰",而是一个虚构的小城"呼兰河"。《呼兰河传》这部作品"看上去似乎没有明晰的情节,实际上却是在明确的创作意图之下巧妙构思而成"①,貌似独立的各个章节实则包含着作者周密的设计。《呼兰河传》"这部作品绝非萧红的'自传',而是她巧妙创作出的一部伪装成自传的虚构故事"②。平石的这种研究方法和结论很有新意,值得借鉴和学习。

《马伯乐》具有不同于萧红其他小说的鲜明个性,是萧红小说中的独特篇章,因此日本学者对这部小说也颇为重视。尾坂德司研究《马伯乐》时采取了与老舍的《赵子曰》进行对比分析的方法。他在阅读《马伯乐》时发现"让人想起如老舍的《赵子曰》般巧妙的比喻、对比随处可见"。萧红的文学素养多半来自新文学,模仿有影响力的新文学作家老舍自在情理之中。接着,尾坂比较了两部小说中人物的描写特征:"《赵子曰》的人物简单明了、好人坏人一目了然。而《马伯乐》中的人物虽然也滑稽,但都是极其常见的中间人物,也就是当时的平均的中国人,因此就没有了那种夸张,变得比较写实。"尾坂认为,出现这种差异,是因为"老舍写《赵子曰》时,对处在五四运动漩涡中的学生就像看待动物园里的猴子一样从旁边眺望,因此能笑出来。而萧红的《马伯乐》是对包括她自己在内的知识分子的内部告发,因此(读完小说后的)余味不好"③。据笔者所查,国内的萧红文学研究还没有出现将《马伯乐》与《赵子曰》进行比较研究的成果,尾坂的这一研究视角或可带给我们启发。

---

① [日]平石淑子:《萧红传》,崔莉、梁艳萍译,中国人民大学出版社 2017 年版,第 299 页。
② [日]平石淑子:《萧红传》,崔莉、梁艳萍译,中国人民大学出版社 2017 年版,第 264 页。
③ 尾坂德司:『蕭紅伝』,燎原書店 1983 年版,第 296—297 页。

《马伯乐》于 1941 年问世时，国家恰好处于抗日战争的高潮期。在这样的时代背景下，当时的人们大多认为描写马伯乐这样的人物于国家民族无益。因此，当时的批评家往往认为萧红的创作在走"下坡路"。对此，平石淑子持不同意见。她认为"同时代的人们越是对它加以批评，越是证明文中所描述的是人们没有看到的、或者说不愿意看到的现实"①真是诛心之论。对国民性中弱点的批判是五四运动以来最重要的文学主题之一，从这个角度来说，平石的这段评论是切中要害的。

除上述作品外，日本学者对《桥》《小城三月》《商市街》、哑剧《民族魂鲁迅》等作品也进行了考察。

（三）创作萧红传记

由于萧红是位自叙传型作家，对其文学的研究就不能仅仅停留在文本解读，还应研究作家的生平。日本学者较早注意到了这一点，他们试图从萧红的身世、经历等方面寻找其与文学创作的关系。如村田裕子把萧红的东京生活分为前、中、后三个时期，分析了萧红在东京创作的作品与其生活和心境之间的关系。川俣优通过三篇论文分别考察了萧红在伪满洲国时期、全面抗日战争时期和香港时期的活动与作品。冈田英树、平石淑子等考察了萧红在东京留学的情况。他们在考察时非常注重田野调查，如冈田英树详细考察了萧红在日本留学时就读的东亚学校的情况，发现教员中有竹内好、冈崎俊夫、鱼返善雄等中国文学研究会的成员。②平石淑子考察了当时的物价情况，结合《萧红书简》中的信息，认为萧红是一个在伙食方面非常节俭而又缺乏经济观念的人。③通过考察，以上诸位学者都认为，萧红作品体现出的孤独感和不安感，是由其一生的坎坷经历造成的。

---

① ［日］平石淑子：《萧红传》，崔莉、梁艳萍译，中国人民大学出版社 2017 年版，第 324 页。
② 冈田英樹：『「満州国」の文学とその周辺』，東方書店 2019 年版，第 76 頁。
③ ［日］平石淑子：《萧红传》，崔莉、梁艳萍译，中国人民大学出版社 2017 年版，第 211 页。

除单篇论文外，创作萧红传也是日本学者研究萧红生平的重要手段。日本学者创作的萧红传记共有两部：尾坂德司的《萧红传》（『蕭紅伝』）和平石淑子的《萧红研究：她的人生与作品世界》（『蕭紅研究：その生涯と作品世界』）。平石淑子的《萧红研究：她的人生与作品世界》（汲古書院，2008 年 2 月）可谓日本学界萧红研究的集大成之作。平石认为萧红的文学作品是有内在联系的，是"作家一系列有意识的创作活动"①，贯穿其中的主线是对于作为"一个人"的状态的探讨，也就是作为"人"活下去。② 平石的上述观点，为我们阐释萧红作品也提供了一个新的切入点。

关于日本学界创作和研究萧红传记的情况，笔者认为有以下三个特点。

第一，与我国学界相互唱和，你中有我、我中有你。梳理日本学界的萧红传记创作与研究可以发现，其与我国学界的萧红传记创作与研究呈现出相互唱和，你中有我、我中有你的特点。如 1971 年，市川宏翻译了骆宾基的《萧红小传》，发表在《现代中国文学 12》（『現代中国文学 12』）；1993 年，中村龙夫在中国出版了汉语版《火烧云——萧红小传》；2017 年，平石淑子的《萧红研究：她的人生与作品世界》以《萧红传》之名译介到我国并引起较大反响，先后有若干篇书评发表；2019 年 6 月，中国学者林敏洁的专著《生死场中的跋涉者——萧红女性文学研究》在日出版了日语版，上野千鹤子为此发表了书评《双影重叠的中国近代女性肖像》。此外，冈田英树、平石淑子也曾分别为我国出版的肖凤著《萧红传》、叶君著《从异乡到异乡——萧红传》发表书评。冈田评价肖凤著《萧红传》认为，80 年代以来的萧红研究，打破了既有的评价框架，产生了更有弹性、更多样的萧红论。在这股浪潮中，肖凤的

---

① ［日］平石淑子：《萧红传》，崔莉、梁艳萍译，中国人民大学出版社 2017 年版，第 29 页。
② ［日］平石淑子：《萧红传》，崔莉、梁艳萍译，中国人民大学出版社 2017 年版，第 299 页。

《萧红传》是由坚实的论证支撑的、有血有肉的一部力作。① 平石淑子评价前述叶君的著作时认为："正是它极力站在客观的角度上，才避免了男性读者们陷于对萧红的过度的同情，同时还没有失去对萧红的热切的目光。"②

第二，创作萧红传记时贯彻了对侵略战争反省的态度。如尾坂德司在《萧红传》后记中说："萧红从中国最北端的黑龙江，一直流亡到靠近中国最南端广东省的香港。强迫她流亡的主要是日军，但放任日军、支援日军的全体日本人当然也必须承担相应的罪责。……这种日本的狂暴，我们日本人在处理与萧红文学的关系时必须抓住。这才应该是日本人写的萧红论或者萧红传。"③ 日本战败后，有一部分有良知的日本知识分子对侵略战争进行了反省，然而这种反省往往就事论事，没有进一步挖掘战争责任问题。相对于上述情况，尾坂德司不仅反省了日本士兵的罪恶，而且主张追究平民的战争责任，显然，这样的思想是更宝贵的。

第三，大量占有史料并进行细节辨析。如平石淑子在创作《萧红研究：她的人生与作品世界》前，将萧红留学日本期间写给萧军的 36 封书信进行了翻译和详尽的注释，以此来了解萧红在日本期间的生活情况及其与萧军的关系。平石编纂的《萧红作品及关系资料目录》（『蕭紅作品及び関係資料目録』）一书分成"总论和传记资料""作品单行本""被收录的作品""作品的外译"四个条目，按照发表的时间顺序对相关资料进行了编目。在《萧红研究：她的人生与作品世界》中，平石还放入大量地图、照片、表格等资料。同时，书中还逐一列举不同学者在某一问题上的不同观点，对其进行对比辨析。如此一来，该书就显得史料扎实、视野开阔、论证严谨有说服力。

---

① 岡田英樹：［書評］『蕭鳳「蕭紅伝」』，『中国文学月報』1985 年第 36 号。
② ［日］平石淑子：《萧红的意义》，《文艺评论》2010 年第 1 期。
③ 尾坂德司：『蕭紅伝』，燎原書店 1983 年版，第 312—313 頁。

三 日本学界研究萧红文学的特点

与我国学界的萧红文学研究相比，日本学者的研究有一个引人注意的亮点，那就是极为重视文本细读。正是凭借这一点，日本学者提出了一系列新颖的甚至颇具颠覆性的观点。下面以日本学者对萧红短篇小说《手》的研究为例进行说明。

《手》创作于1936年，是萧红短篇小说中的名篇。小说讲述了一个农村染缸房的女儿王亚明因有一双染黑了的手，在学校处处受到嘲笑和歧视，最终被剥夺了读书的权利的故事。对于这篇小说，日本学者非常重视。前文已述，《手》的日译本包括长野贤1940年、冈崎俊夫1955年、平石淑子2001年翻译的三个版本。这三个版本恰好处于日本译介萧红文学的三个历史时期，长野的译文富有古典传统韵味，冈崎的译文文体呈半文半白的风格，平石的译文则采用现代日语的文体。

我国学界的研究，往往把王亚明作为被教师和同学欺负、疏远的悲剧式人物来看待，忽略了作品中隐含的"希望""光明的未来"的主题。日本学者认为这样的理解是不准确的，他们通过文本细读，认为《手》是萧红"将希望蕴含其中、凝望未来的祈祷文学"[1]。这主要表现在：(1) 尾坂德司认为："萧红想主张的是，中国的未来就在长着这样脏手的劳动者身上，因为她给主人公起名为亚明（亚洲的曙光）。"[2] (2) 吉川荣一认为，"王亚明"中的"王"读音同"望"或"往"，寓有"盼望亚洲的黎明"或"通往亚洲的光明未来"之意。吉川发现：在《手》这部作品中，其他人物如校长、舍监、勤杂工等都没有名字，唯独"王亚明"这一名字被反复提及。吉川认为从其寓意来看，萧红不可能让主人公以悲惨的败北者收场。[3] (3) 吉川荣一通过对小说结尾王亚明和父亲离开学

---

[1] 吉川栄一：『蕭紅の短編小説「手」について』，『明星大学研究紀要』2015年第51号。

[2] 尾坂德司：『蕭紅伝』，燎原書店1983年版，第103页。

[3] 吉川栄一：『蕭紅の短編小説「手」について』，『明星大学研究紀要』2015年第51号。

校去车站这一部分内容的文本细读,得出王亚明绝非一个单纯的悲剧式人物,其挑战充满希望的结论。小说结尾处是这样写的:

> 那被朝阳拖得苗长的影子,跳动着在人的前面先爬上了木栅门。
> 从窗子看去,人也好像和影子一般轻浮,只能看到他们,而听不到关于他们的一点声音。
> 出了木栅门,他们就向着远方,向着迷漫着朝阳的方向走去。
> 雪地好像碎玻璃似的,越远那闪光就越刚强。我一直看到那远处的雪地刺痛了我的眼睛。①

吉川荣一认为:从"那被朝阳拖得苗长的影子,跳动着在人的前面先爬上了木栅门"这句话可知,由于朝阳在东地平线,王亚明父子走的方向应该是木栅门所在的西侧。由于作为萧红分身的"我"是从窗户注视着他们,这意味着说话人的视点是没有移动的。这样一来,"出了木栅门,他们就向着远方,向着迷漫着朝阳的方向走去。……远处的雪地刺痛了我的眼睛"这两句话就变得有些奇怪。吉川曾亲身尝试后发现:朝阳升起后,怎么看西边眼睛都是不痛的。只有注视朝阳升起的方向时,眼睛才会因阳光炫目而睁不开。那么从"弥漫"一词和"刺痛了我的眼睛"可知,两人去的方向是太阳升起的东方,也就是说本来是背着朝阳行走的王亚明父女在出了校门后,180 度大转弯改向朝阳的方向走去。然而根据平石淑子的调查可知:现实中的哈尔滨车站并不在学校东侧,而是在学校的正北方。因此王亚明父女如果要去车站的话,出校门后应该向北走而不是向东走。②

以上可以看出,日本学者的分析何等细腻、严密。笔者认为,通过上述分析就得出"王亚明的挑战充满希望"的结论,未免过于乐观。但

---

① 萧红:《小城三月》,北京理工大学出版社 2016 年版,第 260 页。
② 吉川荣一:『蕭紅の短編小説「手」について』,『明星大学研究紀要』2015 年第 51 号。

如果说萧红通过修改事实,想给梦想破灭的王亚明一线希望,则是合乎情理的。

综观我国学界的萧红文学研究可知,在抗战文学、女性主义、乡土主义等概念的影响下,我国学者对萧红文学作品进行了多方解读,萧红文学的魅力和价值被逐步挖掘出来。但是我们也要看到:由于概念先行,论者往往只会关注萧红作品的某一方面而忽视其他方面。例如前述对《生死场》的研究,在很长一段时间里都是在"抗战文学"概念的统摄下展开的。

20世纪90年代以来,萧红文学研究又出现了颠覆与重写的迹象。具体表现为对鲁迅、胡风、茅盾等权威人物的萧红文学"定评",如对《生死场》的定位、对《呼兰河传》中萧红寂寞心态的言说等,不再笃信,而是以新的批评视角进行解构、颠覆或重写。这种解构、颠覆和重写是值得肯定的,因为它符合学术研究的一般规律。但是我们也要看到,上述相关研究往往从某种新兴的理论或者形而上的逻辑推理出发,真正基于扎实的文本资料的新说尚不多见。通过对日本学界萧红文学研究的梳理,我们可以发现:无论何种时髦的理论或概念,也无论怎样的颠覆与重写,只有"回到文本",才能找到萧红文学的本真状态。

四 日本学界持续关注萧红文学的原因

日本学者对萧红文学的研究本质上也是一种文学接受。接受美学创始人之一汉斯·罗伯特·姚斯(Hans Robert Jauss)曾指出:"文学接受以满足接受者的期待视野为基础,以接受者文学阅读经验构成的思维定向为先在结构。"[1] 因此,日本学界持续关注萧红文学的根本原因,就是萧红文学满足了"接受者的期待视野",这表现在以下三个方面:第一,萧红文学不强调政治性,这一点符合日本文学的审美特点。日本文学素有"脱政治性"的传统。广岛大学教授铃木修次曾指出:"日本人一直是

---

[1] Hans Robert Jauss, *Toward an Aesthetic of Reception*, Minneapolis: University of Minnesota Press, 1982, p. 33.

在过于超脱政治的文学土壤中成长起来的，因而易于陷入这样的想法，即文学本来就与政治无关，对文学来说，政治是无缘的存在。"① 日本学者认为萧红文学就具备这样的特点。例如片山智行指出，萧红"彻底贯彻了作为文学者的立场，绝没有采用带有政治气味的宣传性、启蒙性手法"②。阿赖耶顺宏持有相似的看法，他说："日军侵入东北，'抗日文学'成为时代的要求。但是，萧红所追求的东西，是超越时代的'文学'本身，而不是单纯地为了'抗日'的文学。"③

第二，具有私小说特质的萧红文学契合了日本学者的审美需求。日本自近代以来，以描写人物内心的心理活动和日常叙事为主的私小说颇为流行，而萧红就擅于抓取身边常见又易被忽略的小事物进行抒情描写。尾坂德司曾以《生死场》为例评价过她的这一写作特点："穿插在全篇的'田园风景'，如熏蚊子的艾蒿之烟、去街上买鸡笼归途中在路边吃的豆腐脑味等，都是因为根植于生活的爱才描写得出来。"④ 另外，萧红还擅于描写人物内心的心理活动。后藤岩奈认为萧红在文学方法上"重视从自己内心涌出的语言、看法、表达方法。……将重点置于作家个人的内在活动、内在世界"⑤。萧红文学的这两个特征显然符合日本私小说的特点，浅野纯一甚至曾直截了当地说：萧红的小说"几乎可以称为私小说"。⑥

第三，萧红作品中的叙事结构也符合日本读者的阅读习惯。日本文学具有内向性的特点，反映在形式上往往是松散、短小的叙事结构。例如，日本古典文学的巅峰之作《源氏物语》就是由一系列短片故事连贯

---

① [日]铃木修次：《中国文学与日本文学》，吉林大学日本研究所文学研究室译，海峡文艺出版社1989年版，第38页。
② 片山智行：『蕭紅の文学観と「抗日」問題―「生死の場」を中心に―』，『人文研究：大阪市立大学大学院文学研究科紀要』，1988年第40卷第6分册。
③ 阿赖耶顺宏：『蕭紅「生死の場」』，『東洋文化学科年報』1995年11月。
④ 尾坂德司：『続・中国新文学運動史―抗日戦争下の中国文学』，法政大学出版局1965年版，第186—187页。
⑤ 后藤岩奈：『蕭紅「胡蘭河伝」について』，『国際地域研究論集』，2010年創刊号。
⑥ 浅野纯一：『蕭紅覚書』，『言語文化論叢』，1997年第1卷。

而成的。萧红的作品如《生死场》《呼兰河传》等的叙事结构也较为松散，就像是由若干短篇拼接成的长篇散文化小说。这种结构当然更符合日本读者的阅读习惯。正因为这一点，中日学者对萧红作品结构的评价呈现出迥异的判断。例如，鲁迅和胡风对《生死场》的评价历来被研究者看重和推崇，日本学者对此则有新评。鲁迅在《〈生死场〉序言》中评价说："叙事和写景，胜于人物的描写。"① 胡风在《〈生死场〉读后记》中曾指出："对于题材的组织力不够，全篇现得是一些散漫的素描，感不到向着中心的发展，不能使读者得到应该能够得到的紧张的迫力。"② 对于上述评价，日本学者阿赖耶顺宏提出了异议。阿赖耶认为："我并没有感觉到《生死场》的人物描写比叙事和写景差。与其采用纷乱的、说明很多的现实主义描写手法，这种淡淡的素描风格的描写方法反而充分地表现了各个人物的特征。所谓文章构成力不足的问题，这种长短不一的文章构成反而是新鲜的，感觉可以从整体上作为散文诗来读。"③ 对于胡风提出的"题材的组织力不够"的问题，片山指出了出现这一问题的原因："金枝最能代言作者的内心，她并非在'抗日'一条线上活动。对于中国社会自身存在的自然的、社会的不合理性（自然的'刑罚'、性暴力、欺侮、贫穷及其他），金枝看得比'抗日'更严重。"④

关于《呼兰河传》的结构，茅盾也曾作出"没有贯穿全书的线索，故事和人物都是零零碎碎，都是片段的，不是整个的有机体"⑤ 的批评。对此，尾坂德司认为：这部看似纷乱的小说其实有着统一的"音色"。他说，萧红"把在黑暗中闪闪发光的宝石碎片收集组装起来，自己来诉说其人格形成的诸因素，将这种收集组装起来的映像、印象、心情统一为

---

① 鲁迅：《〈生死场〉序言》，载《萧红全集·小说卷1》，北京燕山出版社2014年版，第298页。
② 胡风：《〈生死场〉读后记》，载《萧红全集·小说卷1》，北京燕山出版社2014年版，第302页。
③ 阿赖耶顺宏：『蕭紅「生死の場」』，『東洋文化学科年報』，1995年11月。
④ 片山智行：『蕭紅の文学観と「抗日」問題—「生死の場」を中心に—』，『人文研究：大阪市立大学大学院文学研究科紀要』，1988年第40卷第6分册。
⑤ 茅盾：《〈呼兰河传〉序》，《萧红全集》，哈尔滨出版社1991年版，第704页。

一种音色"①。山本和子也持相似的观点:"尽管'童养媳''有二伯''冯歪嘴子'等章节作为短篇来处理也很精彩,但是如果将其镶嵌在呼兰的风景中,比起短篇来会给人更强烈的沉入心底、令人难忘的强烈冲击。"② 秋山洋子则发现了萧红"组装"这种"统一音色"的方法,那就是"用联想之线将其纵横结合起来"。基于此,秋山认为:"《呼兰河传》是女性表达的世界。这是萧红经《生死场》创作后所到达的她自己的表达方式。萧红不仅在描写女性悲剧方面是中国女权主义文学的先驱,也是开辟女性表达方式的先驱。"③ 秋山以颇具现代意义的眼光来审视《呼兰河传》的独特结构,将其放在"开辟女性表现方式"的先驱之作的位置,这一点值得我们深思。

除了上面所谈的萧红文学满足了"接受者的期待视野"之外,萧红文学的语言魅力和萧红本人坎坷的人生经历也是导致日本学界持续关注的原因之一。平石淑子指出"萧红作品的最大魅力是她美力而丰富的语言",自认这是她从二十几岁起一直倾心于萧红研究的重要理由之一。梳理平石对萧红文学语言风格的评价,发现平石眼中的萧红文学语言有三个特征:(1)"对所失去的家园的深深的爱慕之情使得她的语言显出一种凄凉之美。"(2)萧红对风景的描写似乎是"通过感官向读者展示一幅动态图画"。(3)"在她所描述的世界里编织进了人类共同的一种原始感觉。"④ 此外,萧红充满坎坷的一生也加深了其作品的魅力,进而吸引了日本学者的目光。对此,平石淑子曾评价说:"她的一生的确富于波澜。被抗日战争的战火所追赶,她在哈尔滨、青岛、上海、东京、武汉、重庆之间流浪。在颠沛流离的途中,由于感情上的龃龉与萧军分手,与新伴侣端木蕻良走到一起。为追求一个安定的创作环境前往香港。在身体垮掉的情况下,在日军占领下的香港结束了不满 31 年的生命。可以说,

---

① 尾坂德司:『蕭紅伝』,燎原書店 1983 年版,第 79 頁。
② 山本和子:『「胡蘭河伝」論』,『関西外国語大学研究論集』,2008 年 3 月。
③ 秋山洋子:『私と中国とフェミニズム』,インパクト出版会 2004 年版,第 160 頁。
④ [日]平石淑子:《萧红作品的魅力———一个外国读者看萧红》,《学习与探索》2011 年第 3 期。

绝谈不上幸福的这一人生道路，更加深了其作品的味道，紧紧抓住了后世读者的心。尽管作为作家她仅有十年的创作生命，但谈及她一生的经历和作品的评论却为数众多，这就十二分地说明了前一句话的观点。"①的确，在日本学者的相关研究论文中，相当一部分论文都用了较大的篇幅来介绍萧红坎坷的一生。从这一点来说，平石所言不虚。笔者揣测，萧红作为伪满洲国女作家的身份可能也是引起日本学者关注的原因之一，毕竟在历史上伪满洲国曾与日本有着特殊的关系。同时，萧红在日本的留学生活经历可能也增加了日本学者对她的好感。当然，这两点都不是萧红文学在日本学界受到关注的主要原因。

　　最后，海外学界对萧红文学的肯定和研究助推了日本学界的相关研究。例如，萧红受到鲁迅的肯定和推介，蜚声文坛，进而引起日本学界的关注。众所周知，日本与中国有着特殊的地缘政治和文化渊源关系，这使得日本学者对中国现当代文学的动态一直非常关注。他们最重视的中国现代作家是鲁迅，鲁迅的《藤野先生》甚至进入日本中学的国语教材，其影响力可见一斑。再看一下萧红的成名过程。萧红的成名作《生死场》经鲁迅校对后，编入其主编的"奴隶丛书"自费出版。不仅如此，鲁迅和胡风还专门为这部小说作序和读后记，给予充分的肯定和中肯的评价，舐犊之情，跃然纸上。在两位大作家的呵护下，萧红几乎一夜成名，成为中国文坛一颗耀眼的新星。后来，鲁迅甚至评价萧红是"当今中国最有前途的女作家"②。这样一来，这位受到鲁迅力捧、在中国文坛占据重要地位的女作家进入日本学者的视野进而引起关注便不难理解了。

　　同时，70 年代以来，中国和欧美学界的萧红文学研究也刺激了日本学界开展全面系统的萧红文学研究。例如，1976 年，葛浩文的《萧红评传》出版，这是海外第一本用英文出版的萧红传，影响颇广。1980 年 12 月，肖凤的《萧红传》出版，这是新时期内地最早的萧红传记，其开拓

---

① 平石淑子：《蕭紅作品及び關係資料目録・序言》，汲古書院 2003 年版。
② ［美］海伦・福斯特・斯诺整理：《鲁迅同斯诺谈话整理稿》，安危译，《新文学史料》1987 年第 3 期。

性和影响力也较大。1982年1月,台湾作家谢霜天的传记体小说《梦回呼兰河:萧红传》出版。在这样的萧红传记出版浪潮中,1983年1月,尾坂德司出版了日本首部萧红传记《萧红传》(『蕭紅伝』)。在后记中,尾坂流露出前述萧红传记出版浪潮带给自己的焦虑感:"直截了当地说,我写的不是《萧红传》。硬要说的话,我写的其实是《随笔·关于萧红》。萧红创作的时期与我在中国的时期恰好重叠,因此写起来后各种思绪冒出来难以收拾。虽然我也知道不好,但还是把这些思绪写了进去。虽然觉得很抱歉,但即便这样的《萧红传》日本也还没有。"①

综上所述,日本学界对萧红文学的译介与研究已走过80多年的历程。在这一历程中,萧红文学在日本获得了较为广泛的译介和较为深入的阐释与研究。通过对这一译介过程及成因的梳理,我们进一步看清了萧红文学的独有魅力。关于日本学界的萧红文学研究方面,尽管也存在不足,如有些论述过于依赖中国学者的观点、陈述性内容过多等,但日本学界的研究方法,则为我们今后的萧红文学研究提供了新的思路。日本著名中国现代文学研究家丸山昇曾说:"我们这些日本人的中国文学研究,尽管在对中国的理解上无法与中国人相比,但如果能对中国读者有些作用的话,那就在于我们是通过具有不同的历史和文化的日本人的眼光,用不同于中国人的眼光来看待中国文学。"② 综观日本学界的萧红文学译介与研究,可以发现丸山昇的话不无道理。自20世纪30年代以来,萧红文学已被译介到日本、欧洲、北美、苏联、韩国等国家和地区,引起各国读者和学者的广泛关注。今后如能对包括日本学界在内的更多的"异域之眼"予以重视和研究,必将对萧红文学研究大有裨益。

---

① 尾坂德司:『蕭紅伝』,燎原書店1983年版,第313頁。
② [日]丸山昇:《寄语〈日本学者中国文学研究译丛〉》,载《日本学者中国文学研究译丛》第二辑,吉林教育出版社1987年版,第2页。

区域文化与古代文学研究

主持人语

主持人：郭健教授

主持人语：

"上有天堂，下有苏杭。"苏州自古以来就是人们向往的好地方，以人杰地灵著称，不但自然风光优美，经济发达，生活富庶，而且文化底蕴深厚，是中国古代文学的重镇，产生过众多文学大家和文学杰作。本期本栏目刊发的两篇文章都与苏州古代文学有密切关系。

陆平的《乾嘉诗坛诗学风貌之承袭与嬗变》一文，描述了清代乾嘉时期诗歌理论的基本风貌，上溯其形成渊源，下述其嬗变历程，并探究其中的发展规律，较全面深入地呈现了乾嘉诗坛诗学风貌的来龙去脉。文中涉及多位清代诗人和诗论大家，其中最为重要的当属清代苏州著名诗论家沈归愚（沈德潜）。从文中我们可以了解到，沈归愚的"格调说"是在承袭和融合王渔洋之"神韵说"基础上形成的诗学理论，具有兼收并蓄的包容性，对当时及后世诗歌创作具有重要的指导意义，如同属苏州文学圈的吴中七子便曾得到沈归愚的提携和指导，即使是后来兴起的影响巨大的"性灵说"，也与沈归愚的影响不无关系。沈归愚是名副其实的乾嘉诗坛盟主，在乾嘉诗坛诗学风貌的形成和演变中具有举足轻重的核心地位。

袁宙飞、李璐佳的《白居易的苏州吟咏与吴中地域文化风物考略》一文，专门梳理赏析了唐代著名诗人白居易涉及苏州地方文化风物的诗歌。白居易虽然不是苏州本地人，但曾担任过苏州刺史这样重要的职务，对苏州有着十分深厚的感情。通过此文的细致梳理和赏析，我们看到，白居易诗歌内容不但有对虎丘、太湖、阊门、山塘街、乌鹊桥、园林、水乡等苏州地区特有的自然风光和人文景观的描述和赞美，而且有与苏州地方礼乐歌舞相配的表现自己及友人欢乐宴饮的吟咏，还有表达自己离开苏州后对苏州风土人情的不舍和追忆。从此文的内容中，我们可以清晰地感受到文学与地域文化的双向互动：一方面，苏州文化为白居易提供了独特的题材和灵感，孕育和催生了白居易饱含深情的璀璨诗篇；另一方面，白居易诗歌也宣传了富有"柔""坚""雅"等特色的苏州地方文化，成为展现苏州文化魅力的一张亮丽名片。

乾嘉诗坛诗学风貌之承袭与嬗变

陆 平*

内容提要：乾嘉时期是清代诗学发展的重要时期，其时诗坛诗歌风貌突出表现为由遗民诗人的重实感伤、千峰竞秀逐渐转为褒衣大袑的醇厚雅正、"以学为诗"，再随世态时运转入布衣匹夫的书生意气、"慷慨悲歌"。诗学风貌则明显表现为积淀、成长于康雍年间的诗论家沈归愚以"格调"说承袭顺康时期诗坛盟主王渔洋之"神韵"说，及其后袁简斋"性灵"说与沈归愚"格调"说之离合，以及翁覃溪"肌理"说之以考据为诗引领时代学风向乾嘉诗坛的渗透与弥漫。对乾嘉诗坛诗学风貌转变的探研，有助于厘清清初诗学与乾嘉诗学之间的演进脉络，揭示其间诗学观念变化中实际起作用的人事及动因，洞见乾嘉诗坛诗学风貌嬗变之轨迹及其在整个清代诗学发展流变脉络中的重要作用。

关键词：乾嘉诗坛；诗学风貌；承袭与嬗变；格调；性灵

有清一代，诗坛流派众多，名家辈出，佳作如林。有论者云："诗歌的百派回流、诗风的千汇万状、诗论的各立坛坫，更形成了前所未有的

---

* 陆平（1971—），女，文学博士，重庆师范大学文学院副教授，主要研究方向为唐宋文学与明清诗学。

盛况。"① 康熙诗坛,"王阮亭诗为昭代雅音,执吟坛牛耳者几五十年"②;至乾嘉诗坛则呈现出兼容并包的多元化格局,"乾隆、嘉庆之际,诗人相望,归愚守宗法,随园言性灵,君以奇博创获,横绝一世"③。前代出现过的各种诗歌风格、多样诗歌体式以及多种诗学观念几乎一一溯诗歌史之长河而来,其在乾嘉诗坛各路诗人及各家诗论的演绎之下,在新的历史时代焕发出新的生命力。

作为康雍至乾嘉再至嘉道时期影响巨大的四大诗歌理论流派,王渔洋标举"神韵说"、沈归愚秉持"格调说"、袁简斋推崇"性灵说"、翁覃溪爱重"肌理说",四者之间虽各立坛坫,但并未势同水火,而是互相之间既有学习、包容、承袭,又有变化、创新、嬗变,四者前赴后继推动乾嘉诗坛逐渐步入一个兼收并蓄、多元并包、群星荟萃的崭新的诗学时代。

一 归愚"格调"对渔洋"神韵"之承袭与兼融

王渔洋和沈归愚是清代康熙、雍正、乾隆诗坛前后相承的两大诗坛盟主,二人分别为诗学理论"神韵说"和"格调说"的代表人物,两者的诗学理论堪称是号为"集大成"时期的清代诗坛对前代渊源相近的诗学理论的一次溯源与总结,对于乾嘉诗坛乃至清代诗学有着重要的价值和深远的意义。"神韵说"和"格调说"又正好先后契合了各自所处时代政治格局下统治者的政治需要,因此二人先后登上诗坛盟主的文学高位,将特殊历史时期政治与文学,诗人政治地位之与文学之间或令人艳羡或迫人胆寒的文人不同人生际遇的走向演绎到了极致,在清代诗学史上极具话题性和典型性,对康雍乾嘉诗坛及后世产生了深远的影响。

王渔洋(1634—1711),原名王士禛,字子真,一字贻上,号阮亭,

---

① 霍有明:《有清一代江浙地区诗歌繁荣的原因》,载《论唐诗繁荣与清诗演变》,中国社会科学出版社 1997 年版,第 130 页。

② (清)朱庭珍:《筱园诗话》卷二,载《续修四库全书》第 1708 册,上海古籍出版社 2002 年版,第 24 页。

③ (清)张维屏:《艺谈录》卷上,清咸丰间沈世良、倪鸿刊本。

又号渔洋山人，世称王渔洋，为山东新城（今山东桓台县）人。渔洋是顺康诗坛的诗坛盟主，论诗标举"神韵"。

沈归愚（1673—1769），名德潜，字确士，后更字归愚（或以为号，实误），时号归愚叟，江苏长洲人（今属江苏苏州）。① 归愚以其倡导的"格调说"继渔洋之后崛起于乾嘉诗坛并成为诗坛盟主。

归愚论诗、选诗的标准首先是考察宗旨和格调，其次是从神韵角度来衡量诗作。明代胡应麟《诗薮》和王渔洋均对以神韵论诗大加提倡。归愚论诗标举格高调古，同时注重神韵，这是他对渔洋神韵诗学的继承和发展，也是其论诗不同于明七子"格调"说的最重要表现。

归愚的《唐诗别裁集》和《明诗别裁集》在序中都明确把"神韵"作为选诗的一项重要准则，《清诗别裁集》虽未言及神韵，但从其对诗篇的具体评价来看，神韵仍是他此选最重要的标准之一。

历代对神韵内涵争论颇多，渔洋本人对于"神韵说"有细致具体的阐释：

> 严沧浪以禅喻诗，余深契其说，而五言尤为近之。如王、裴辋川绝句，字字入禅。他如"雨中山果落，灯下草虫鸣"，"明月松间照，清泉石上流"，以及太白"却下水精帘，玲珑望秋月"，常建"松际露微月，清光犹为君"，浩然"樵子暗相失，草虫寒不闻"，刘眘虚"时有落花至，远随流水香"，妙谛微言，与世尊拈花，迦叶微笑，等无差别。通其解者，可语上乘。②

从王渔洋所举唐人富有神韵的上乘之作来看，神韵作为一种理想的艺术境界，应当自然天成，生动传神，韵味悠长，含蓄不尽。后来"肌理说"

---

① （清）沈德潜：《国朝先正事略》卷一八《沈文悫公事略》。《清史列传》卷一九《沈归愚传》载："沈归愚，江南长洲人。"沈归愚事另可参阅《清史稿》卷三〇五，《碑传集》卷三二，《国朝耆献类征初编》卷八四，《文献征存录》卷五，《汉名臣传》卷二二，等等。

② （清）王渔洋著，张宗柟纂集：《带经堂诗话》卷三，人民文学出版社1963年版，第83页。

持论者翁覃溪《神韵论》认为神韵的来源是严羽、司空图的诗学理论，内容以冲和淡远为主，主要代表的是王、孟一派的诗学传统。由于其仍是学诗的一种门径，与明七子格调论的思路一致，故翁覃溪言"神韵即格调"①。

归愚兼宗神韵之"格调"说正是从这些方面来评论诗歌是否具有神韵的。

首先，神，就是神味，能够表现出恰到好处诗味的诗作就是具有神韵的诗。渔洋更侧重"神"字下的"韵"字，倾向于把诗引向一种悠闲淡远、余味不尽的境界。归愚之"格调之说重在气象"；它与"神韵"说一样，"都是给人以朦胧的印象"。②如归愚评张实居《雨后》起句"雨歇山欲暝，夕阳在鸟背"云："起写晚晴入神，与高廷礼'夕阳雁边下'同妙。"（《清诗别裁集》卷十四）归愚认为张诗起二句写日暮雨停、倦鸟伴着夕阳飞翔归巢之景，在晚晴的间歇呈现出醉人之美，故得"晚晴之神"。评清人高咏《宿青溪》三四句"醒酒思残梦，归渔闻夜歌"曰："传出孤舟夜宿之神。"（《清诗别裁集》卷十二）写出孤舟夜宿之人酒醒后惟清梦重情之慰藉，渔人夜歌更进一步地衬托出诗人的寂寞，"夜宿""孤舟"之"孤"完美呈现。所谓"神"，即诗歌能够表现出恰到好处的诗味，在归愚看来，能否传达出人情物态的"神"是诗歌高下的关键。

其次，具有神韵的诗作应当具有动静相宜、虚实相生的动态之美。如归愚对有关诗作的分析：

> 田雯《病愈早起成诗》："雨过庭翠滋，一鸟发清籁。披衣趁朝曦，新晴涤埃壒。西轩青嶂叠，纵目收罨霭。晓廓取次行，心神颇

---

① （清）翁方纲：《格调论》下，载王镇远、邬国平编选《清代文论选》下，人民文学出版社1999年版，第597页。
② 郭绍虞：《神韵与格调》，载《照隅室古典文学论集》上，上海古籍出版社1983年版，第410、411页。

融快。佳客时过从，絺袍迎户外。凭几理素琴，焚香诵梵贝。"沈归愚评曰："起二语写病起入神。"(《清诗别裁集》卷六)

张实居《夜雪》："斗室香添小篆烟，一灯静对似枯禅。忽惊夜半寒侵骨，流水无声山皓然。"沈归愚评曰："不明点雪，读末句，神于赋雪矣。左司'门对寒流'之后，复见此诗。"(《清诗别裁集》卷十四)

田雯《病愈早起成诗》起句"雨过庭翠滋，一鸟发清籁"，写雨后初晴，满院草木葱翠，一只鸟儿在草木间发出清脆的鸣声。若非"病愈"，怎会有气力、有闲情关注到雨后庭院之"翠滋"及"一鸟"之"清籁"？由是"病愈"之"愈"字跃然神出。张实居《夜雪》"忽惊夜半寒侵骨，流水无声山皓然"，前句实写诗人"寒侵骨"之感，后句为虚写，虽言"流水无声"，却由"寒侵骨"想象一场纷纷扬扬的大雪已经覆盖笼罩了群山。归愚认为这样入"神"的赋雪诗句，自韦应物"怪来诗思清人骨，门对寒流雪满山"(《休假日访王侍御不遇》)之后久已不见。

最后，具有神韵特质的诗作应当具有言外之意。渔洋《唐贤三昧集序》云："严沧浪论诗云：'盛唐诸人，惟在兴趣，羚羊挂角，无迹可求，透彻玲珑，不可凑泊。如空中之音，相中之色，水中之月，镜中之象，言有尽而意无穷。'司空表圣论诗亦云'味在酸咸之外'。"① 渔洋神韵理论中"味外之味"是极其突出的艺术特征。归愚在《唐诗别裁集序》中说渔洋《唐贤三昧集》"盖味在盐酸外也"，正是重述神韵重在悠然韵远的艺术特征。

《清诗别裁集》使用神韵，和王渔洋一样，常常和"远"相联系，主张优秀的诗作要做到在有限的描写中蕴含无限的诗意。如清代宋荦《访叶己畦不值》："别浦幽幽境愈奇，春风篮舁尔何之？小山丛桂清阴下，想见苍茫独立时。"归愚评曰："神韵自远。"(《清诗别裁集》卷十三)

---

① 李毓芙选注：《王渔洋诗文选注》，齐鲁书社1982年版，第323页。

史申义《朝云墓》:"散尽泥金蛱蝶裙,云蓝小袖剧怜君。伤心白鹤峰前路,一树榕阴盖古坟。"归愚评曰:"一女子而死于万里之外,亦可伤矣。一树榕阴,其人如在,浅浅语自有远神。"(《清诗别裁集》卷十六)尤怡《白秋海棠》:"谁将清泪洒幽墀,散作瑶华别有姿。最是玉人肠断后,淡妆无语背人时。"归愚评曰:"只'瑶华'二字点白,余皆以神韵传写,悠然自远。"(《清诗别裁集》卷二十九)

这几首诗共同的特点,就是在景物的刻画中,都蕴含着悠远不尽之情。《访叶己畦不值》是对友人牵挂,《朝云墓》是对故人的思念,《白秋海棠》把海棠喻为"淡妆无语"、伤心独处的美人。可见沈归愚之以"格调"标准选录的都是具有清远特色的诗作,意在言外,饱含韵外之致。

综上所论,归愚"格调"说温厚雅正、兼容并包,对渔洋"神韵"说既有继承,也有扬弃。

首先,标举格调兼容神韵,提倡儒家诗学传统;主张"仰溯风雅",以"三代之格""优柔渐渍",而重现诗之大用,即郭绍虞所说:"昔人之述归愚诗论者,或举其温柔敦厚,或称其重在格调,实则仅得其一端,归愚诗论,本是兼此二义的。"[①] "格调"说与"神韵"说"都是给人以朦胧的印象"。[②] 这种朦胧的印象就是一种兼融浑成的古典诗歌艺术风格,中国古典文学所代表的古典美学精神的韵致与风范由此而出。

其次,归愚在正宗的基础上兼收并蓄,多方面承袭、借鉴了渔洋"神韵"说,并将"神韵"打碎并融入"格调"理论,以"神韵"作为"格调"说理论指导下的诗歌创作所追求的至高境界,倡导生动传神和悠然韵远的审美效果,拓展了"格调"说的师法对象。

[①] 郭绍虞:《中国文学批评史》下卷,百花文艺出版社1999年版,第508页。
[②] 郭绍虞:《神韵与格调》,载《照隅室古典文学论集》上,上海古籍出版社1983年版,第410、411页。

二 "格调"说取代"神韵"说及诗坛盟主之代兴

王渔洋、宋琬、朱彝尊、查慎行和沈归愚等人,以迥然有别于由明入清的遗民诗人的全新面貌,先后崛起于清代诗坛。由于他们大都出生、成长于清代,并在清代踏上仕途,获取功名,因此,他们堪称真正意义上的"国朝"诗人。他们生活的时代,社会正逐步由战乱步入和平,从衰败走向繁荣。因此,他们内心深处虽然怀有民族之情和故国之思,但从立身处世的态度来看,他们已基本接受了新朝。他们的文学创作,也发生了明显的变化,逐步从反映民生疾苦、揭露社会弊病转向歌颂盛世繁荣、点缀升平世态,从慷慨激昂、愤郁不平转向温柔敦厚、平和雅正。这一时代特色,在人生跨康、雍、乾三朝的沈归愚身上体现得最为显著。

乾嘉时期,诗坛上出现了多种诗歌流派和诗歌理论观点,"格调"说、"肌理"说与"性灵"说此起彼伏,成为其中最具代表性的三个诗学流派。三家的发展变化,亦深刻反映了封建文化专制对于文人思想和文学活动的严酷控制。

康雍以后,武装反清势力已被彻底镇压,清初激烈的对抗和动荡的时局已成过去,社会也逐渐恢复平稳。至乾嘉年间,封建统治趋于稳固,社会逐渐进入相对的承平时代——乾嘉盛世。但是统治者仍然高度警惕有可能动摇其统治地位的社会不安定因素,因此他们残酷镇压不驯服者和反抗者。因此,此期思想领域的控制比历史上任何封建王朝都更加严苛。清高宗即位以后,文治武功双管齐下,一方面以加官晋爵瓦解知识分子的清高,并委以编纂大型典籍之重任来约束他们,制造盛世景象;另一方面大兴文字狱,严酷钳制文人的思想言行。乾隆初期,文化政策较雍正朝尚属宽松,此后日趋严厉。从乾隆在二十六年(1761)对《国朝诗别裁集》的严厉斥责来看,文化控制已日趋严酷,文网愈益细密。乾隆三十四年(1769),特意下旨查禁钱谦益的著作,此后借编《四库全书》查禁、销毁、删改大量书籍。乾隆四十一年(1776)下诏编写《贰臣传》。频繁发生的文字狱空前惨烈，一案发生，涉案者斩杀无遗，已死者剖棺戮尸。更有甚者，动辄株连致祸于成千上万无辜之人，被流放犯人的队伍络绎不绝于通往关外的漫漫路途。

所以，乾隆朝虽然号称盛世，却弥漫着恐怖气氛，知识分子远祸避难成为必需。于是，许多人藏身于时文制艺，希冀通过科举之途，博取功名利禄。经年累月角逐于科场的沈归愚，就是其中的典型人物。另外，还有人选择远离官场政治，埋头做学问，皓首穷经于浩如烟海的古代典籍中，不问世事。盛极一时的乾嘉朴学即是此种选择的产物。

在这样的时代背景下，文人的诗学选择一如他们的人生选择一样，带着有意无意地迎合或回避统治者政治需求的成分，他们借此为自己的生命选择和诗学选择争取更大的存在和发展空间。体现在诗歌理论上，即是"神韵说""格调说""性灵说"和"肌理说"的更迭兴起。

王渔洋的"神韵说"追求清音远韵，统治者能够接受，因而得以广泛流播；沈归愚的诗学倾向为"格调说"，讲究温柔敦厚、中正和平，正与封建统治者的政治要求不谋而合，于是顺理成章地获取了发展壮大的特权；而作为风流浪子、富贵闲人的袁简斋，其"性灵说"远离政治、沉溺性情，统治者同样可以容忍，于是也得到了自由生长的权利；倡导"肌理说"的翁覃溪，强调充实学问以提高诗学修养，也颇受清廷统治者的青睐。因此，无论是先前王渔洋的"神韵说"，还是现时沈归愚的"格调说"与袁简斋的"性灵说"，以及后来翁覃溪的"肌理说"，都是在统治者的温室大棚里，适应同样的政治气候条件人工栽培出的文化蔬菜。尽管品种、颜色各不相同，其内在实质却自有其相通之处，都是统治者钳制文化思想的产品。各家诗学理论之间观点的争辩，终究须指向诗歌创作是否符合真情实感。但是，政治高压之下，诗人表达空间大大受限，留给诗歌创作者和诗学理论家的就只能是对于诗歌表现手段与艺术形式及风格的深细研究了。当时，在这些围绕着诗之技艺的争论背后，还潜伏着控制文人活动和文人思想的庙堂力量。诗歌是人们心灵自然的、自由的歌唱，但因为当时文人的文学思想和文学活动受到严格的限制和约束，因而他们的心灵都是被扭曲的、不自由的。然而，就是在这样的创作环境里，当时文人们的诗歌作品中，仍然或多或少地保留了他们对于诗歌抒情品格的真诚坚守，这是以沈归愚为代表的当时文人诗歌作品中难能可贵的部分。

当然，不能过高估计沈归愚等人思想中的积极因素。沈归愚诗论不可避免地带有来自其晚年身份的皇家御用色彩，他的诗学主张深受乾嘉时期"盛世"的精神氛围及审美风尚的影响，表现出与清廷政治文化政策基本一致的倾向。沈归愚在这样的政治时局中，难能可贵地坚守着其爱重的儒家诗教，积极倡导"格调"，积极努力意图促进诗歌最终"归于雅正"①，并能够起到"和性情、厚人伦、匡政治"的教化作用，甚至希望能以此"设教邦国，应对诸侯"。但是，沈归愚的诗歌创作与其诗论还是有很大差别的，二者各有长短，表现出不平衡性和不一致性。他的诗歌创作并没有达到他所标榜的"第一等襟抱""第一等真诗"②的高度，却依然被时人"奉为圭臬"，其本人也被"尊若泰斗"。③客观地说，这与沈归愚对于中国古代诗歌源流脉络的清晰梳理和准确把握不无关系，他的诗论和诗作是基于对诗歌本质的认识和对历代诗人创作成功经验总结、借鉴的结果，因而具有融汇古今、兼取各家的集大成性质。

钱基博论及这一时期的诗坛风貌说：

> 然乾、嘉之际，海内诗人相望，其标宗旨、树坛坫、争雄于一时者，要推沈归愚、袁简斋、翁覃溪。王渔洋之诗，既为人所不餍，于是袁简斋倡性情以矫士祯之好修饰而涉于泛，翁覃溪拈肌理以救士祯之言神韵而落于空，沈归愚论格调以药士祯之工咏叹而枵

---

① （清）沈归愚：《唐诗别裁集·序》。
② （清）沈德潜：《说诗晬语》卷上六云："有第一等襟抱、第一等学识，斯有第一等真诗。"
③ （清）王豫：《群雅集》卷一："故海内之士，尊若山斗，奉为圭臬"，清嘉庆十二年本（1807）。

于响。①

钱先生对乾嘉诗坛这几个主要诗歌理论派别的论析是很有见地的。乾嘉诗坛诗学风貌在漫延发展过程中亦逐步呈现出不同以往的诗学特征。

首先，庙堂诗人以政治高位兼取文坛盟主之位，借助于主持科举考试取士之威力，奖掖后进，标榜声势，形成文学群体势力，造成一呼百应的巨大影响力；同时庙堂诗人兼诗坛盟主肩负着代表封建王朝推动诗歌归于雅正的重大使命。归愚及其"格调"说即是如此。

其次，因乾隆二十二年丁丑（1757）科举考试改革考试内容时，恢复了与八股文相配合的试帖诗，因此此期诗人的诗歌创作受此影响逐渐脱离诗歌发展的良性轨道，诗坛上弥漫着一派虚假繁荣的景象，诗歌创作成为文人标榜自己、显身扬名的功利武器，这种诗风在当时大行其道。这种浮华的时代环境，对于有独特个性和个人情怀的诗人来说日渐艰难，要想凭借一己之才华来取得功名，并在诗坛取得声名实在不易。严迪昌曾对此期庙堂诗人所产生的巨大作用论曰：

> 由沈归愚到王昶，以及由翁覃溪到阮元，恰好是清代中叶诗界"格调说"和"肌理说""学人诗"两派诗学体系交替行进的宗师。参照前面几点认识，对这两个体系所构成的诗风的弥漫力，当可不言而喻，从而始能更深切地感受到"谁识英雄在布衣"的声音中的苦涩味。在那样的背景下，独特个性的才人将面对怎样一种压抑力，将被视为"不自检束"、狂怪轻佻、放荡不羁等等，原是"题中之义"，未足为奇的。②

应当引起特别注意的是：沈归愚一生的前六十七年，一直是吴下一介寒士、穷诗人；中进士后的三十年才是朝中高官、帝王宠臣。从所占

---

① 钱基博：《现代中国文学史》，上海书店1994年版，第34页。
② 严迪昌：《清诗史》，五南图书出版公司1998年版，第649页。

时间比重而言，前者显然远较后者为长。屈原说"发愤以抒情"（《九章·惜诵》），欧阳修说"诗穷而后工"（《梅圣俞诗集序》）。沈归愚前六十七年的漫长诗学历程，基本上唱的是寒士发愤、抒情之歌。他数量丰富的作品，反映现实，关注民生疾苦，感情真挚，内容充实。题材、体裁和艺术风格多姿多彩，其中有不少精品力作，这是不应被忽视的。后来他得逢乾隆帝礼遇，是他一生的大幸，也是他的不幸。幸运的是，他的诗坛领袖地位赖以巩固，他也借此实现了"尊诗道"的理想和"行教化"的主张，他的诗歌艺术也因此更加成熟。但是，他的诗情、诗才也因此受到局限、阻滞。在皇帝面前，他必须小心谨慎，四平八稳；他部分诗作的平庸无奇，多少是由此导致。但晚年退居家乡，他仍然诗思泉涌，写出不少好诗。因此，从文本出发，从沈归愚竭尽一生心血创作的诗歌作品出发，对其前后期的诗歌作出具体细致的辨识，去探寻、挖掘这位乾嘉诗坛盟主现实生活和内心世界的时代印记、诗路历程，让淹没在其众多雅正平实的作品中的那些真实的、发自肺腑的思想感情和艺术追求浮出水面，这才是对这位在诗歌园地里辛勤耕耘了一生的老诗人的最好回馈，也是对乾嘉诗坛作出客观的、符合实际的认识和评论的必要工作，更是对清代诗歌创作和诗歌理论发展的有益探索和发掘。

三　简斋与归愚之遇合及"性灵"与"格调"之离合

袁简斋（1716—1798），名枚，字子才，号简斋，晚年自号随园主人、随园老人、仓山居士。钱塘（今浙江省杭州市）人，祖籍浙江慈溪。

沈归愚和袁简斋虽然年辈差异较大，年龄相差四十余岁，但二人为科考同场竞技的同年考生，日常交往比较多。保留至今的文献记载中，虽然有袁简斋针对沈归愚《清诗别裁集》选诗标准提出的批评，但沈归愚、袁简斋二人似乎从来没有针对具体的诗学问题展开探讨、论争。沈归愚虽然高扬"格调"大旗，但他从未表达过否认"性灵"重要性的诗学观；袁简斋所排斥的"格调"，其针对的批评对象实为明代前后七子，而非指向沈归愚之"格调说"。

学界通常将沈归愚的诗说名为"格调说",将袁简斋的诗说名为"性灵说",并将二者视为对立的诗学流派。通过梳理沈归愚、袁简斋二人的生平交游、诗论等史料可以看出:事实上,沈归愚与袁简斋二人生活中往还相处和谐融洽。沈归愚"格调说"诗论并不反对"性灵说",袁简斋持"性灵说"对"格调"的抨击矛头也并未针对沈归愚。对二人诗学观念的剖析,有助于我们理解后世何以对沈归愚、袁简斋的诗学理论进行简化处理,并不断使二者对立起来。

沈归愚与袁简斋二人的遇合可谓有缘。乾隆元年(1736),年龄相差四十余岁的沈归愚与袁简斋同应博学鸿辞科。乾隆四年(1739),沈归愚与袁简斋再次同一考场参加会试、殿试。这种人生遇合的频繁程度实属罕见和难得!以至于后来,袁简斋专门撰文回忆二人同场竞技的情景:

> 同试殿上,日未映,两黄门卷帘,上出,赐诸臣坐,问谁是沈归愚?公跪奏:"臣是也。""文成乎?"曰:"未也。"上笑曰:"汝江南老名士,而亦迟迟耶?"其时在廷诸臣,俱知公之简在帝心矣。①

据袁简斋所记,当年 67 岁的沈归愚和 24 岁的袁简斋同登进士第。后沈归愚与袁简斋又同入翰林院为庶吉士。乾隆七年(1742),沈归愚与袁简斋庶吉士散馆,袁简斋因满文考核不合格被改发江南任知县。乾隆极其欣赏归愚温厚平和的"格调"诗,因归愚身为"老名士,有诗名,命和《消夏十咏》五律"。沈归愚则受到乾隆的赏识,与袁简斋开始了截然相反的政治旅途和诗学生涯。沈归愚就此拉开了其与乾隆诗歌唱和的政治生涯。沈归愚与袁简斋二人频频"遇见"的过往渐渐远去,"宦海烟波逐渐分"。

---

① (清)袁简斋:《太子太师、礼部尚书沈文悫公神道碑》,载《袁简斋全集》第 2 册,上海古籍出版社 1988 年版,第 1215 页。

比较而言，沈归愚在朝十年，拥有政治高位及与乾隆诗歌赓和的大把机会去推举"格调"诗论。"格调说"获得乾隆认同是理所应当的，因为一开始乾隆就对沈归愚兴味浓厚。"格调说"天时、地利、人和，渐渐成为乾隆诗坛的主流诗学。此后，沈归愚官运亨通。袁简斋则外放江南任职，官运不佳。官位悬殊并未影响沈归愚、袁简斋二人的交往。乾隆八年（1743），袁简斋作《闻同年裘叔度、沈归愚廷试高等，骤迁学士，喜赋一章》。乾隆十四年（1749），简斋辞官定居南京，在自然山水间纵情吟唱。沈归愚也在这一年辞官归里，返回苏州，得享林泉之乐。

虽然袁简斋与沈归愚政坛身份、诗坛地位天差地别，但二人为科场同年，所居之地南京、苏州距离较近，因此二人一直有往来。《随园诗话》载："乾隆十六年（1751），予在吴门。五月十四日，薛一瓢招宴水南园。座中叶定湖长杨、虞东皋景星、许竹素廷、李客山果、汪山樵俊、俞赋拙来求，皆科目耆英，最少者亦过花甲。唯余才三十六岁，得遇此会。是夕大雨，未到者沈归愚宗伯、谢淞洲征士而已。"薛雪、李果为归愚早年从学于叶燮时的同门。

据《沈归愚自订年谱》记载，沈归愚归养林泉后，常与薛雪、李果等人举行文学宴饮集会。但"才三十六岁"仕途不畅的袁简斋来说，颇有意愿进入沈归愚的交游圈，袁简斋借诗歌作品表达对沈归愚的敬慕。乾隆二十二年（1757）前后，袁简斋以《寄怀归愚尚书》（四首），盛赞沈归愚诗是"正声"："天与高年享重名，明经晚遇比桓荣。诗人遭际前无古，海内风骚有正声。"

当然，袁简斋并非一味推崇沈归愚，借助于两封书信《答沈大宗伯论诗书》《再与沈大宗伯书》，对沈归愚的选诗标准发出质疑："许唐人之变汉魏，而独不许宋人之变唐，惑也。"袁简斋对于沈归愚《清诗别裁集》不选王次回《疑雨集》等艳诗，尤其提出批评意见，认为有"褒衣大袑气象"：

> 闻《别裁》中独不选王次回诗，以为艳体不足垂教，仆又疑焉。夫《关雎》即艳诗也，以求淑女之故，至于展转反侧。①

袁简斋在此表明"诗贵温柔"等语有"褒衣大袑气象"，认为即便《诗经》中也有艳体，因此不选王次回诗不合选诗之道，过于狭隘。

这两封信当写于乾隆二十二年（1757）之后。此时，袁简斋及其"性灵说"在诗坛声誉渐起。诗坛盟主沈归愚对于袁简斋的批评，未作应答，在《归愚文钞》《归愚文钞馀集》中均未见到沈归愚给袁简斋的回信。此后，袁简斋再未针对沈归愚发表意见。此事亦未对沈归愚、袁简斋二人的关系造成不良影响。

之后，沈归愚、袁简斋交往如初。乾隆二十七年（1762），诗翁沈归愚九十岁之际，袁简斋有《赠归愚尚书》诗："九十诗人卫武公，角巾重接藕花风。手扶文运三朝内，名在东南二老中。（上赐诗：二老江浙之大老。）健比张苍偏淡泊，廉如高允更清聪。当时同咏霓裳客，得附青云也自雄。"在《归愚文钞》中，亦收入沈归愚回复袁简斋的诗作《寄袁简斋同年次其见赠元韵》："龌龊休教溷乃公，胸怀夷白想光风。摄山峦岭家园里，曼倩刚方谐语中。学道自能平魄垒，观空转复擅明聪。来吴欲访工诗者，旗鼓谁人角两雄。"诗坛前辈终于对简斋的热情称颂予以了回应。

乾隆三十四年（1769），沈归愚去世。袁简斋作《同年沈文悫公挽词》四首，其三云："诗律长城在，群儿莫诋呵。梅花香气淡，古瑟雅音多。海外求题咏，天章许切磋。朝阳鸣凤去，赓唱冷《卷阿》。"袁简斋还撰写《太子太师、礼部尚书沈文悫公神道碑》，表达对沈归愚的尊重："公醇古淡泊，清臞矍立，居恒恂恂如不能言，而为词隽永，无贤不肖，皆和颜接之。有讥其门墙不峻者，夷然不以为意。"可见，在现实生活中的沈归愚和袁简斋二人并非如很多诗论家认为的水火不容。袁简斋虽倡

---

① （清）袁枚：《小仓山房文集》卷十七，载王英志校点《袁枚全集》第 2 册，江苏古籍出版社 1993 年版，第 285 页。

导"性灵",排斥"格调",但袁氏对"格调"不满所针对和指向对象则多为明七子,而非沈归愚。

袁简斋倡"性灵"、斥"格调"。"诗有工拙,而无古今。"(《与沈大宗伯论诗书》)①"夫诗为天地元音,有定而无定,到恰好处,自成音节。此中微妙,口不能言。试观《国风》《雅》《颂》《离骚》、乐府,各有声调,无谱可填。杜甫、王维七古中,平仄均调,竟有如七律者;韩文公七字皆平,七字皆仄;阮亭不能以四仄三平之例缚之也。倘必照曲谱排填,则四始、六义之风扫地矣。此阮亭之七古所以如杞国伯姬,不敢挪移半步。"②乾隆三大家之一的赵翼也发出质问:"夫诗宁有定格哉?国风之格,不同乎雅颂;皋禹之歌,不同乎《三百篇》。汉魏六朝之诗,不同乎三唐。谈格者将奚从?"③袁简斋对"格调"表示不满,但他并非直接针对沈归愚。究其原因:一是沈归愚并不排斥"性灵";直到沈归愚去世,袁简斋还写诗、写文推尊沈归愚。可见,沈归愚与袁简斋二人并不认为他们在诗学观念上存在根本冲突。二是沈归愚于乾隆三十四年(1769)谢世,又经历多年以后,袁简斋之"性灵说"才渐成气候,逐渐形成和完善。袁简斋论诗明确言性灵,于诗较早见于乾隆四十六年(1781)写的《仿元遗山论诗》评"夫己氏"之所谓"抄到钟嵘《诗品》日,该他知道性灵时"。此时袁简斋已66岁并开始撰写《随园诗话》,而沈归愚已谢世12年,根本就没有批评袁简斋"性灵说"的机会,袁简斋对"格调说"的批驳指向沈归愚的可能性也不大。三是袁简斋并未将"格调说"与沈归愚相提并论,而是把"格调"与明七子并提。翁覃溪(1733—1818)《格调论》谈到"格调"及其流弊,亦是指向明七子:"诗之坏于格调也,自明李何辈误之也。李何王李之徒,泥于格调而伪体出焉。非格调之病也,泥格调

---

① (清)袁枚《小仓山房文集》卷十七,载王英志校点《袁枚全集》第2册,江苏古籍出版社1993年版,第283页。
② (清)袁枚:《随园诗话》卷四,凤凰出版社2000年版,第92页。
③ (清)赵翼:《瓯北诗钞》卷首,载《赵翼全集》第4册,凤凰出版社2009年版,第6页。

者病之也。"

袁简斋在《随园诗话》等论著中批评"格调"时，针对的往往是明七子而非沈归愚。如其《随园诗话》云："明七子论诗，敝于古而不知今，有拘虚皮傅之见。"袁简斋批评明代前后七子创作诗歌评论诗歌，格局太小，"敝于古而不知今"，太拘泥于"格"，缺乏生动感人的思想感情，最终导致人云亦云，"诸妙尽捐"。

由此可见，沈归愚和袁简斋在诗学观念上并无直接的冲突和论争。但一直以来，学界基本上是肯定袁简斋，否定沈归愚。之所以这样判断，是因为评论家通常固有地认为：重视教化就是抛弃艺术。沈归愚力倡诗教、标举高格，固然兼有渔洋、叶燮和七子之长，却仍然遭受非议，表明这并不影响沈归愚及其"格调说"凭借政治地位和大家胸襟成为乾嘉诗坛影响最广的诗学流派。徐珂《清稗类钞·文学类》谈及格调派在乾嘉诗坛的风行时说：

> 乾嘉之际，海内诗人相望。其标宗旨，树坛坫，争雄于一时者，有沈归愚、袁简斋、翁覃溪三家。……故其时大宗，不能不推德潜。当康熙时，吴县有叶横山名燮者……德潜少从受诗法，故其诗古体宗汉魏，近体宗盛唐，尤所服膺者为杜。选《古诗源》及三朝诗《别裁集》以标示宗旨，吴下诗人翕然从之。受业者，其初以盛锦、周准、陈樾、顾诒禄为最著。其后则有王鸣盛、王昶、钱大昕、曹仁虎、黄文莲、赵文哲、吴泰来之吴中七子。……文哲、泰来后复与法式善同宗士禛，而德潜门下，又有褚廷璋、张熙纯、毕沅等之继起。再传弟子则有武进黄仲则。私淑弟子则有仁和朱彭。乾嘉以来之诗家，师传之广，未有如德潜者。……踵其后而以诗鸣者，大兴有舒位，秀水有王昙，昭文有陈原湘，世称三君。四川有张问陶，常州则黄仲则外，有洪亮吉、杨芳灿、杨揆，江西有曾燠、乐钧，浙中有王又曾、吴锡麒、许宗彦、郭麐，岭南则有冯敏昌、胡亦常、张锦芳三子，而锦芳又与黄丹书、黎简、吕坚为岭南四家。大率皆

唐人之是学，未尝及德潜门，而实受其影响者。①

由此可知，格调派成员或为沈归愚未遇时之诗友，或为得归愚提携崛起于诗坛之后进。前者大都仕途不显，对扩大格调派的影响不能起到决定作用。后者以"吴中七子"王昶、王鸣盛、钱大昕、赵文哲、吴泰来、黄文莲、曹仁虎为代表。他们多未得到归愚亲授，论诗主张也与沈氏不尽相合，但由于他们是在沈氏主持紫阳书院时先后进入书院学习的门下弟子，且多为达官显宦，遂使格调派的影响达到顶峰。

如王昶《蒲褐山房诗话》云：

> 沈文悫门下承其指授者，以盛青嵝、周迂村、顾禄百、陈经邦为最。其后则王凤喈、钱晓征、曹来殷、褚左峨、赵损之、张策时及予。后有考诗学源流，为接武羽翼之说者，不可不知。若企晋，虽曾亲风旨，要未尝有瓣香之奉也。②

吴中七子中，赵文哲、吴泰来、曹仁虎诗歌主张接近王渔洋，钱大昕独倡诗趣、重学术，又与"性灵""肌理"一派的某些主张暗合，王昶和王鸣盛则更多承继了归愚的诗教说和格调论。这种驳杂的情况一方面缘于清代康雍乾嘉诗坛盟主大多喜欢奖掖后进，并不强求门生弟子对自己亦步亦趋；另一方面也与当时诗坛风气下写诗、论诗者喜好依附名人，借以抬高自己地位有关。

归愚诗学影响的指向主要表现在两个方面：一方面是对于诗歌创作的指导意义；另一方面是对传统诗学的梳理。沈归愚以诗选诗论名世，通过编选诗歌选本标举"格调说"之温柔敦厚的诗教观，并以此来指导后学的诗歌创作。在同时及后世多有受益于沈德潜诗选而登上诗坛的年轻诗人，如江藩在其《国朝汉学师承记》中就记录了凌廷堪幼年时学习

---

① 钱仲联主编：《清诗纪事》八，江苏古籍出版社1989年版，第5052页。
② （清）王昶：《湖海诗传》卷十一，周准评，清嘉庆刻本，北京大学图书馆藏。

诗歌创作，受归愚诗选《唐诗别裁集》影响的事例：

> 君十二岁，即弃书学贾，偶在友人家见《词综》《唐诗别裁集》，携归就灯下读，遂能诗及长短句。①

"格调说"立足儒家诗学传统，对神韵、性灵等诸家诗论均有借鉴和吸收，并将其融入其"格调说"。沈归愚以兼容并包的态度进行梳理、概括并加以总结，因此其"格调说"诗学理论凸显出兼收并蓄的包容性。在乾嘉诗坛上，对于很多学诗无门的诗人，沈归愚呕心沥血编就的一系列诗歌选本成为诗歌创作的灯塔，是很多文人踏入诗坛的指向灯和敲门砖，成为他们学诗的必读书目。只不过在当时沈归愚的政治高位及诗坛盟主身份让人忽略了这方面的影响，后来也就少有人关注这一点而已。如钱泳《履园诗谭》云：

> 自宗伯三种《别裁集》出，诗人日渐少；自太史《随园诗话》出，诗人日渐多。②

"格调说"虽具指导创作的意义，但杰出诗人的养成更依赖天分与激情，决非模仿所能造就。随着古体诗走向没落，沈归愚"格调说"也逐渐式微。

随着格调论之老化、唐宋诗风渐渐融合、诗歌艺术的绝对标准被放逐、传统的诗学价值观被打破，在乾嘉诗坛上，性灵诗学激活了一种更强调自由抒情的创作倾向。这股诗歌创作倾向衍生出新的诗歌写作态度：或放弃审美追求或摒除独创性，这种新的诗歌宗尚也成为乾嘉诗坛突出的新面貌。

---

① （清）江藩：《国朝汉学师承记》卷七，中华书局1983年版，第120页。
② （清）钱泳：《履园诗谭》，载丁福保辑《清诗话》下，上海古籍出版社1978年版，第870页。

在清代诗学的发展脉络中，乾嘉诗坛均是不可或缺的重要一环，上承明人与顺、康，下则影响及于道光及晚清。前后七子为代表的明人言诗离不开唐诗，尤其重初盛唐诗。至顺康诗坛，诗坛盟主王渔洋标举"神韵说"，重王、孟之山水清音。再到乾嘉诗坛，沈归愚标举"格调说"，论及唐诗则李、杜并举，并视野开阔地将王、孟及韩、白揽入，同时也不忽视晚唐之小李杜，归愚之唐诗观渐成经典。沈归愚"格调说"在宗尚唐诗的同时，也将宋诗大家纳入其中，并兼取诗观，胸襟宽广，影响深远。袁简斋崇尚"性灵说"，认为"性情""性灵"意味着诗人的真情与灵机，包含着主体的真情及天分才气，与学养无关，"性灵"源于诗人自我，无所依傍，学养可能会妨碍性灵的表达。沈归愚亦认为"性灵"与"性情"同质，这一点，沈、袁二人看法大体一致。

从总体上看，乾嘉诗坛之"格调说"与"性灵说"各自都极具生命力和影响力，直至今日，二者仍对诸多诗人的诗史定位和各期诗作的评价产生深远的影响。

结语：时代学风向乾嘉诗坛的渗透与弥漫

明末清初，有惩于明人空疏浮泛的学风，清代学界逐渐在"经世致用"理念之下形成征实学风。这种时代学风影响巨大，至乾隆、嘉庆朝达到鼎盛。乾嘉学风盛行于清代考据学最鼎盛的乾嘉时期，即1736—1820年这85年间，著作颇丰，主要有《礼记附记》六卷、《汉石经残字考》一卷、《两汉金石记》《经义考补正》《通志堂经解目录》《焦山鼎铭考》《粤东金石考》等。

在此期间以翁方纲为代表的诗论家，论诗不满"神韵""格调"和"性灵"三家，提倡"肌理"而享誉诗坛。"人人许郑，家家贾马"彰显着"古典考证学独盛"的局面。[①] 此期也正是中国传统诗学发展的高峰，神韵、格调、性灵、肌理四大诗学理论之后三家均盛行于此期之乾嘉

---

① 梁启超：《中国近三百年学术史》，东方出版社1996年版，第23页。

诗坛。

　　与此同时，因时代学风向乾嘉诗坛的渗透与弥漫，诸多传统诗学命题在此期得以阐发，持论之深广度超过前人。严羽《沧浪诗话》以来，诗家往往视考据、说理为诗学之大忌，但考据学与传统诗学均大盛于乾嘉，考据学对于乾嘉诗坛产生了何种影响，值得探究。

　　乾嘉时期，重考据、重实证成为最突出的学风特质，这一学风的影响还突破汉学内部，成为一些重义理考据之学的学者"考订乃义理之所必资"①，成为他们以考据阐发义理的强大支撑。而这一学风的影响也最终跃出经学范围，渗透入文学领域。如姚鼐之"义理""考据""词章"并举，桐城派文风风行天下且长久不衰；这一学风对于乾嘉诗坛的影响更加深刻且深远，一些诗论家的理论观点和诗歌创作由此也打上了这一时代特定学风的烙印。这种时代学风对于乾嘉诗坛的影响，最为表现突出的就是对"以文字为诗，以才学为诗，以议论为诗"②的宋诗不再排斥，在付诸更多认同感的同时亦逐渐推动清诗在诗学风貌上趋向宋诗风貌。

---

① （清）翁方纲：《与陈石士论考订书》，《复初斋文集》卷十一，光绪间刻本。
② （南宋）严羽：《沧浪诗话》，载何文焕辑《历代诗话》，中华书局1981年版，第688页。

白居易的苏州吟咏与吴中地域文化风物考略[*]

袁宙飞　李璐佳[**]

内容提要：地方风物文化对地域文学场、地域文学生态的生成与衍变的互动，借由历代文人墨客诗文绘画和书法作品的符号表达，实现文化符号意义的"放大"和"共情"。白居易的苏州吟咏深切表达了对吴中山水人文风物的喜爱，以及对苏州城市风俗、礼乐制度和市民生活习趣的细致观察，同时饱含自身空有勤政爱民的士人风骨却郁郁不得志的暮年叹息。通过借景抒情、融情入境，将这些深沉的感情融入吴中地域文化风物的描绘，体现了文学场与地域文化场的双向互动。

关键词：白居易；苏州；地域文化；文学

文学的发展在很大程度上有赖于地域文化的丰富多样性[①]，深受地域山水布局和文化风物的影响。古人很早就注意到这点，《诗经》《楚辞》便是按照作品产生的地域分类编纂。20世纪末，全球化的浪潮催生地域

---

[*]　[基金项目] 国家社科基金艺术学重大项目"中国艺术民俗学的理论与实践研究"（22ZD06），并受山东大学"青年学者未来计划"人才项目资助。山东省社会科学规划研究项目（项目编号：23CWYJ19）。

[**]　袁宙飞（1982— ），女，文学博士，山东大学艺术学院副教授、博士生导师，主要研究方向为艺术与文化创意、艺术学理论、民俗艺术与非遗。李璐佳（1996— ），山东大学艺术学院博士研究生，主要研究方向为民俗与艺术。

[①]　王祥：《试论地域、地域文化与文学》，《社会科学辑刊》2004年第4期。

文化热，区域（地域）文化与文学研究应运而生。① 而历代文人作为地方行政长官期间对地域文化风物的描写，既宣传了所在地域的名声，完成了地域文化经典化、文学化的提升；又成就了自身的政绩与文名，塑造了地方文学生态。②

唐代诗人白居易曾担任苏州刺史一年有余，他笔下的姑苏城诗作不仅数量众多，而且场景类型丰富，以描写姑苏阊门、虎丘、七里山塘为多数，分为山水诗、宴饮诗、离别诗、追忆诗这四类，诗中包含他对苏州历史文化、山水景观、城郭里坊、市井风情和宴饮礼乐歌舞的描绘。白居易的诗常用典故、比拟、对偶和夸张，擅长调动色彩、声音描绘景色，体现了"诗中有画""画中有诗"；同时也能触景生情、景随情动，将个人情感抱负与对苏州城地域文化风物的感受充分融入对苏州自然、人文景观的描写。

一　白居易与苏州的历史渊源

苏州，最初称作阖闾城，相传为吴王阖闾命伍子胥所筑，距今已有2500余年的历史。之后隋灭陈，废吴州，以姑苏山命名，始称苏州。苏州建城早，规模大，变迁小，水陆并行，河街相邻。③ 京杭大运河开通后，阊门、山塘一带因地利之便，成为江南地区的水路要冲和物资集散地，商贸繁盛，百舸争流。宋代苏州出现了分工细致的商业行业，勾栏歌馆、酒楼茶肆、诸色杂艺等广为兴盛，明清苏州成为江南经济文化的中心，造就了大批有全国声望的人才，吴谚云"金阊银胥冷水盘门""金阊自古说繁华"即是。《红楼梦》第一回云"有城曰阊门者，最是红尘中一二等富贵风流之地"④。这既与苏州特定的山水地理环境和商儒型生计

---

① 王学振：《区域文学研究现状之反思》，载《区域文化与文学研究集刊》第1辑，中国社会科学出版社2010年版，第38—43页。
② 杨玉锋：《唐代刺史与地方文学生态的建构》，《北京科技大学学报》（社会科学版）2020年第1期。
③ 刘士林：《江南文化理论》，上海人民出版社2019年版，第157页。
④ （清）曹雪芹、高鹗：《红楼梦》，海天出版社2010年版，第3页。

方式有着特殊渊源，又与名人雅士聚居于此，留下众多诗词歌赋和文学名篇有不可分割的关系。

白居易作为中晚唐时期杰出的现实主义诗人，虽然出生于北方，但人生轨迹却常与江南相逢，江南文化深深地印在他的记忆中，并影响其后续的诗歌创作。唐德宗建中四年（783）适逢中原藩镇叛乱，白居易跟随家人避难苏、杭二郡及饶州、衢州等地长达七年。苏杭一带的秀丽风光与富庶繁华给他留下深刻印象。此时贞元初年任苏州牧①的韦应物与任杭州牧的房孺复令白居易尤为仰慕，让他对苏杭一带的自然人文风光心驰神往。贞元十六年擢进士第后，白居易以民生为怀，在朝廷敢于言事，表现出极高的政治热情；但在江州被贬后，心境发生巨大变化，对当朝政局的失望使他逐渐由积极从政的"入世情怀"到闲适淡泊的"出世之感"。虽然文宗的复出给白居易带来了好运，被召回朝廷，但当时的他已经厌恶宦海纷争，请求外任，长庆二年出任杭州刺史，任职近三年后返回洛阳。

唐宝历元年三月四日，唐敬宗再授白居易苏州刺史。他二十九日自洛阳起程，五月五日到达苏州，即日撰写《苏州刺史谢上表》，曰："当今国用，多出江南。江南诸州，苏州最大。兵数不少，税额至多。土虽沃而尚劳，人徒庶而未富。"② 到任后余月又书"甲郡标天下，环封极海滨。版图十万户，兵籍五千人"③，道出苏州在唐朝经济、文化、赋税兵役中的重要地位，同时指出因兵役赋税繁重，耕种人数不足，百姓生活不算富裕的地域生计实况，体现了他为官勤政务实、体恤民情的士人形象。虽然厌恶官场的政治斗争，但从他的描述"杭老遮车辙，吴童扫路

---

① 牧：意指统治、管理，即各州的行政长官。
② （唐）白居易：《苏州刺史谢上表》，载张春林编《白居易全集》，中国文史出版社1999年版，第561页。
③ （唐）白居易：《自到郡斋仅经旬日方专公务未及宴游偷闲走笔题二十四韵兼寄常州贾舍人湖州崔郎中仍呈吴中诸客》，载周振甫主编《唐诗宋词元曲全集·全唐诗》第8册，黄山书社1999年版，第3269页。

尘，虚迎复虚送，惭见两州民"①，仍可以看出他想要造福地方百姓的政治抱负。

  如白居易所料，外任相比于深处政治旋涡，多了自由闲适的时间可以支配。据龚明之在《中吴纪闻》卷一所言"白乐天为郡时……尝赋纪游诗……可见当时郡政多暇，而吏议甚宽，使在今日，必以罪去矣"，推测白居易在苏州任上政务相对清简，使他可以自由游历山水之间；吏议之宽，使他免于朝廷内部弹劾与参议，实现了他一直以来倡导并追求的"中隐"。②在公务之余，白居易能够吟赏风月，安顿身心，常前往虎丘和山塘街一带巡察水患和河道疏浚之事。当时阊门外半塘以西一带是一片湖沼，看到河道淤塞、水涝频发、水陆不通，影响到百姓的出行便利和生命财产安全，同时对水陆贸易航运极为不利。

  在此背景下，白居易决定亲自设计规划，率领民夫开河筑路，疏通山塘河，修建桥梁，拓展河堤，督建了阊门、虎丘相连七里的水陆通道，东起阊门僧渡桥，西至虎丘望山桥，又名"七里山塘"，也被称作"白公堤"。据《长洲县志》记载："唐白公居易来苏守是州，始凿渠以通南北，而达于运河，由是南行北上，无不便之，而习以通川，今之山塘是也。"③从中可以看出山塘河开通之后，改善了原来低洼淤塞的水文地理环境，解除了洪涝水患之忧，也方便了灌溉和交通，彻底改变了虎丘到山塘一带道路狭窄堵塞、不易出行的旧貌。重开虎丘到山塘一带的道路之后，白居易颇为得意，赋《武丘寺④路》一首，曰："自开山寺路，水陆往来频。银勒牵骄马，花船载丽人。芰荷生欲遍，桃李种仍新。好住湖堤上，长留一道春。"⑤此诗描绘了重开寺路之后河道疏浚，水陆交通得到改善，

---

  ①（唐）白居易：《去岁罢杭州，今春领吴郡，惭无善政，聊写鄙怀兼寄三相公》，载张春林编《白居易全集》，中国文史出版社1999年版，第493页。
  ②张春艳：《论韩国诗话中的白居易研究》，硕士学位论文，河北大学，2018年，第7页。
  ③《（隆庆）长洲县志》卷之十，明隆庆五年刻本，第248页。
  ④"武丘寺"是当时为避李渊祖父李虎名讳，将"虎丘寺"改为"武丘寺"。
  ⑤（唐）白居易：《武丘寺路》，载黄勇主编《唐诗宋词全集》第3册，北京燕山出版社2007年版，第1423页。

往来频繁；白居易还命人在堤岸两侧栽杨柳和桃李数千株，塘中养莲荷，一片春意盎然、生机勃勃、欣欣向荣的局面，因此作诗表达喜悦、自豪之情。

二　山水诗与苏州的水城人文风貌

自然界的山林湖畔风光是触动作家诗兴文思的重要契机，同时也为其提供了文学表现的重要内容。历代诗人墨客的作品对于江南风光的描绘起到文化"软广告"的作用，将江南山水定格于"富庶、诗意、淡雅、清灵"的风格特征以及如水墨画一般的"小桥流水人家"场面中，日益丰富着这一概念的语义。在公务之余的闲暇时光，白居易穿行于大小街巷欣赏山水风物，对虎丘、山塘街、平江太湖一带的景色流连忘返，还曾多次寻访城郭里坊，为后世留下众多姑苏典型的江南风貌和吴中故国历史的书写。流传于今，既让后世看到了他勤勉的身影和泽芳万代的政绩，也领略到了苏州古城的诗情画意。

白居易的苏州吟咏中关于自然风光的描绘，以虎丘山和太湖为最。《夜游西武（虎）丘寺八韵》[①]是某日夜晚白居易携"娉婷十翠娥"夜游西虎丘寺后写下的五言律诗。虎丘山被誉为"吴中第一名胜"，开头"不厌西丘寺，闲来即一过。舟船转云岛，楼阁出烟萝"，道出苏州古城楼阁、舟船运输已有繁盛之势。随后"路入青松影，门临白月波。鱼跳惊秉烛，猿觑怪鸣珂"，描绘了月色下的山光水影；而"摇曳双红旆，娉婷十翠娥。香花助罗绮，钟梵避笙歌"，描绘了车驾前红旆摇曳，身边有数妓娉婷多姿，更有香花搭配罗绮，寺内钟梵之声都被笙歌掩盖的景象[②]。最后两联"领郡时将久，游山数几何。一年十二度，非少亦非多"是白居易的内心独白，道出他虽来苏郡不久，但在一年内多次游虎丘山。离

[①] （唐）白居易：《夜游西武丘寺八韵》，载张春林编《白居易全集》，中国文史出版社1999年版，第501页。

[②] 张春艳：《论韩国诗话中的白居易研究》，硕士学位论文，河北大学，2018年，第7页。

任苏州后写下《忆旧游·寄刘苏州》① 一诗回忆访虎丘的经历,从"虎丘月色为谁好?娃宫花枝应自开。赖得刘郎解吟咏,江山气色合归来",可见虎丘、娃宫的夜月景色在他心中留下了深刻的印象。"阊门晓岩旗鼓出,皋桥夕闹船舫回"描绘了阊门外百舸争流的繁盛景象②,可以推测当时附近应该有不少水陆码头,茶楼酒肆云集。

白居易在案牍之事忙完后,曾一连五天五夜都在太湖中泛舟,十只画船停于湖心,欣赏太湖风光。他在《泛太湖书事寄微之》诗中写道:"烟渚云帆处处通,飘然舟似入虚空……书为故事留湖上,吟作新诗寄浙东。军府威容从道盛,江山气色定知同。报君一事君应羡,五宿澄波皓月中"③,表达了自己游览烟波缭绕于湖面的江山景色后气定神闲,如闲云野鹤一般令人艳羡的自由心境。从他的《宿湖中》所云"幸无案牍何妨醉,纵有笙歌不废吟。十只画船何处宿?洞庭山脚太湖心"④,可见诗人闲暇之余泛舟于太湖中央,夜晚醉游又有笙歌为伴的怡然自乐。

"姑苏繁华,萃于金阊;吴中盛景,虎丘称最;两者一线相连,是即山塘。"⑤《登阊门闲望》⑥ 出自白居易在秋天的一个傍晚前往阊门登上城楼远眺。前两句"阊门四望郁苍苍,始知州雄土俗强。十万夫家供课税,五千子弟守封疆",描绘了登上阊门城楼四下眺望,远方郁郁苍苍,抒发了作者对这里风物雄厚、民俗文化众多,百姓为朝廷供给大量赋税和守封疆之士的赞赏之情;"阊间城碧铺秋草,乌鹊桥红带夕阳。处处楼前飘管吹,家家门外泊舟航",描写夕阳西下的乌鹊桥头、满城碧绿转为铺上

---

① (唐)白居易:《忆旧游 寄刘苏州》,载张春林编《白居易全集》,中国文史出版社1999年版,第465页。

② 皋桥位于姑苏城西中市东端,《平江图》著录,是姑苏城的地标桥梁之一。原为木桥,后毁,明清时期经历三次重修。

③ (唐)白居易:《泛太湖书事寄微之》,载张春林编《白居易全集》,中国文史出版社1999年版,第497页。

④ (唐)白居易:《宿湖中》,载苏仲翔选注《元白诗选》,中州书画社1982年版,第231页。

⑤ 刘士林:《江南文化理论》,上海人民出版社2019年版,第159页。

⑥ (唐)白居易:《登阊门闲望》,载张春林编《白居易全集》,中国文史出版社1999年版,第494页。

秋草，处处楼前箫管笙歌、家家门外船舶停靠或航行远方的景象。"云埋虎寺山藏色，月耀娃宫①水放光。曾赏钱唐嫌茂苑②，今来未敢苦夸张"，描绘了山塘河、虎丘山等湖光山色，末尾表达自己之前因欣赏杭州而嫌弃苏州，但今日前往却不曾敢夸大其词，表达了对这里的喜爱。诗题中"闲望"两字一语双关，既表明自己闲暇时光出行，也表现了作者对此等好山、好水、好民的闲适、悠然自得之情。

此外，山塘街上"齐云楼""武丘路""黄鹂坊""乌鹊桥""花桥③水阁"这些苏州地名，也让白居易产生莫名的亲切感，激发其文学创作的热情。如《齐云楼晚望偶题十韵兼呈冯侍御周殷二协律》中有云"欲辞南国去，重上北城看。复叠江山壮，平铺井邑宽。人稠过杨府，坊闹半长安"④，从中可以看出山塘街道路宽阔、规模整齐、人员稠密、商铺众多、坊市极为热闹，其繁华景象能抵得上当时的半个长安都城。晚年白居易也曾写下追忆的诗句，道"齐云楼上事，已上十三年"。公元826年，年假正月初三，白居易信步于苏州城内，行经黄鹂坊，从这一充满诗意的地名中感受到暖意的渐渐升腾，写下《正月三日闲行》⑤：

> 黄鹂巷口莺欲语，乌鹊⑥河头冰欲销。绿浪东西南北水，红栏三百九十桥⑦。鸳鸯荡漾双双翅，杨柳交加万万条。借问春风来早晚，只从前日到今朝。

首联两句中"欲"字复用实为诗人有意为之，旨在将"闲适"的率

---

① 娃宫：指馆娃宫。吴王夫差为西施造的宫殿。
② 茂苑：代指苏州，原为吴王园囿，唐代置县取长洲苑为名。
③ 花桥：唐代始名，《平江图》也有镌刻，极负盛名，跨临顿河，桥将小巷分割成两段。
④ （唐）白居易：《齐云楼晚望偶题十韵兼呈冯侍御周殷二协律》，载张春林编《白居易全集》，中国文史出版社1999年版，第503页。
⑤ （唐）白居易：《正月三日闲行》，载张春林编《白居易全集》，中国文史出版社1999年版，第498页。
⑥ 乌鹊桥是苏州城最早的石拱桥，与阊阖城同建，整体通红。
⑦ "三百九十桥"是苏州官桥的大概数量，可与范成大编修的《吴县志》的描述互为印证。

意成诗凸显出来。在白居易的诗意想象中，黄莺的叫声是春天的使者，寒冰正欲消融点出了春暖未至的讯息。颔联和颈联运用对偶，并不是诗人对眼前景色的真实描绘，而是出自两个"欲"字传达的万木复苏、闲适自得的心理暗示以及对苏州人文风情理解的高度概括。"绿浪东西南北水"是对江南水乡地理特征的描写，"红栏"（或指乌鹊桥）与"三百九十桥"彰显了苏州桥梁众多。"东西南北"的方位词对"三百九十"的数词，暗写城内东西南北四方桥梁与河道纵横交织。而"绿浪"对"红栏"，黄鹂之"黄"对乌鹊之"黛"，色彩鲜明丰盈且对比性强，显示出诗人虽心如雀跃而又悠然率性的状态。尾联用极富情趣的问答，强调春天不知不觉地快速来临，仿佛发生在一夜之间。短短四句诗，描绘了苏州水域文化"小桥流水人家"的江南水城文化景观，从全诗用笔，也可以看出诗人的"闲"情逸致。

苏州的园林、水乡和柳树也是白居易时常挥洒笔墨的景致，园林里的假山高峻有气势，多以太湖山石累叠成山，园中之水又多以曲水相绕，与园外河水相通，其间蕴含着主人的人格精神和审美情趣。如《吴中好风景二首》咏叹姑苏初秋时节的怡人景致和水乡生活；《苏州柳》中的"曲江亭畔碧婆娑""不似苏州柳最多"，描绘了苏州柳与春日河畔相得益彰的柔美多情。

诗由境生，情随景动。苏州像一座用桥搭起来的水上城市，面湖临海，地势平坦，风景秀丽，江南水城的粉墙黛瓦和乌篷船，搭配市肆之盛和夜市坊间的歌舞喧嚣。街市傍水而筑，居民前门临街，后门临河，依靠石桥相接，凸显了江南水乡的旖旎景色。这里既有江南女子的柔媚多情，又有男子的富于冒险精神和淡雅如菊。而这种慢节奏的生活习性，从文学创作的灵感生发来看，心闲而境生，这些山水诗道出诗人在苏州地域生活的闲适、欣悦、悠闲、自由散漫的心境，表达了诗人结束案牍之劳后，一身轻松、惬意自得地走街串巷，踏春游赏。

三 宴饮歌咏诗与姑苏的礼乐歌舞文化

正如清代刘大观所言"杭州以湖山胜,苏州以市肆胜,扬州以园亭胜"①,苏州因商贸经济繁荣,市镇文化和宴饮文化于坊间市肆酒楼兴盛,也是极为著名的戏曲中心,江苏昆曲、苏州评弹充斥着百姓的夜生活,讲世俗生活,讲文人雅事,俗中有雅,雅不离俗。清代诗人沈朝初的《忆江南》词咏苏州风情名胜,曰:"苏州好,戏曲协宫商……舞衣不数旧霓裳,昆调出吴阊……"②白居易在苏州期间,也曾留下多篇宴饮宾客、举杯畅饮后的诗。然而,不同于描写山川风景和山塘繁华的欣喜自豪,白居易在酒酣之余常常回想自己的生平境遇,当时前往苏州的缘由与他陷入朝廷党派斗争有关。在仕途上郁郁不得志的他,因有文人风骨和对百姓苍生的责任感还是选择回归,在任苏州刺史期间他将自己的政治抱负一心倾注在姑苏的城市建设和未来发展上。

《武丘寺路宴留别诸妓》③是白居易在宴会离别后创作的一首七言律诗,以名妓为描述主体,回望当时的社会背景:唐朝开放的社会环境,加上商贸的繁盛、水陆交通的便利,上至达官贵人,下至平民百姓的文娱生活丰富多彩。"才子配佳人"的历史典故在苏杭一带尤为繁多。白居易以他一贯的风格,着重景物色彩的对比和句式、词汇的对偶。首联"银色裙映锦障泥,画舸停桡马簇蹄",描绘了宴会中诸妓众多,画舸停泊、马蹄声繁杂的场景。颔联"清管曲终鹦鹉语,红旗影动驳騟嘶",运用比拟的手法,将管乐与鹦鹉之音相比,表达其婉转动听④;将红旗随风而动与马嘶鸣相比,让画面更加鲜活生动。颈联"渐消醉色朱颜浅,欲

---

① (清)李斗撰,周春东注:《扬州画舫录》,山东友谊出版社 2001 年版,第 175 页。
② 沈朝初:《忆江南》,载吴新雷主编《中国昆剧大辞典》,南京大学出版社 2002 年版,第 4 页。
③ (唐)白居易:《武丘寺路宴留别诸妓》,载张春林编《白居易全集》,中国文史出版社 1999 年版,第 501 页。
④ 邢朔平:《白居易:诗若珠玉,情怀苍生》,北方文艺出版社 2019 年版,第 181 页。不过,将颔联视作比拟,或许理解有误。

语离情翠黛低",描写几杯美酒下肚,微醺时观看名妓们舞姿优美,摇曳多姿,但想到自己不久后便要离开钟爱的名妓,离开苏州,离开友人①,此情此景,不禁伤感万千。尾联"莫忘使君吟咏处,女坟湖北武丘西",诉说自己的不舍之情和离别之思,希望这里的人不要忘记他。

而《郡中夜听李山人弹三乐》②则是白居易将自己的佛禅隐士思想与兼济天下的士人观,融入古琴乐器和姑苏山水之美交相应和的一篇诗歌。"风琴秋拂匣,月户夜开关。荣启先生乐,姑苏太守闲。传声千古后,得意一时间。却怪钟期耳,唯听水与山",引用俞伯牙和钟子期《高山流水》的历史典故,其美学意蕴在于古琴艺术所独有的音韵美、文学美。而白居易心怀改革政治、救济人民之志,强调诗歌必须与社会生活密切联系,提出"文章合为时而著,歌诗合为事而作"③的理论主张,倡导格律诗和乐府的合流,还发起新乐府运动,让诗歌逐步走向大众化。④ 这种积极入世的兼济天下的责任感在古琴诗中,表现为其针对中唐社会多次提出的"以雅乐复礼乐兴国"的思想。⑤ 古琴历来是文人雅士展现高尚情操和追求寄托排遣的存在,从琴境与诗境,到琴心与诗心,展现了白居易不愿与俗世官场的浑浊同流合污,寄情于姑苏山水之美的独特生命体验,也为俞伯牙和钟子期高山流水觅知音的山水之情惋惜,感慨缅怀此古曲成为千古绝唱。

《九日宴集,醉题郡楼,兼呈周、殷二判官》⑥是白居易苏州任期内写的一篇九月九日重阳节宴饮七言律诗,共24句,前三分之二的诗句中有不少涉及苏州自然和人物历史风物的描述。前四句"前年九日馀杭郡,

---

① 邢朔平:《白居易:诗若珠玉,情怀苍生》,北方文艺出版社2019年版,第181页。
② (唐)白居易:《郡中夜听李山人弹三乐》,载黄勇主编《唐诗宋词全集》第3册,北京燕山出版社2007年版,第1421页。
③ 傅庆升等主编:《中国古典文学》上,辽宁教育出版社1987年版,第455页。
④ 张立荣:《论宋初白体七律诗风的演变》,《文史哲》2015年第6期。
⑤ 肖占鹏、邓婷:《白居易古琴诗研究》,《天津师范大学学报》(社会科学版)2012年第5期。
⑥ (唐)白居易:《九日宴集,醉题郡楼,兼呈周、殷二判官》,载张春林编《白居易全集》,中国文史出版社1999年版,第457页。

呼宾命宴虚白堂。去年九日到东洛，今年九日来吴乡",交代自己从杭州到苏州任职的背景。"两边蓬鬓一时白,三处菊花同色黄。一日日知添老病,一年年觉惜重阳",以秋日黄菊比拟,表达自己年老体弱,更加珍惜时光。"江南九月未摇落,柳青蒲绿稻穗香。姑苏台榭倚苍霭,太湖山水含清光",调动色彩和感官,描写河边的"青柳""绿蒲",田间的"稻穗"香,"台榭"倚"苍霭"等意象,展示了一幅姑苏城和太湖的江南秋色。"日脚欲落备灯烛,风头渐高加酒浆。觥盏艳翻菡萏叶,舞鬟摆落茱萸房",指明当日天气清凉,适合举酒宴饮,安排人打扫楼院、摆放宴席,准备好蜡烛、酒浆等候客人到来,烟瘾的喧闹与荷花随风影动的淡雅相得益彰。"胡琴铮鏦指拨剌,吴娃美丽眉眼长。笙歌一曲思凝绝,金钿再拜光低昂",描绘了弹奏胡琴笙歌、眉眼细长的苏州美妓。"半酣凭槛起四顾,七堰八门六十坊①。远近高低寺间出,东西南北桥相望",成为概括姑苏古城水陆道路、街市里坊布局与桥梁建设的佳句。"水道脉分棹鳞次,里闾棋布城册方。人烟树色无隙罅,十里一片青茫茫",描绘了苏州河道纵横捭阖,里闾像围棋一样密布,十里一片喧闹的场景。

这篇宴饮吟咏前三分之二的篇幅交代背景、时间、地点、经过、人物,把宴饮宾客的喜悦之情融入苏州如笔墨山水般的湖光山色、星罗棋布的市街里巷以及夜夜笙歌、婉转动听的美妓当中,在佳丽聚集之地饮酒赏景赋诗,感慨人生乐事,是迎合了唐代宴饮诗内容与体例的变化发展。在帝王与文人学士的推动下,宴饮诗表述的内容远远超越眼前的景物,转向对自然风光精致的描绘欣赏和日常生活的记叙,体例也从宫体诗向七律诗转变。② 最后一如《琵琶行》的写法,触景生情,情感的层次步步递进,在最终酒酣醉倒之时,感慨年华已逝,悲慨自己的政治抱负无处施展,从而感情得以升华。

---

① "七堰"是指当时苏州水陆双棋盘格局的水利设施,扬水之长、因水制宜。"八门"即八个城门,《吴地记》记载:"西有阊、胥二门,南有盘、蛇二门,东有娄、匠二门,北有齐、平二门。""六十坊"市是市民聚居的里巷,东西南北四方的桥隔河相望。

② 韩云娃:《唐代帝王的宴饮活动推动乐舞和宴饮诗的创新与发展》,《首都师范大学学报》(社会科学版) 2009年第S1期。

四　离别诗与晚年对苏州的追忆

由于白居易为官清廉坦直、恪尽职守，且勤政爱民、政绩卓著，深得苏州当地百姓爱戴。在他 55 岁因眼疾卸任官职北上的时候，全城百姓洒扫街道，遮道跪拜，垂泪相送，不忍别离，白居易也留下诗篇《别苏州》①，道：

> 浩浩姑苏民，郁郁长洲城。来惭荷宠命，去愧无能名。
> 青紫行将吏，班白列黎甿。一时临水拜，十里随舟行。
> 饯筵犹未收，征棹不可停。稍隔烟树色，尚闻丝竹声。
> 怅望武丘路，沉吟浒水亭。还乡信有兴，去郡能无情？

诗中前四句描绘了姑苏民众送行的盛大场面，其中的"姑苏""长洲城"都指苏州，作者自谦地表示为官期间并未作出多少功绩，不能扬名；第二个四句描绘自己已经上船，但民众仍临水追随，直至送出城外十里；第三个四句描绘城内百姓饯行设宴还没有收碗筷，跟随的船桨也还没停止行进，丝竹之声不绝如缕；最后四句表达了白居易对苏州深厚的感情和离开的怅然若失、惭愧之情。至于原因，在他答刘禹锡《白太守行》的诗中这么表述："去年到郡时，麦穗黄离离。今年去郡日，稻花白霏霏。为郡已周岁，半岁罹旱饥。襦裤无一片，甘棠无一枝。"严重的干旱致使苏州人民"甘棠无一枝，襦裤无一片"，生活相当艰难。"来惭荷宠命，去愧无能名""下惭苏人泪，上愧刘君辞"表达了他当时的心境，自己满腔热血来到苏州这座心目中的经济重镇，欲立功名，但命运造化弄人，自己在苏州人民陷入水深火热之时因病无奈卸任，惭愧、虚无、痛苦之情溢于言表。

在离开苏州之后，白居易的诗作里也常出现对苏州美好的记忆和深

---

①（唐）白居易：《别苏州》，载张春林编《白居易全集》，中国文史出版社 1999 年版，第 461—462 页。

厚的情感，江南山水的美好印象令他终生难忘。归去洛阳期间，他曾写下三篇《忆江南》词，第一首总括描写苏、杭，第二首描写杭州，第三首专门描写苏州。"江南忆，其次忆吴宫。吴酒一杯春竹叶，吴娃双舞醉芙蓉。早晚复相逢？"①"杭土丽且康，苏民富而庶"描绘了白居易眼中的苏杭，三句慨叹"能不忆江南？""何日更重游？""早晚复相逢"，体现了他对苏杭两座城市的江南风景和文化的喜爱与眷恋。

晚年的白居易时常和好友共同回忆江南往事，在给刘禹锡的诗中写道："粽香筒竹嫩，炙脆子鹅鲜。水国多台榭，吴风尚管弦。每家皆有酒，无处不过船……齐云楼上事，已上十三年。"② 其中"水国""吴风"皆指苏州，那飘香的粽叶、竹筒饭、炙火烤的脆鹅，还有台榭楼阁、无休无尽的管弦，每家都有的桃花酒、密密麻麻的船舶，在脑海中不断浮现。他在和殷尧藩《忆江南》诗中写道：

江南名郡数苏杭，写在殷家三十章。君是旅人犹苦忆，我为刺史更难忘。境牵吟咏真诗国，兴入笙歌好醉乡。为念旧游终一去，扁舟直拟到沧浪。③

从诗中"苦忆""难忘""境牵""念旧游"的深切表白，以及对"笙歌""醉乡""沧浪亭"等苏州意象的重提，可以感知到白居易未曾忘记这座江南水乡。对于花桥水阁的追忆，也在其梦中若隐若现，《梦苏州水阁，寄冯侍御》云："扬州驿里梦苏州，梦到花桥水阁头"④，这里的"花桥"已经不仅是一座桥梁，它已然成为苏州的象征。

---

① （唐）白居易：《忆江南》（三首），载周懋昌编《唐宋诗词散文品鉴》，吉林人民出版社2017年版，第382页。
② （唐）白居易：《和梦得夏至忆苏州呈卢宾客》，载张春林编《白居易全集》，中国文史出版社1999年版，第699页。
③ （唐）白居易：《见殷尧藩侍御忆江南诗三十首，中多叙苏、杭胜事。余尝典二郡，因继和之》，载张春林编《白居易全集》，中国文史出版社1999年版，第522页。
④ （唐）白居易：《梦苏州水阁，寄冯侍御》，载周振甫主编《唐诗宋词元曲全集·全唐诗》第8册，黄山书社1999版，第3278页。

而苏州当地百姓也未曾忘记白居易,依然铭记其在任苏州刺史一年零五个月任期内,秉承着为官一任、造福一方百姓的重担,勤奋善政,为当地城市建设和百姓生计做了不少实事,得到人民的爱戴和拥护。白居易离开时有民众十里送行;在他离开之后,苏州百姓自发在虎丘山麓修建了"白公祠",在山塘街入口处也修建了唐少傅白公祠,文人墨客常会前往拜谒,作诗题咏这位前贤,不约而同会用到"甘棠遗爱"这一典故。"甘棠遗爱"出典于《诗经》,传说召公巡行乡邑时,曾在甘棠树下问政,万事妥帖,召公去世后,百姓怀念召公,把他所倚的甘棠树保护起来,不敢砍伐,并作《甘棠》传颂美名。

综观苏州城的地域文化发展史,历代文人墨客的歌咏形成的文学场为其古城形象的宣传与传播发挥了不小的作用。从白居易的苏州吟咏中,可以感知到吴中文化的特征——有来自江南水乡泽国的"柔",枕河人家的文化元素塑造了苏州清新婉约的文化气质;也有古城屡修屡建的"坚",在疏浚河道、修复桥梁中持续不断地继承和发展吴中文明;还有属于江南水城独一份的园林、市镇街道布局的"雅",以及浓缩于百姓日常生活中悠闲雅致的"书画茶、诗酒花"的士人生活情趣。而这些城市的文化记忆,又与当下全域旅游、宜游宜居的文化生态圈建设目标相互印证,成为反映姑苏城文化底蕴、历史积淀和探寻江南文化、姑苏历代名士风骨的历史宝藏。

区域文化与艺术研究

主持人语

主持人：吴伟教授

主持人语：

  艺术是文化表达和创造的重要方式，区域文化与艺术研究有助于揭示特定地区的文化贡献及其价值，有利于促进不同区域文化之间的对话和理解，促进文化的多元共存和交流。本栏目收录四篇论文，以音乐、美术两种艺术方式，对特定时空区域文化进行了不同角度的阐发，呈现出别样的区域文化"声""色"。

  歌剧艺术源自西方，引入国门后，其发展道路在特定的区域社会政治背景下，呈现出不同的文化景观。《抗日战争时期中国歌剧发展的两种路向》选取了抗战大后方和延安敌后抗日根据地两个特定区域的歌剧发展为研究样本，梳理了歌剧在这两个区域的发展历程，分析了各自发展特点及产生两种路向的原因。文中的观点颇为新颖，其研究在一定程度上丰富了中国歌剧历史研究。

  抗日战争时期，有观点认为中国民族器乐缺乏"雄壮之风"，不利于抗战宣传及鼓舞军民奋起抗战斗志。暂不论这一观点正确与否，但事实上对西洋管乐在战时的发展起到了一定的推动作用。这种发展，在专业音乐教育中也有所体现。《重庆青木关国立音乐院管乐教学研究》一文，专注青木关国立音乐院"管乐教学"研究，该领域相关研究还不多见，研究视角颇为独特。文中梳理了青木关国立音乐院管乐学科的发展脉络，比较接近历史地还原了当时重庆管乐教育发展情况，从"管乐教学"的角度，呈现了抗日战争时期重庆管乐繁荣发展情况。

  国力不继之时，文化构建往往会迸发出"改革"的声音，音乐艺术如此，美术艺术亦如此。徐悲鸿是中国现代美术史上的重要人物，极力倡导"中西融合"以改良中国画。《图式转型：从中央大学徐悲鸿中国画教学中的"构图课"到新中国"创作—作品"方法论的确立》一文，从"构图课"和"拟稿之学"的观点、意蕴谈起，阐述了中国画图式转型的时代思维及基本逻辑。

艺术对筑牢"中华民族共同体"意识具有天然优势。少数民族区域艺术往往和中原地区艺术存在一定的交融及传承。进行少数民族地区的艺术体系构建、历史溯源，对全面观照区域文化发展，客观映射"中华民族共同体"具有重要意义。《中华民族共同体视野下新疆东部地区维吾尔族织绣纹样的艺术体系构建》一文，对新疆东部地区维吾尔族织绣纹样历史与现实中的文化交融、织绣纹样技术与审美互动，进行了较为详细的阐述，提出新疆维吾尔族织绣纹样艺术演化的"地缘"规律，从纹样演化的视角支撑了"中华民族共同体"。

抗日战争时期中国歌剧发展的两种路向*

吴 伟 娄丰茜**

内容提要： 中国歌剧在抗日战争时期的发展过程中，由于政治环境、物质条件等多方面的差异，在20世纪40年代逐渐演变出两种不同的发展路向。以抗战大后方与延安敌后抗日根据地两个区域为样本，运用文献研究法、案例研究法等研究手段，对这两种路向的中国歌剧代表性作品进行分析，讨论抗日战争时期中国歌剧在这两个区域的发展，进而探究此一时期中国歌剧产生两种不同发展路向的原因，可以客观、全面地认识我国抗日战争时期的歌剧创作特点，丰富我国歌剧发展研究。

关键词： 抗日战争时期；中国歌剧；新歌剧

一 中国歌剧发展溯源

19世纪40年代，鸦片战争使我国被迫开放国门。英、法、美、俄等列强先后在上海设立租界，西方人以传教、经商、办学等各种名目来往和定居于上海。随着中国与各国文化交流的不断进展，人民的意识形态

---

* ［基金项目］国家社会科学基金项目"抗战大后方红色音乐史料整理与研究"（21BDJ090）。

** 吴伟（1979— ），男，声乐博士，重庆师范大学音乐学院教授，主要研究方向为抗战大后方音乐史。娄丰茜（1997— ），女，重庆师范大学音乐学院2021级硕士研究生。

也随之改变，更加乐于接受一些西方文化。19世纪末到20世纪初，一股"西学东渐"之风席卷了整个中国的政治、经济、文化等领域，文化领域在艺术上的表现为"西乐东渐"和"西剧东输"。西人侨居上海，进行了丰富的音乐活动，早期有外侨社团演剧活动，集声乐、器乐、念白以及舞蹈于一体，并在上海进行公开演出。① 演剧活动为中国带来了交响乐、歌剧等西方音乐体裁，为中国歌剧的萌生奠定了基础。追溯中国歌剧发展启蒙的源头，是从20世纪初中国学生留学归国开始，1905年，李叔同吸收日本新派剧的理念，创办了中国学生的第一个话剧团体"春柳社"，并亲自参演。他从社会思想意识和现实功利入手，融合西方话剧的舞美效果，以此拉动了一系列艺术形式变革与创新。②

1914年之前，中国歌剧界对戏曲的改良方面主要集中于题材、剧本和舞台呈现方式等几个方面，并不关注歌剧的音乐意义。对于如何才能把"旧戏"锻造成具有西方歌剧品格的歌剧，如何创作具备西洋歌剧主要特点的歌剧，则少有顾及。直至1914年4月至6月，曾志忞在《顺天时报》发表《歌剧改良百话》一文，从多方面阐述其改良歌剧观，第一次提出"新歌剧"的概念。继春柳社在日本成立之初使用"新乐剧"以来，曾志忞是中国专业音乐家中首位以此概念表明其歌剧观的人，但较为遗憾的是，他这种利用西方音乐记谱法和音乐创作多声部化来对中国歌剧进行改良的策略，并没有及时在舞台实践中得到进一步检验。

20世纪是中国思想解放的关键时期。巴黎和会外交的失败，燃起了全国人民特别是青年学生的怒火，也打破了中国人民对帝国主义的幻想，直接导致了"五四运动"的爆发。这场运动为中国带来了新潮、前卫的文艺思想，在新思想、新知识浪潮的推动下，中国非音乐界学者和留学归国音乐家以及在华音乐家们，开始自发地组织各种音乐社团以推动中国音乐的发展，学校音乐教育体系初步形成。北京大学音乐研究会、上

---

① 宫宏宇：《晚清上海租界外侨音乐活动述略之一（1843—1991）——早期外侨社团演剧活动中的音乐》，《音乐艺术（上海音乐学院学报）》2015年第2期。
② 王越：《李叔同在日本"春柳社"的戏剧活动》，《戏剧文学》2017年第12期。

海国立音专的建立及广州大学、燕京大学、沪江大学、金陵女大等院校音乐艺术系的设立,都为中国培养音乐人才奠定了基础,由此催生出了以黎锦晖的创作为代表的中国歌剧的端倪和雏形。

黎锦晖的儿童歌舞剧创作集中在 20 世纪 20 年代,作品达 12 部,在半殖民地半封建的旧中国,凭借其内容新颖有趣,形式生动活泼,对广大儿童进行科学与民主、自由与博爱的民主主义思想的启蒙教育,风靡全国。但由于其主要以儿童受众为主,这些作品的戏剧性和音乐性,以及形式和内容方面都显得较为稚嫩与单薄。

与此同时,田汉、欧阳予倩等戏剧音乐专业进步人士也在积极探索中国新歌剧。1927 年秋,以田汉为主要领导人,在上海成立了南国社。在一次"艺术鱼龙会"① 的小剧场演出活动中,欧阳予倩的六幕歌剧《潘金莲》作为压轴,该剧由欧阳予倩亲自饰演潘金莲,周信芳饰演武松,演出结束后,观众反应十分强烈。欧阳予倩在创作中借鉴了话剧分幕的紧凑结构,加强了剧本的文学性,注重在声腔、宾白和表演上对人物性格的刻画。作者还对该剧的内容进行开拓性创新,从人物背景、行为动机方面对潘金莲进行描写,着重展现角色自身所具有的"反叛性",首次将旧剧舞台上反面形象的女性潘金莲,塑造成一个在男权社会的压迫下勇于向不公平的命运进行反抗,追求爱与平等、婚姻自由的勇敢女性形象。

以上被称为歌剧的作品如《潘金莲》《岳飞》等,实质上都是经过改良的京剧。这是戏剧家们为了顺应时代潮流,通过"相互并存,相互借鉴"的戏剧理念,借鉴西洋歌剧的创作模式,对中国传统戏曲所进行的改革。这种改革不仅为中国旧歌剧(戏曲)的发展拓宽了道路,同时也为中国民族歌剧的诞生埋下了一颗种子。

二三十年代,除了新文化运动的重镇——上海之外,积极探索民族歌剧的地区还有北方沈阳,南方中央苏区以及西北新疆等,广阔的土地

---

① 1927 年冬,田汉执掌上海艺术大学后,为筹募基金而进行的一次戏剧演出。

使中国歌剧的产生和发展受到西方歌剧、中国戏曲、现代戏剧等多方面的影响。如果说黎锦晖的儿童歌舞剧可以算是中国歌剧的启蒙，同时期的阎述诗则独创了"中国抒情歌剧"，其特点是使用歌词支配音乐。他在1927年至1934年的七年之中，独创了《高山流水》（1927）、《梦里桃源》（1928）、《疯人泪》（1929）、《孤岛钟声》、《忆江边》（1930）、《风雨之夜》（1934）六部歌剧，但由于沈阳地处关外，先后在封建军阀和日本帝国主义的严密统治之下，既保守又闭塞，以至于这六部歌剧无一流传至关内。与黎锦晖的儿童歌舞剧相比，阎述诗的抒情歌剧思想性或艺术性都较前者提高了一步，展现出歌剧艺术的基本形态，使中国歌剧在小小的萌芽上长出了一株新枝。

二 抗日战争时期创作者们集体意识的产生

抗日战争时期，文艺作品不可避免地与战争、政治紧密联系在一起。抗战音乐作为战争催生的一种文化，应社会的需要产生，体现了战争时代的一种精神特质。战争导致中国社会动荡、民族危亡，在此时期，中国歌剧走出了赖以生存的上海和哈尔滨等大城市，向着西南地区以及当时最不发达的大西北地区进发，继而又在十多年的时间内迅速波及全国。至此，中国人的歌剧观念及其审美取向发生了天翻地覆的转变。

抗日战争时期研究歌剧理论的代表人物之一是作曲家田汉。田汉有中国"戏剧之魂"之称，引领了中国戏剧史上的风潮，其音乐观念对当时一批歌剧探索者如聂耳、张曙、王泊生等产生了重要的影响。初期田汉认为戏曲就是中国歌剧，认为发展中国歌剧完全离不开旧戏曲，这个观念的形成与他多年在日本留学有关，当时留日归来的中国学生都持有从戏曲改良入手，慢慢走向新歌剧创作的观点。由田汉、聂耳合作所创的歌剧《扬子江暴风雨》产生了极大的社会影响，此部歌剧符合早期左翼文艺家较初级的歌剧观——话剧加上歌曲就是歌剧。至于形式美感能否满足艺术类型的自身逻辑，戏剧形式的主体是不是歌剧的，都不重要。有歌又有戏，足矣。在新音乐思潮的影响下，田汉的歌剧观念也随之发生了动摇。他曾与洪深、阳翰笙等人讨论"新歌剧"问题，洪深认为："中国的古调虽可用，但将来的新歌剧却绝不是中国旧剧的变形。将来的中国新歌剧必须建立在更广大的基础上。在新歌剧的成分中可以有西皮、二黄，但不是西皮、二黄即是新歌剧。"① 洪深没有明确提到原创性的连贯体的音乐戏剧思维问题，但很明显，这些注重戏剧文学的人出现了观念性的转变。为此，田汉似乎也有了认识上的转变——"新戏曲不是新歌剧"。1943年，田汉在《新歌剧问题——答客问》中说："单是从中国老戏或民歌产生不出新的歌剧，正和单是西洋歌剧的模仿移植也不成为中国新歌剧一样。我同意马思聪先生的说法，这是一个综合的问题。……中国将来新的歌剧决不就是旧戏，但旧戏必就是一个重要的成份。"②

"九一八"事变及"一二·八"事变后，上海和全国民众抗日的呼声高涨。在"中国左翼戏剧家联盟音乐小组"的带动下，上海掀起了救亡歌咏活动的热潮。这期间，上海艺术界对歌剧这一形式的探索日益活跃起来，出现了不同风格和内容的、面向成年人的大中型新歌剧作品。在1937年抗日战争全面爆发之前，上海的戏剧家与音乐家先后创作了《王昭君》《扬子江暴风雨》和《西施》三部歌剧，为上海的歌剧艺术发展开了先河。

中央苏区时期，因处于被国民党军不断"围剿"的险恶环境，加之物资条件和专门人才匮乏，红军的宣传工作主要以口头形式进行，后来才逐步发展成为形式活泼、通俗易懂的化装宣传（如小话剧、小歌舞、双簧等）。其内容大多是为了及时配合部队和地方政治教育与对敌斗争，是一种前所未有的一种崭新的、生机勃勃的革命文艺。它受到广大红军将士和苏区人民群众的欢迎，不仅活跃了日常的生活，也鼓舞了革命的斗志，改变了苏区军民的文化和精神面貌。1934年瞿秋白来到苏区，兼管艺术局工作，他亲自抓剧社的戏剧创作，强调"要大众化、通俗化，

---

① 《关于新歌剧及其他——田汉、洪深、阳翰笙三人之问答》，《新民报》1936年7月31日第4版。

② 田汉：《新歌剧问题——答客问》，《艺丛》1943年第2期。

采取多样形式，为工农兵服务"。在此背景下，中央苏区展开了一场具有鲜明革命性和战斗性的红色戏剧运动，这场运动不仅为"巩固红军，巩固红色政权"做出了重大的贡献，也为此后的无产阶级（工农大众）革命文艺奠定了基础、开拓了道路。苏区的红色戏剧名录形式种类丰富，作品大多是无名的集体创作，在艺术上难免粗糙，但由于其强烈的革命内容、生动的故事情节，以及多样化的表演形式，受到苏区广大军民的热爱。美国记者斯诺在《西行漫记》中写道："这不仅仅是政治宣传，也不是滑稽戏，而是深刻的真理。"[1] 其在苏区的红色戏剧运动中，从早期比较活跃的话剧、活报剧与歌舞剧的形式，逐步发展成有说唱的音乐戏剧（小调剧）形式，这是由于苏区没有专业的作曲者，当时剧目中的音乐大多选用当地群众喜闻乐见的民歌小调等，故称为小调剧。在苏区第五次反围剿期间（1933—1934），我军为瓦解对方和教育俘虏，排演了由李兆炳编剧，用民歌"龙江调"等配曲的《血汗为谁流》（独幕三场），描写白军士兵在前方苦修碉堡，后方的亲人在国民党的统治下备受煎熬的场面。当士兵们偷听到红军的战地宣传后，纷纷弃暗投明。此剧经业余的战士剧社演出后，许多战俘思想转变，当场要求参加红军。红色歌剧始终走着一条切实为政治服务、为战争服务和教育工农的道路，其宣传教育功能一再得到强化，主题呈现出鲜明的阶级立场、强烈的感情色彩和政治色彩。作品多以抒发阶级仇、民族恨来震撼人的心灵，从而进行战斗动员，号召人民起来斗争。因此，相比较而言，红色歌剧很少像西方歌剧甚至孤岛时期上海的歌剧那样始终贯穿着爱情的主题。

30年代，我国处于民族战争和第二次国内革命战争的社会变动时期，艺术家们在歌剧题材内容的选择上，除偏远的新疆民族歌剧大多以反封建内容的男女婚姻自由为主题外，其他歌剧都具有爱国主义或革命英雄主义的思想内容，其中《扬子江暴风雨》开创了革命现实题材的先河，苏区的小调剧则直接反映苏区的斗争生活与革命战争。故中国歌剧的初

---

[1] 《中国歌剧史》编委会编：《中国歌剧史（1920—2000）》上，文化艺术出版社2012年版，第43页。

始,便贴近于现实,或间接、或直接地反映了社会和人民的生活。其次,由于这些剧目所产生的社会环境各不相同,以及人才上的差异、信息上的闭塞,相互少有交流,创作者们因地制宜,故这一时期我国歌剧的形式,可谓不拘一格,品种多样。如:独创抒情歌剧,话剧加唱式歌剧,歌、舞、话结合的乐剧,民歌和戏曲配曲的小调剧,以及载歌载舞的兄弟民族歌剧等。最后,这些作品均以戏剧为主体,音乐从属(苏区的小调歌剧大多没有曲作者),唱段的结构多为分节歌式,缺乏戏剧性与人物形象的塑造,所谓"音乐化的戏剧,戏剧化的音乐"(或"戏剧的音乐化,音乐的戏剧化")这一理念,人们还知之甚少,器乐部分也较为简陋。

到了40年代,战争进入持久战阶段。中国歌剧经过几十年的发展,逐渐形成了严格遵循西方歌剧作曲原则的正歌剧和吸收我国地方民歌戏曲创作的秧歌剧,这两种创作导向的代表作分别为《秋子》和《白毛女》,笔者将在下文对二者进行简要介绍与分析。

三 抗战大后方的歌剧发展路向

抗日战争时期,文艺作为能引导人们的精神思想的重要途径,发挥了重要作用。20世纪40年代,国民政府定大后方重镇重庆为"陪都",全国各地各界的精英多汇于此,包括大批音乐艺术工作者。重庆不仅接纳了这批高素质人才,同时也接纳了在当时还较为新鲜的艺术形式——西洋歌剧。前线救亡运动此起彼伏,敌后战场更是如火如荼。音乐工作者们带着对侵略者的愤恨以及浓厚的家国情怀,积极地投入中国歌剧的创作中。他们在借鉴西洋歌剧的基础上将新歌剧的发展推向了一个新的阶段。受政治环境影响,国统区的音乐创作同延安一样,具有鲜明的民族意识,多以坚持抗战、反对投降,要求民主、反对法西斯独裁统治为主题。这些新歌剧的创作与演出将我国新歌剧的发展推向了一个新的阶段。而在这些作品中,《秋子》便是其中成就最高、影响最大的歌剧。《秋子》具有完整的歌剧结构,堪称我国第一部优秀的正歌剧作品。

《秋子》是由黄源洛创作的具有现代性歌剧特点的新歌剧,其现代性在剧本与音乐中均有所体现。与当时主流正面描写战争的歌剧不同,《秋子》通过描写一个日本军妓的悲惨故事来唤起人们对战争的反思。"秋子"是一个饱受压迫却无法反抗,最终无奈自尽的悲情女性角色,剧情生动感人,民族悲剧与时代悲剧都浓缩其中,具有深厚的史学价值与音乐价值。在音乐创作手法上,《秋子》借鉴了西方大歌剧的形式,运用咏叹调、宣叙调等声乐和管弦乐创作方法来表现故事情节和矛盾冲突,且格外注重音乐对戏剧情境的渲染,以大气磅礴的手法来表现日本人的反战意识,并借以表达中国人民的正义与英勇。作曲家在处理复杂矛盾章节时采取了细腻的方式——如表现秋子的悲惨遭遇和忧伤心情时运用忧伤的和声小调,表现日军士兵反战情绪以及宫毅内心愤怒的分曲则多为大调。除此之外,剧中还采用多声部的合作关系,运用合唱和重唱等方式表现人物关系,使这部歌剧内容更加丰富,具有更强的艺术性。

　　作为在当时极为少见的歌剧形式,《秋子》从诞生初始就激起音乐家们的热烈讨论,进而引起中国歌剧在20世纪歌剧本土化发展以来的一次较大规模的思潮爆发。江上仙对《秋子》持肯定态度,认为它"摸索着行走的路是正确的","看到了中国新歌剧创造的一点光明";[1]徐迟评价《秋子》时也称"我们的作曲家却至少制成了一个像样子的歌剧了,这便值得庆贺"[2]。他的评论得到了许多专业作曲家的认同。持反对意见的马思聪则认为,"歌剧虽然是杂种之中最杂的",但也要"保持音乐的纯粹"[3]。田汉则持中立态度,认为《秋子》不够完美,但也不应批评打压其发展。

　　从以上可以看出,《秋子》的诞生为我国歌剧艺术创作提供了极其宝

---

[1] 李滨荪、胡婉玲、李方元辑:《抗日战争时期音乐资料汇集·重庆〈新华日报〉专辑》,西南师范大学出版社1985年版,第218—219页。
[2] 徐迟:《〈秋子〉再次演出评》,《新华日报》1943年1月24日第4版。
[3] 徐迟、马思聪:《关于音乐的二封公开信——纯粹音乐、标题音乐、舞蹈、歌剧、世界性、民族性》,桂林《大公报》1942年5月29日第4版。

贵的经验与启示，也为中国歌剧之后的创作提供了新思路。同时它还引发了音乐工作者们对歌剧创作的思考：究竟该如何使这种外来的艺术体裁同我国当时的社会现实，特别是人民革命的斗争实践相结合，究竟该如何使它同我国丰富多彩的传统的民族音乐，尤其是各种戏曲音乐和群众的欣赏习惯相结合，这些问题还有待于广大的音乐工作者不断地深入工农群众的斗争生活，不断地探索、实践，才能逐渐使歌剧这种外来的艺术体裁在我国得到广泛正确的发展，真正做到"洋为中用"。①

四 延安革命根据地的歌剧发展路向

新歌剧的重要诞生地在延安。20世纪40年代，毛泽东发表著名的《在延安文艺座谈会上的讲话》，集中谈论了文艺为什么人服务和怎么为、普及和提高、深入广大工农兵与深入火热斗争生活、歌颂与暴露等问题，并针对当时文艺界某些脱离实际、脱离群众的小资产阶级自由主义倾向，从理论与实践高度进行了条分缕析的阐述。②

在整风运动前后，中国歌剧的创作倾向也在发生改变。整风前四年中，有关歌剧的创作与表演都是从政治和军事斗争的长期需要出发，歌剧创作表现出顽强的实用色彩。歌剧创作者向隅在集体创作任务的指派下，四天完成了歌剧的音乐创作和编配。他在创作中主要采用主题音调的写法，又坚持了民族风格，使用了西方歌剧常用的独唱、重唱、合唱等多声部作曲技法，音乐的原创性和歌曲谣唱风较为突出，体现了当代中国人的精神风貌。冼星海则是关注如何将歌剧艺术进行深度的本土化，以符合当前中国文化发展的现实基础。这个基本观点比毛泽东及其延安文艺理论家们在同年10月以后陆续讨论的"中国作风"和"中国气派""民族形式"问题更早，而且对中国歌剧的发展现状更具有针对性。"那种新歌剧是根据民歌，具有新的形式和技巧，并且有最丰富的内容；但

---

① 蒲涛、王珊铭：《抗战新歌剧〈秋子〉的创作与演出》，《戏剧文学》2005年第9期。
② 王东维、韩瑜：《延安时期毛泽东的文艺育德思想》，《毛泽东思想研究》2012年第6期。

它并不是中国现代的京剧,也不是西欧的大歌剧,而是努力产生另一种的新歌剧。"① 再如歌剧创作者冼星海,在创作中对音乐的民族化非常在意,其歌剧大量采用西方一般歌剧音乐创作的基本手法,具备西方传统歌剧的一般特征。冼星海希望能以此来创造出具有"中国气派"新型歌剧的新观念和新技法。无论是乐队配器、音乐结构还是民族复调的创作上,他都进行了一番深刻的思考,歌剧须要肩负具有现阶段性的历史使命:"我们不独要把握歌剧要有'艺术的''政治的'和'社会的'深刻含义,我们还应利用这三种条件去领导全民族,使他们通过歌剧而感到一种新的生命力量,去增强抗战的决心。尤其我们要把握这新阶段的艺术,使他(它)灌注在每个民众的心灵里。"② 冼星海认为抗战歌剧更需要弘扬歌剧的民族性,"根据目前抗战情形而创制,歌词尽量采用口语,歌曲全是民谣作风,乐队是中西结合。总的目的是要使中国老百姓看完了以后,能够认识到军民合作,坚持抗战的重要性"③。

整风运动开始之后,歌剧逐渐趋于形式化,以延安为主体的文艺力量开始大力向左转向,从文艺观念和价值上转向民间。要团结农民,必然要歌唱农民并改造农民的旧思想,争取和积蓄斗争力量。文艺高度强调政治化,广大文艺工作者深入民间,与人民打成一片。这种转变的结果是秧歌剧的改造。千百年来,在我国广大辽阔国土上,每逢辞旧迎新的春节,辛苦劳动一年到头的人们都要在这个节日里举行群众性"秧歌舞"的歌舞庆祝活动。而我国流行于大江南北城镇、乡村的这种庆祝活动,因地域不同称谓各异,有叫"年会""同乐会"或"社火"等,统称为"秧歌"。在文艺观被政治意识形态化之后,中国歌剧的思潮第一次得到明确的定位,本来就停在对西洋歌剧一知半解的延安歌剧开始了"新歌剧"的自我定义——在从以本土音乐为核心、以自我为主体的叙事

---

① 冼星海:《救亡歌咏运动和新音乐的前途》,《武汉日报》1938年1月17日第4版。
② 柯仲平:《谈"中国气派"》,《新中华报》1939年2月7日第4版。
③ 中国艺术研究院音乐研究所、广州音乐学院编:《冼星海专辑》四,广东省高等教育出版社1983年版,第4—5页。

结构中打造与新文艺观及其思想机制相结合的歌剧,即民族新歌剧。毛泽东要求的是在"普及上的提高",因此,用工农兵所喜闻乐见的戏剧形式就会选择当时延安的传统戏曲。秧歌这种聚众性、宣传力强、娱乐性高的传统艺术样式得到迅猛的发展。在这场"秧歌剧运动"过程中,中国早期的红色歌剧艺术家们走出一条在旧秧歌上嫁接新歌剧的道路,他们在以下方面对秧歌进行了改造。

一是主题更新,将传统的神话传说变成延安政权当下所需要的拥政爱民、改造新农民的内容,多用真人作为戏剧的人物原型,在这一点上与中国歌剧追求西方所有的写实性拉近了距离。"新歌剧"之新,不仅在于主题思想的新,还在于新人物的出现。二是斗争性和批评性不仅成为戏剧的任务,而且也成为戏剧行动本身。秧歌剧使以往打情骂俏的夫妻戏转变为非男女两性关系的兄妹戏、父女戏,从而使"骚情秧歌"变成"斗争秧歌"。经过这样的人物关系置换,秧歌剧"由黄绿色变成赤红色",在喜剧色彩不太减少的情况下,向着正剧意味迸发。三是服装、道具生活化,如阳伞变成了锄头和铁锹等,这是随着前两种变化而变化的结果。四是从选曲填词逐步发展为编曲、原创音乐。如《血泪仇》《兄妹开荒》《动员起来》《周子山》《牛永贵挂彩》等作品。五是在追求语言本地化的同时,戏剧语言植入意识形态化的革命文艺的词语。六是戏曲思维为话剧思维所引导。[①]

以红色边区为中心,后来扩展到全国很多地方的"秧歌剧运动",在推动中国歌剧思潮上有着重要的影响。虽然这些秧歌剧或"新歌剧"远不是完整意义上的歌剧,与其说是强调了戏剧的革命化和现代化功能,不如说它在自身的文化身份上找到了歌剧赖以生存的文化属性和历史使命——歌剧样式的生活化。"旧秧歌"中含有旧的封建思想道德内容及表现形式中陈旧的部分,改造运动将其剔除与革新,赋予了秧歌以崭新的人民现实生活内容。于艺术形式中留其精华、去其糟粕,并充分汲取各

[①] 居其宏总编撰,满新颖著:《中国歌剧音乐剧通史·中国歌剧音乐剧理论思潮发展与嬗变研究》,安徽文艺出版社 2014 年版,第 173 页。

种艺术门类的新的表现因素,这种古老广泛的民间歌舞艺术顿时充满勃勃的生机,发出耀眼的光彩。

总之,"秧歌剧运动"中,戏剧生活化原则的发现与实践成为这一历史时期最重要的歌剧观念上的共识。从歌剧观念发展的历程来看,虽然出现了转向戏曲,也默认戏曲作为中国旧歌剧这一逻辑的前提,但延安艺术家们并没有一味继承和守旧,而是重在改造它和利用它。秧歌剧的创作表演和理论探索的价值和意义在于:找到了一条捷径将西方歌剧更快、更深地本土化。

延安"秧歌剧"运动使新音乐和旧有传统音乐的拼合,形成了新旧杂陈的局面,观念上呈现出追求较大戏剧结构的倾向。沿着延安秧歌剧的创作道路,以延安秧歌剧由小型到大型、由广场到剧场的文学创作经验为基础,借鉴中外歌剧的多种优秀文化,民族歌剧开始了蓬勃发展,代表作品之一便是被称为"民族歌剧的里程碑"的《白毛女》。它的诞生标志着中国歌剧文学创作已进入一个新的历史时期,具有划时代的意义。《白毛女》的创作立足于生活,在该剧的音乐创作上,作曲家群体大量采用了北方民歌、曲艺等音乐形式来提取并刻画剧中的人物音乐形象,在此基础上主要借鉴了戏曲板腔体(如秦腔中的滚板)塑造人物性格的发展手法,根据情节需要,适当地将音乐的戏剧性贯穿下来。《白毛女》在一定程度上认真地探索了唱与道白的关系问题,尽可能地运用中国戏曲手法来解决一系列中国歌剧的形式问题。但在转换和衔接方面,剧中说与唱的到来有时却显得非常突兀。客观地讲,《白毛女》的音乐创作在综合运用民族民间音乐的基础上勇敢地探索了具有音乐戏剧性的音乐形式。舒强说:"《白毛女》不是秧歌剧,比秧歌剧提高了,是新歌剧了。要搞出能为广大农民工兵喜闻乐见的、民族形式的新歌剧。"① 在排演中舒强从内容出发,从剧中人物的生活思想感情出发,吃透它们,融合他们,从中做到创新。这正如贺敬之所讲剧本创作

---

① 《中国歌剧史》编委会编:《中国歌剧史(1920—2000)》上,文化艺术出版社 2012 年版,第 195 页。

中深感第一要义的东西仍然是生活，熟悉生活以后，才知道如何选择集中提高升华那些生活素材，如何运用形式表现它们。导演排戏同样要从人物的生活思想感情出发，需要通过学习观察体会，有了丰厚的生活底蕴，以做到选择、运用富于表现力的形式，创造出生动真实的人物性格和具有浓厚、鲜明民族风格的舞台演出。其他艺术类别的创作，无一不遵循这样的规律。①

1945年6月10日，"鲁艺"在中央党校礼堂为中国共产党第七次全国代表大会进行了大型歌剧《白毛女》的首演。毛泽东、朱德、周恩来、刘少奇等全体中央委员和"七大"代表们济济一堂观看了演出。演出获得了极大成功。当戏演到喜儿被救出山洞，合唱声"逼成鬼的喜儿今天变成人"响起时，毛主席和中央领导同志一同起立长时间热烈鼓掌。② 延安歌剧经历了中西并用模式—转型模式—歌剧化模式—程式化模式的变迁过程，《白毛女》表现出了深刻的戏剧思想：通过喜儿父女和黄世仁的矛盾冲突来揭示地主和农民之间尖锐的矛盾，控诉地主阶级，歌颂共产党和新社会。剧情将歌剧艺术与社会现实相结合，是真正群众喜闻乐见的作品。《白毛女》具有完整的戏剧构思以及丰富的戏剧内容，其音乐化的戏剧场面和性格化的戏剧、诗歌、语言等都优于以往的任何一部歌剧作品，开创了"新歌剧"时代，为中国歌剧的发展作出了巨大贡献，被誉为我国民族新歌剧的奠基石。

结　语

从1921年中国共产党成立到大革命时期，从土地革命战争时期到抗日战争、解放战争时期，中国民族歌剧的成长道路崎岖坎坷。20世纪40年代之前，国人对于歌剧的探索历经了不同的艺术观念与思维模式，这

---

① 《中国歌剧史》编委会编：《中国歌剧史（1920—2000）》上，文化艺术出版社2012年版，第196页。
② 《中国歌剧史》编委会编：《中国歌剧史（1920—2000）》上，文化艺术出版社2012年版，第208页。

些可贵的探索为中国歌剧的发展打下了坚实的基础。40年代之后，在不同政治环境以及不同外部条件下，中国歌剧在发展中逐渐出现了两种不同的创作路径：一是以借鉴西洋歌剧为主的创作路径，代表作品《秋子》；二是以改进中国旧曲为主的创作路径，代表作品《白毛女》。两种路径下创作出的歌剧在既有差异的同时，又有着相同的特点：歌剧大多都为相同的主题——宣传抗日救亡的思想。这些歌剧作品鼓舞和引领着广大人民群众，用音乐给人民增添信心与希望，激发了群众的爱国热情与抗战思潮。

细述这两种不同路径产生的缘由，要从抗日战争时期歌剧所属的政治与社会环境中分析：以《秋子》为代表的歌剧创作起源地在20世纪40年代的重庆，当时的重庆为国民政府的首都，集政治、军事、经济、文化教育精英与资源于此一地，音乐家们更易于接触到国际的、前沿的歌剧艺术，因此，歌剧创作者们也多受西洋歌剧创作模式的影响。由于抗日战争形势严峻，抗战大后方的文艺创作的内容多为鼓励大众坚持抗战，在此背景下更适合采用表现力强的西洋曲式，如咏叹调、宣叙调等，这也是在作曲技法上借鉴西洋歌剧的原因之一。以《白毛女》为代表的歌剧创作起源地在革命根据地延安，为顺应毛泽东在延安文艺座谈会上的讲话的指导思想，文艺作品服务对象的侧重开始从政治军事转向人民群众，文艺创作者们纷纷深入民间，选取贴近大众的题材进行创作，在此背景下诞生的歌剧自然就带有了民族性。音乐家对西洋歌剧进行大刀阔斧的改革，在传统歌剧的模式下尽可能地借鉴中国戏曲的创作手法，力求探索出一种独属于中国的歌剧模式。同时，这种极其新颖的艺术形式极受文化界与音乐界的关注，中国戏曲与西洋歌剧是否相融的争论也促进了抗日战争时期中国歌剧朝着不同的方向发展。

虽然中国歌剧与其他艺术相比还较稚嫩，但在发展过程中却展现出强大的生命力，无论是对西洋歌剧的借鉴还是对中国戏曲的传承，这两条路径都诞生了数部经典作品。特定的时代成就了抗日战争时期中国民族歌剧的辉煌，同时也给了中国歌剧创作者们一定的启示——艺术始终服务于大众。创作要从人民大众的实际需要出发，既要具有中国特色，又要使中国文化和外国文化有机结合；既要具有中国精神，又要包含世界潮流和现代思想——这样才能造就经典，让中国歌剧艺术在历史的滚滚洪流中历久弥新。

重庆青木关国立音乐院管乐教学研究

郑　华　张竞文[*]

内容提要：抗日战争期间，有一批音乐家从各地来到大后方重庆，在中国大西南的群山之中艰苦创业、努力奋斗，为战时的中国保存了现代音乐方面的人才和实力。这其中青木关国立音乐院向来为世人所关注。本文着眼于青木关国立音乐院研究的薄弱环节——管乐教学，通过历史资料的考察，力图梳理出国立音乐院管乐学科的发展脉络，近真地还原当时的历史风貌。从历史源流、师资与招生、课程与教材、人才培养成果等方面加以研究，以期从中获取珍贵的历史启迪，从而为当今专业音乐院校管乐教学提供一些有益的借鉴。

关键词：抗战大后方重庆；国立音乐院；国立音乐院幼年班；管乐教学

为了使抗日战争时期大后方的专业音乐教育不至于中断，也为了解决抗日战争时期由于上海国立音专未能内迁而导致的中国音乐人才流失问题，教育部音乐教育委员会决定于1939年在重庆青木关筹建国立音乐院，并提出"整理我国音乐文化，介绍西洋音乐艺术，为抗战事业培养音乐专门人才"[①]的办学宗旨。后经筹备与建设，国立音乐院于1940年

---

[*] 郑华（1967—），男，重庆师范大学音乐学院副教授，研究方向为音乐教育、钢琴演奏与教学。张竞文（1998—），女，重庆师范大学音乐学院在读硕士研究生。

① 静仙：《在抗战中长成的国立音乐院》，《青年音乐》1942年第2期。

11月1日正式成立，校址位于重庆以西50千米的青木关镇。青木关国立音乐院是国民政府在重庆建立的一所高等专业音乐院校。学制五年，设有国乐系和西乐系两个系，下设国乐、理论作曲、声乐、键盘乐器、管弦乐器五组。从此，重庆本地的管乐教学走上了专业化的发展之路。

此外，重庆青木国立音乐院分院也开设管弦乐课程。1942年10月，国立音乐院分院成立，院长为戴粹伦。该院开设五年制本科和三年制师范科，本科分声乐、理论作曲、键盘乐器、管弦乐器四组。偏重音乐师资培养。可见，国立音乐院分院也有专门的管乐教学[1]。1945年8月，为适应高水平交响乐人才培养的需要，国立音乐学院幼年班成立。该幼年班的设立是国立音乐学院对少儿音乐教育的一次重要探索，为我国交响乐发展发挥了应有的作用。

以上两所院校的建立，为重庆本地的专业音乐教育提供了难得的历史机遇，也大大促进了重庆的西洋管乐教学走向专业化。

一　国立音乐学院管乐学科

（一）办学背景及条件

在国立音乐院成立之前，重庆管乐演奏人才最为集中的是中央广播事业管理处管弦乐团[2]。发起人之一金律声担任乐团团长，吴伯超、张洪岛任副团长，金律声兼任乐团指挥。原中央广播电台音乐组长陈济略兼任该团设计委员。1940年3月教育部接管该乐团并更名为实验管弦乐团，团长为顾毓琇，地址定在重庆市火烧坡（现重庆市巴南区）。是年11月正式归属国立音乐院，此举加强了国立音乐院管弦乐的实力。可以说这个乐团的成员成为国立音乐院管乐学科的骨干力量，也是国立音乐院管乐学科的主要历史源流所在。

实验管弦乐团的乐器及设备都来自原来的电台管弦乐队。乐器包括：

---

[1] 蒋欣兴：《抗日战争时期陪都重庆青木关国立音乐院器乐教育研究》，硕士学位论文，重庆大学，2021年，第10页。

[2] 1938年由国民政府中央广播事业管理处发起成立。

铜管、木管、弦、打击等32种、62件；乐谱包括：弦乐及铜木、管乐练习册21本，室内乐乐谱11套，弦乐四重奏谱52套，乐队谱63套，及其他合奏谱20本。乐团组织设团长、副团长，下设总务组、训练组、演出组，由总干事分管乐队总首席，统领第二小提琴、中提琴、大提琴、钢琴、打击、管乐各组首席。此时乐团的编制还是相对齐全的。①

由于战争影响，乐团在极端困苦的条件下勉强维持运行。1941年11月吴伯超和戴粹伦都离开了乐团。1943年12月，教育部任命金律声重新任团长，金律声严格规定团员每周的训练时间，积极为乐团创造参加演出的机会。在金律声的严格要求之下，实验管弦乐团的演奏质量稳步提升，逐渐成为当时重庆著名的交响乐团。

此外，于1935年10月18日创办于南京的国立戏剧学校在1938年2月到达重庆，1944年乐剧科全体师生合并至青木关国立音乐院，该校的小型管弦乐队也并入国立音乐院，进一步加强了国立音乐院的管弦乐教学实力。这个小型管弦乐队也是国立音乐院管弦乐教学的历史源流之一。

（二）师资力量及生源情况

建院之初，管弦乐器组仅有小提琴、长笛，且只有副科、选科。管弦组首任主任是张洪岛（小提琴、音乐史）。其他老师有：戴粹伦、陈洪、盛天洞、章彦（均教授小提琴），黄源礼（大提琴），韩中杰（长笛），夏之秋（小号，抗日战争时期著名歌曲《思乡曲》的曲作者）等；此外还有随着国立戏剧学校乐剧科并入国立音乐院的长笛专家叶怀德。

抗日战争时期，青木关国立音乐院的招生有明确的规定和要求。总院主要招收18岁以下的初中毕业生；分院除了招收18岁以下的初中毕业生外，还培养师范生，限定20岁以下的高中毕业生。② 由此我们可以得

---

① 冯雷：《陪都重庆三个音乐教育机构之研究》，博士学位论文，上海音乐学院，2010年，第135页。

② 冯雷：《陪都重庆三个音乐教育机构之研究》，博士学位论文，上海音乐学院，2010年，第145页。

知,总院和分院在入学资格上对学生均有基础学历和年龄的要求,还要求考生具备基本的音乐素养。①

(三) 教学情况及成效

首先是国立音乐院的课程设置情况。以下是国立音乐院的教学科目,分为三大类,一类是通识类课程,一类是音乐类公共基础课,一类是主修专业课,从中可见,直到现在,我国的专业音乐院校的课程设置仍然沿用当时国立音乐学院的思路。

普通基本科目:公民、三民主义、国文、英文、本国史、外国史、诗词通论、心理学、人生哲学、艺术概论、美学。

音乐基本科目:视唱、练耳、乐学、音乐欣赏、音乐物理学、音乐史大纲、和声学、合唱、指挥、歌曲做法、国乐概论、国乐器。②

分组专门科目:依据主修专业的不同而分别授课。

其次是国立音乐院的教材情况。这方面的历史资料较少,仅有小提琴和小号方面的。夏之秋1978年编写出版的《小号吹奏法》是这方面的代表。该书的后记中提到,"此书由多年教学经验积累而成"③。由此推断,夏之秋所言的"积累"应当包括在国立音乐院任教那段时间的教学材料和经验。这本教材虽然比较简略,但是针对小号的演奏技术做出了比较精到的阐述,适合于小号的初学者,比较注重基本功的练习,具有极强的实用价值,是我国小号音乐与教学的早期重要成果。

最后是国立音乐院管乐学科的教学成果。虽然国立音乐院成立时间还不长,但是由于有了原先乐团的基础和班底,该院管乐学科的教学迅速走上正轨。他们一边教学一边排练,青木关国立音乐院紧密结合时局的发展,积极给教师、学生提供大量演出机会,让师生在抗日救亡的时

---

① 蒋欣兴:《抗日战争时期陪都重庆青木关国立音乐院器乐教育研究》,硕士学位论文,重庆大学,2021年,第15页。
② 高阳:《抗日战争时期的重庆国立音乐院》,《教育评论》2014年第7期。
③ 蒋欣兴:《抗日战争时期陪都重庆青木关国立音乐院器乐教育研究》,硕士学位论文,重庆大学,2021年,第21页。

代大潮中体验生活、积累舞台经验、检验教学成果。师生们积极参与抗敌协会主办的抗战音乐会。如 1940 年 5 月至 12 月，师生共参加音乐活动 7 场；1941 年 1 月至 6 月共参加音乐活动 11 场；1942 年 2 月至 10 月共参加 12 场音乐活动；1943 年 1 月至 11 月共参加 11 场音乐活动；1944 年 3 月至 1945 年 5 月共参加音乐活动 15 场。其中较为重要的演奏活动有：1940 年 5 月 9 日追悼黄自音乐会，1941 年 4 月 14 日国立音乐学院实验管弦乐团演奏会，1943 年 1 月 29 日、30 日响应文化劳军国立音乐院音乐会，1943 年 3 月 12 日国民精神总动员四周年纪念音乐大会，1942 年 10 月国立音乐学院实验管弦乐队雾季音乐会演奏了《组曲》《圣母颂》等曲目。①

在此期间，学生表演的形式也丰富多彩，有器乐独奏和合奏等。这体现了音乐院对于器乐演奏人才培养的思路，即在大量的舞台实践中提升学生的演奏技术。他们的音乐或昂扬向上，或曼妙抒情，或鼓舞军民抗战士气，或抚慰战争带来的心灵创伤。这也体现了当时国立音乐院对于管乐演奏人才"三观"培养的重视，结合时代潮流，于民族危亡之际，让学生们在社会音乐活动中强化家国情怀。

在炮火纷飞的艰苦岁月里，在中国的大西南腹地，专业管乐教学的星星之火正在开始燃烧。此举保存了当时中国管乐演奏、教学方面的实力，为战后各地音乐院校管乐学科的恢复与发展输送了大批宝贵人才，对于战后乃至中华人民共和国成立后管乐学科的恢复和发展具有重要意义。

二　国立音乐学院幼年班管乐教学

（一）历史渊源

1926 年，吴伯超从北京大学音乐传习所毕业，萧友梅聘请其到上海音专任教。组建中国人自己的交响乐团是吴伯超一直怀有的梦想。当时

---

① 吴伟：《抗日战争时期重庆音乐活动述论》，《重庆师范大学学报》（社会科学版）2018 年第 4 期。

中国唯一的交响乐团就只有上海工部局交响乐队,其成员多是外国人。1943年吴伯超被任命为国立音乐院院长,他向时任教育部部长的陈立夫表达了自己关于交响乐的见解:"一国的音乐水平主要是看在交响乐领域的成就。"陈立夫询问如何提高交响乐水平。吴伯超告知:"要拥有国际水准的交响乐团,演奏人材必须自幼开始培养,别他它途。"①

这次会谈后,国立音乐院附属幼年班便应运而生。建校的目标就是经过9年的培育力争组建高水准的国家交响乐团。1945年8月,抗日战争胜利,在重庆青木关成立了我国第一所少年儿童音乐学校——国立音乐院幼年班。国立音乐院幼年班招收6—10岁身心俱健而有音乐天分的男童,加以严格的音乐训练。因此,国立音乐院幼年班在学童学习乐器的选择之初就对标交响乐队的乐器编制。这是中国历史上第一所正规的、严格的、专业化的音乐小学,为1949年后中国交响乐事业的创设和发展储备了力量。吴伯超在中国交响乐发展方面的远见卓识及贡献应为历史所铭记。

(二)师资力量及生源情况

1. 师资力量。吴伯超一开始就对国立音乐院幼年班寄予厚望,因而在师资配备方面可谓绞尽脑汁,聘请夏之秋教小号、陈传熙教双簧管。陈传熙当时是上海工部局交响乐队中少数华人演奏家之一,后来成为新中国上海电影乐团指挥。此外还不惜重金从上海聘请外籍音乐家来兼课,如美国人奥门、皮钦纽克(长笛)、菲奥尼克(单簧管)等②。此举更是为幼年班管乐的教学注入强大的师资力量。外籍教师们给学生们传授了先进的演奏技术,在短时间内大大提升了学生们的演奏水平。

教务主任、大提琴教育家黄源澧还兼任大提琴的教学以及负责学生

---

① 孙伟:《陪都(重庆)儿童音乐教育状况——青木关国立音乐院附属幼年班引发的启示》,《中国音乐学》2007年第4期。
② 崔惠子:《"国立音专"与"国立音乐院幼年班"教学之比较研究》,《青年文学家》2012年第9期。

管弦乐队的排练与指挥，同时也是外国专家上课时的翻译。作为教务主任，黄源澧经常奔波于国立音乐学院的大学部与幼年班之间，为幼年班教学的正常运行兢兢业业。在他的带领下，幼年班组建了管弦乐队，实现了"发展中国交响乐"的初衷。20 世纪 50 年代起，他先后任中央音乐学院附中校长、大学部管弦系主任。2001 年中国音协授予其终身成就"金钟奖"。

著名的音乐学家廖辅叔（也是"金钟奖"获得者）当时在幼年班教授"音乐名著赏析"课；刘文英、刘佳音、钱宝华、刘眠星任视唱练耳、乐理、和声课的教师。

2. 生源情况。幼年班专收 8—12 岁男童，学制为十年。1945 年幼年班开始在保育院、幼稚院和社会上那些孩子集中的地方招收学员。第一批招收的学员 130 余人年龄从五六岁到十五六岁不等，全部为男生。这些孩子由于出身问题，更懂得珍惜机会，因而学习更加刻苦。

1946 年幼年班招收新生约 100 人，加上由青木关跟随过来的 50 多人，共 150 多人。仍旧是按照文化程度分班，最初全体学生分为八个班，后合并为五个班。① 国立音乐院幼年班采取的是淘汰制，不用功或考试不及格者必然要淘汰，"虽用功但发现并不适合学音乐的也要被淘汰"②。国立音乐院幼年班最初招收的百余名同学在迁往常州时就被淘汰了一半，可见淘汰之严厉。

由于考虑到这些孩子将来要组成交响乐队，因此绝大部分学生都学习管乐和弦乐。

（三）教学情况

国立音乐院幼年班于 1945 年 9 月开学，按文化程度分为高班（一、

---

① 宋歌：《音乐家的摇篮——关于国立音乐院幼年班的研究》，《中央音乐学院学报》2006 年第 4 期。

② 崔惠子：《"国立音专"与"国立音乐院幼年班"教学之比较研究》，《青年文学家》2012 年第 9 期。

二班)、中班、小班四个班。开设课程依据国民政府教育部颁行的规定，统一用教育部审定的教材，包括有国语、算术、英语、历史、公民、美术等课。音乐基础课则开设有视唱、练耳、乐理、音乐欣赏、钢琴等。①

当然占比重最大的是专业主、副科，并根据学生的实际情况和先天条件来安排技能课的学习。除了钢琴专业之外，所有学习管弦乐的学生必须以钢琴作为副科。可见，当时的教育者已经认识到，要培养素质全面的未来音乐家，弹奏钢琴是认识多声音乐不可或缺的技能。② 由于条件艰苦、乐器难买，加之学生年幼不适合学管乐，直到迁到常州后才开始让年龄稍大点的孩子学管乐。

（四）艺术实践

幼年班管弦乐队第一次正式登台演出是 1947 年 11 月，在南京与国立音乐学院大学部的本科生联合登台。当时他们组建的联合管弦乐队一共有 52 人，其中包括幼年班同学 44 人，可见幼年班的演奏能力已经达到相当高的水平。演奏的曲目有维瓦尔第、比才、柴可夫斯基、贝多芬等外国作曲家的作品。更值得一提的是，幼年班的盛明耀、马育弟、黄晓和在音乐会中担任了独奏。③ 同大学部的学长们一样，幼年班的学生也积极参加社会实践，服务社会。在迁往天津之前，在军管会的组织下，孩子们在常州参与了大量的革命文艺宣传。幼年班的管弦乐队应邀去常州广播电台演播《鲁斯兰与留德米拉》，这在全国尚属首次。

此外，幼年班还同常州其他的青年进步文艺团体，联合举行欢庆上海解放和纪念"五卅"运动等多场大型文艺公演及游行活动。演出曲目包括合唱、话剧、歌剧、秧歌剧等。一年多的时间里，幼年班同学在常

---

① 宋歌：《音乐家的摇篮——关于国立音乐院幼年班的研究》，《中央音乐学院学报》2006 年第 4 期。
② 芮文元：《吴伯超创办的我国第一所儿童专业音乐学校——"国立音乐院幼年班"史料钩沉》，《中央音乐学院学报》2003 年第 2 期。
③ 宋歌：《音乐家的摇篮——关于国立音乐院幼年班的研究》，《中央音乐学院学报》2006 年第 4 期。

州城乡辗转演出百余场,广受社会各界赞誉。

(五) 人才培养及成效

从 1945 年秋开始,幼年班在近 4 年多时间里专业水平提升迅速。1949 年初春,"全国音乐教育促进会"在上海举办我国历史上第一次全国少儿器乐比赛,幼年班的学生们在竞争激烈的比赛中一鸣惊人,斩获了乐队乐器组的全部奖项,几乎包揽了所有项目的一、二等奖。其次是前文所述,1948 年幼年班管弦乐队在南京"介寿堂"与大学部学长同台演出。乐队人数 52 人,本科同学仅 8 人。这次演出非常轰动,国民政府教育部长朱家骅曾亲临现场观看。

当年的国立音乐院幼年班,为战后的中国储备、培养了一大批优秀人才,他们中的大多数成为新中国交响乐事业的拓荒者。如:中央乐团有很多的首席均出自幼年班,如张应发、盛明亮、岑元鼎、盛明跃、邵根宝、李学金、刘奇、方国庆,中国歌剧院的王恩弟、刘一瀛,中国电影乐团顾顺庆等。此外还有很多地方文艺团体、部队文艺团体的管乐人才是出自少年班。如上海交响乐团阿克俭、上海电影乐团闵乃权、天津交响乐团李桐洲等。①

还有一部分幼年班的学员,在中华人民共和国成立之后进入专业的音乐院校任教。为新中国管乐演奏及教学事业薪火相传。如中央音乐学院的黄晓和、王永新、祝盾、赵惟俭、胡炳余,中国音乐学院金湘,上海音乐学院郑石生、徐多沁,中央民族大学陆云庆,天津音乐学院严正平等。

这些足以证明,青木关国立音乐院附属幼年班志在组建中国自己的高水平国家交响乐团的初衷已经得以实现。青木关国立音乐院、分院、幼年班那一代为中国管乐演奏及教学保存火种的音乐家们,若泉下有知,定当欣慰无比!

---

① 张凤梅:《吴伯超对中国近代音乐教育的贡献及启示》,《艺术探索》2004 年第 2 期。

三 重庆青木关国立音乐学院的历史启示

毫无疑问,幼年班是中国历史上首创的第一所儿童音乐专业学校,此举对战后乃至中华人民共和国成立后我国音乐表演、音乐教育事业打下了不可替代的人才基础,产生了深远的影响。特别需要指出的是,在那个国将不国、何以家为的年代里,幼年班的成立为中国储备了战后专业音乐发展的星星之火,是审时度势、高瞻远瞩的功德之举。

值得一提的是,由于处于特殊年代,作为专业的音乐类学校,幼年班的招生对象与现在有着根本的不同。借助于少年班,当时那些命运悲惨的穷苦儿童进入了古典音乐的高贵王国,进入了原本高不可攀的典雅艺术圣殿,不仅改变了个人的命运,也改变了中国交响乐的发展命运。就这一点而言,在世界近代音乐史上,幼年班亦堪称创举[1],更不失为世界音乐发展史上的一段历史佳话!

拨开历史的烟尘,我们聚焦于抗日战争时期重庆青木关国立音乐院,虽然那段历史已经距离我们渐行渐远,但是国立音乐院管乐学科的艰难发展之路在今天看来仍能给予我们诸多启示。

(一) 历史经验

首先,一个国家、一个民族,不管身处多么困难的情况下,也不能放弃教育事业的发展。如果在外敌入侵的危亡时刻,放弃教育事业,就等于自己放弃了国家、民族的未来。当时,包括青木关国立音乐院在内的音乐人,并没有在抗战大后方的重庆安逸度日。他们的音乐不是偏安一隅、苟且偷生的"声色犬马"之声,而是心系国家、民族未来的时代强音。他们在艰难困苦的条件下竭尽所能地为国家的未来培养、储备音乐人才,为反抗日寇入侵而奏响民族之音、自强之乐!正是因为那一代人的努力付出,才会在战时保存了中国音乐的星星火种,才会给战后的

---

[1] 张云良:《高为杰钢琴作品〈秋野〉的意境》,《中国音乐学》2007年第4期。

中国提供大量专业音乐人才。这些人才，在战后奔赴中国大地的各个角落，将携带着民族精神的音乐之火燃遍中国大地！

其次，要坚持自力更生、超前规划的发展原则。青木关国立音乐院幼年班的发展就是最好的例证。在当时面对大轰炸人人自危、朝不保夕的情况下，吴伯超能够以深切的情怀和高瞻远瞩的思想决定成立幼年班，从小开始培养我们自己的管弦乐人才，这是极其难能可贵的。此举使得中国人在抗战刚结束的时候就拥有了自己的高水平交响乐团。正是幼年班的管弦乐学员，在战后成为中国各地交响乐事业发展的中坚力量，为新中国的交响乐事业发展奠定了坚实的基础。

（二）现实意义

首先，演奏人才的培养应扎根于全面的素养之上。在当时师资缺乏、物质匮乏的历史条件下，青木关国立音乐院的教育者们并未从实用主义的角度出发突击进行管乐的教学。他们仍然恪守教育规律，尽其所能创造条件为学生们提供全面的人文通识类和专业素养类课程。不仅有西方音乐理论类课程，还有学习本民族音乐的课程，如"国乐概论"等。如果说，学习西方管弦乐演奏的同时学习西方音乐理论课程是天经地义的话，那么开设一系列国乐类课程则彰显了教育者在人才培养方面的远见卓识。

其次，演奏人才的培养，必须重视舞台实践。如前文所述，国立音乐院的管乐教学非常重视舞台实践。频繁的舞台演奏实践对于加速当时演奏人才的成长具有不可替代的意义。他们的舞台实践不仅包括校内的专业性、检验性舞台演奏实践，还包括大量的社会演奏实践。这样做法的意义有三：其一，用舞台演奏实践检验教学成果，督促学生的学习自觉性。频繁的舞台演奏实践使得师生从来不缺乏认真教学、刻苦训练的外部动力。其二，用舞台演奏实践锻炼学生的演奏能力以及把握舞台演出的能力。学生们在频繁的舞台演奏实践中能够加速自身在演奏技巧、音乐表现、舞台表演方面的成长，从而使得他们能够在抗战宣传急需人才的情况下，能够学以致用。其三，学生在服务抗战的演出过程中，能够培养起家国情怀和社会责任感。他们用自己的音乐与时代共脉搏，与国家共命运，与民众共呼吸；他们用自己的音乐抚慰民众的心理创伤、鼓舞民众的抗日士气。在这个过程中，他们的音乐会有感而发，他们的思想和灵魂会得到升华，他们的意志会在百炼成钢的过程中日趋坚韧！

图式转型：从中央大学徐悲鸿中国画教学中的"构图课"到新中国"创作—作品"方法论的确立[*]

杨树文[**]

内容提要：在20世纪的中国画转型之变中，徐悲鸿和同属"中西融合"或"以西润中"文脉的陶冷月在专业教学中对"构图课"的强调，与同时期传统主义教学阵营中的"拟稿之学"价值指向完全不同，前者在1949年后与延安革命美术和苏联现实主义汇合，形成"构图—创作—作品"的内在演进逻辑，并与社会主义现实主义对主题探寻的外部要求一道，共同构成了新中国画图式转型的方法论力量；而后者则成为被"改造"的对象。

关键词：构图；创作；作品意识；图式转型；方法论

笔墨作为传统中国画的核心，其视觉表层的痕迹可以被别人临摹，但极细微处蕴藏的人格气质和学养品位却为他人所不能复制，因此，虽然明清有青藤白阳或石涛八大等在视觉表层和笔墨语言创新上的努力，但包括他们作品在内的明清文人绘画主体仍行走在精神内蕴表达的道路

---

[*] [基金项目] 重庆市教育规划重点课题"课程思政与美育双目标指引下的新中国美术史及作品鉴赏课程化研究"（2021 - GX -017）。

[**] 杨树文（1980—），男，美术学博士，重庆师范大学美术学院副教授，主要从事近现代美术史与视觉文化研究、中国画创作与理论研究。

上；虽然晚近的中国画（比如清代扬州画派和海上画派）由于市场的兴起开始受到市民和商业趣味的影响，包括笔墨风格化的探索和色彩的大量使用使中国画开始产生图式风格上有别于古代的变化，但总体上这种相对重精神内蕴拓展而轻图式外观创新的特点还是比较明显的。比如海上画派的代表人物吴昌硕，虽然其以金石篆籀之笔入画、洋红色彩与重墨的对比在花鸟画史上显现出的古拙热烈的风格，成为金石书画利用中国艺术内在资源应对现代艺术世界挑战的一个成功案例，但如果大量阅读其作品就不难发现，许多画面构图的类同和相似，仍然意味着其在视觉图式上的努力更多的还是体现在其艺术整体面貌上之于前人的区别，而不是从"创作"和"作品"的意识出发体现自己的每一件作品之间的不同探索。正是从这个意义上讲，至少在画面上，新中国之前的中国画创作意识和作品意识与今天是完全不同的。

"创作"一词并非来自中国画自身系统，有材料可以表明，"创作"这一概念在20世纪初期的"西学东渐"中，是被当作一个与外来文化有关的"新"事物对待的。比如秋山在那篇《混血儿的画》中说："……但此混血儿的画，生息未尝不盛，子孙未尝不庶。即我国人，亦有欲为其子孙而不可得，乃甘为彼抱养之义儿，且归而荣耀于故乡，于老祖宗祠堂内，上了创作的匾子，制了新字的衔牌，并且欲夺了正统子孙所得一块的胙肉。"① 该文中"创作的匾子"与"新字的衔牌"相对应，用以描绘那些倡导"中西融合"的"混血儿"在中国画坛的作为，显然在秋山的话语中，"创作"是一个并不在传统中国画系统中的"外来之物"。另外，如果考察"创作"这一概念在民国时期不同的美术院校中课程设置的使用时就会发现，越是那些立足传统中国画学传承的学校在教学设置中就几乎不设以"创作"为名的课程，而与其教学内容相关的课程，其名称大多被称为"创稿"或"创制章法"。而同时期与"融合中西"思维有关的学校则很早就将这门课称为"创作"或"构图"。这里要说明

---

① 秋山：《混血儿的画》，《国画特刊》1928年第2号。

的是,"创稿"之于"创作"或"章法"之于"构图"的称谓,并非仅仅是命名的差别,其"名"背后实际隐藏着具体历史条件下不同观念群体关于中国画艺术实践的不同方法论指向。①

一 中央大学徐悲鸿的"构图课"与传统派的"拟稿之学"

在中央大学重庆时期的课程设置里,我们不难看到倡导"中西融合"以改良中国画的徐悲鸿开设的一门必修课——"构图"②。这门课程不仅针对与"构图"这一称谓的原初语境相符合的西画专业,也针对中国画。③从艺术与社会的视角出发,这门课程承担着徐悲鸿"以人的活动为艺术表现的中心"的具体任务(同时承担这一任务的具体方式还有徐悲鸿强调的写实素描),而从绘画艺术本体的角度来看,显然"构图"意在对学生画面组织营构和作品视觉外观控制能力的培养。这样,我们不能不考虑从西画创作体系进入徐悲鸿知识经验中的"构图"可能对中国画所发生的影响。

在徐悲鸿看来,绘画中西同理,都应该靠作品视觉本身的表现力来说话,如果"作品之 Expression(表现)不足,即不成为美善之品,纵百般注释,亦属枉然"④。也就是说,无论中西绘画,都要靠视觉效果本身

---

① 进一步而言,中国对"艺"或"绘"的定义与西方对"Art"或"Painting"概念的历史定义有着很大的差别,就其本体和功能而言,中国侧重对内心的表达,超越生活,摆脱现实桎梏,"是人类追求永恒的一个至高的理想体现方式之一"。所以临摹古人还是画眼前所见都不是问题的关键,关键是落实在纸上的痕迹记录和呈现了画家的精神好尚和内心理想,作品整体的好坏与高低通过画面局部的笔墨及其营造的丘壑就可判断,整体图式可以也可以不用与现实发生对应关系。其"创稿之学"也绝非西画创作那样是对来自现实生活的图式反映,而新中国之后来自西画的"创作"概念所包含的艺术本体论和功能论对中国画原有的"艺事"或"绘事"的本体论和功能论产生了遮蔽,该过程导致了中国画的图式转型。可部分参见朱青生、吴宁《国画与写生——齐白石、吴作人两份手稿的对比研究》,载王明明主编《齐白石国际研讨会论文集》下,文化艺术出版社 2010 年版,第 558 页。

② 曹庆晖的博士学位论文《中国画"三位一体"教学体系的来龙去脉——对影响中国画现代教育形态的一个案例研究》,提示笔者注意到:早在 1925—1926 年,北京国立艺专教务长兼西画系主任闻一多,就最早在该校开设了"构图"课。参见王振宇《中国水彩画之父李剑晨》,东南大学出版社 2007 年版,第 35 页。

③ 据艾中信回忆说当时中大艺术系的绘画教学中,"无论中国画、油画都有构图课"。参见艾中信《徐悲鸿研究》,上海人民美术出版社 1981 年版,第 145 页。

④ 徐悲鸿:《〈画范〉序——新七法》,载王震、徐伯阳编《徐悲鸿艺术文集》,宁夏人民出版社 1994 年版,第 170 页。

说话,也即用"贵明不尚晦"① 的作品来表现形象。对此,徐悲鸿曾有过详细的解释:

> 中国人有一大错误观点,彼等以为中国画必须研究古画、文学、诗歌而后方知其奥妙,余深为以憾。夫西洋画,一看即懂,不必念文学、学诗歌而后知。故余以为中国画,后此须直截了当,方为上策,不必如此麻烦,使人一望而知,有共通性,则亦足已。否则走入牛角弯,将不知如何是好矣。②

徐悲鸿对"一望而知"的视觉传达效果的强调,对"明"(即明豁、明白、明显)的强调,对"晦"(即隐晦、晦暗、含蓄)的反对,在逻辑上会顺理成章地导致对中国画明确的作品外观形态或图式个性的强化,也就是说,在徐悲鸿的观念中,中国画若要改良,就要强调视觉效果本身的说服力,而不能再像传统画家那样只流连于作品内在的精神气息或局部的笔墨效果。这应该说是他在中央大学的中国画教学中最早系统贯彻"构图"课程的画学观念原因。

无独有偶,早在一份1928年暨南大学中国画系系主任陶冷月编写的《中国画系课程指导书》③ 中,就比较清楚地体现着当时以西方绘画学理改良中国画的目标是如何与"创作"这一课程的设置绑定在一起的。④

---

① 徐悲鸿:《〈画范〉序——新七法》,载王震、徐伯阳编《徐悲鸿艺术文集》,宁夏人民出版社1994年版,第170页。
② 徐悲鸿:《中西画的分野——在新加坡华人美术会讲话》,载王震、徐伯阳编《徐悲鸿艺术文集》,宁夏人民出版社1994年版,第370页。
③ 陶冷月(1895—1985),原名善镛,字咏韶,号镛、宏斋、五柳后人、柯梦道人。江苏苏州人。擅长山水、花卉、走兽、游鱼,继而习透视、光影、水彩、油画等西画法,尤善画中西合璧之月夜景色。蔡元培在1926年5月1日为《冷月画集》作序时说:"陶冷月本长国画,继而练习西法,最后乃基凭国画而以欧法补充之……",指出陶冷月是"创造新一派"的创始人和有功之人。同辈画家吴观岱、蒋吟秋、冯超然等更称其画为"新国画"。
④ 在其撰写的这份课程指导书中说:"唯旧时画法,其思想上有不合于时代趋势,或实际上(如透视比例等)有不合于学理及应用者颇多,故并有整理而改良之必要……整理本国画法,并改良之,以成中国新艺术",充分体现了"中西融合"的指导思想。参见陶冷月《中国画系课程指导书》,《暨南周刊》第3卷第3期,1928年6月11日。

图1

图1 为陶冷月 1928 年为暨南大学中国画系编写的《教学指导书》第四学年课程任务，第一栏即写明"国画实习及创作"的课时分配。

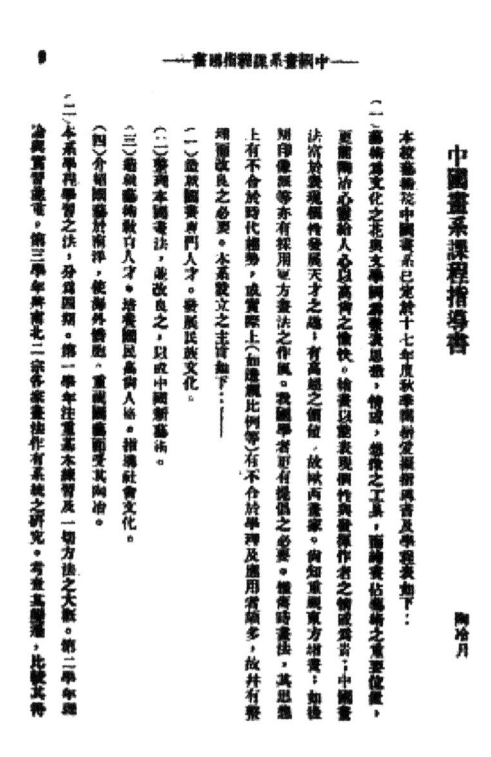

图2

图2 为指导书的文字说明部分。

图片来源：《暨南周刊》1928 年第 3 期。

根据该指导书对四期（学年）课程的介绍可知，第一、二学年注重基础练习和各种方法之大概，包括理论的学习。第三学年则系统研究南北二宗，考察变迁得失，"使学者有取长舍短创设新体之观念"。第四学年更加"注意发展个性，使有创造能力，以完成改进国画之目的"[①]。如果说前两年的课程目的与传统的中国画学教学安排大致相似的话，那么后两年的教学目的则越来越明确地体现出与前者的不同，即对实现"改进国画之目的"的"创设新体"的强调。为了实现这一目标，该指导书在学习环节上特意安排了"毕业制作"（即毕业创作）[②]，并要求创作成果提交毕业考试委员会评分；另外，在第四学年的"国画实习与创作"课程的课时安排中，更是以全学年（上、下两学期）每周14课时的方式强化国画"创设新体"的重要性，这与前三学年中的"山水画法""人物画法""花卉画法"只分别配置每周8至4课时数对比表明，"中西融合"之维的艺术主张对于"创作"的重视程度和对"创制新体"的自觉程度。

而在几乎同期的传统派的教学阵营中，情况则完全不同。以北平的中国画教育教学为例，民国时期虽有校系（如"北平艺专"、私立京华美术学院、辅仁大学教育学院美术系）和会馆（如中国画学研究会、湖社、古物陈列所国画研究室等）的区别，但实际上，其中国画主导思想仍然充分体现着传统画学分科入门、以临摹为本，在此基础上创制章法（创稿）的进阶程序和价值指向。立足传统画学建设的教学方式中，着重中国画本体特点出发，强调"临摹"，一来是为了系统掌握笔墨语言程式及其规律，二来也是为了使渗透至笔画皴擦之间的传统画学价值系统得以为后学所获。[③]

---

① 陶冷月：《中国画系课程指导书》，《暨南周刊》第3卷第3期，1928年6月11日。

② "本系学生毕业之前，需有毕业制作提交毕业考试委员会审查，成绩特优者，得给奖牌以志荣誉。"参见陶冷月《中国画系课程指导书》，《暨南周刊》第3卷第3期，1928年6月11日。

③ 如当时在北平的多所学校和会中担任教学和评议的陈师曾说："故初学习画，固重临摹，又须常体实物。苟如是，古人之佳境自可知悉，而临画时自觉胸襟快爽，心意专一，大有水银洒池，无孔不入之势；夫然后所作者，所临者，始可惊人。否则，抛弃古人之笔法，而独从事于写生，工则工矣，其如非画何？此照相片之所以无价值也。何则？仅有形似而无神韵故也。"参见陈师曾《对于普通教授图画科意见》，载李运亨、张圣洁、阎立君编著《陈师曾画论》，中国书店2008年版，第50页。

传统画学的教育者们认为：在充分而必要的临摹中习得的经验会在以后与造化的对照中获得印证从而被激活、融升而有"巧思"，而有"佳构"，正如金城所言："盖探索于古法既深，师资乎化工又久，巧思不期其启发，而自启发矣。"① 言中之意，通过临摹学习，参以造化涵养，个人风格自然水到渠成。这也从一个侧面反映出传统画学中并不十分强调培养画家侧重于作品外部视觉形态创新的"图式"意识，而那恰恰是强调作品内部笔墨陶养的传统画家所批评的"睛炫特创"（金城语）或"出脱太早"（黄宾虹语）。比如俗称"北平艺专"的中国画系在与徐悲鸿执教中央大学同时期的三四十年代的课程安排中，虽开设"国画实习"（包括"国画模写实习"和"国画写生实习"）课，但却没有与"创作"有关的课程。② 而在一份1947年私立辅仁大学教育学院美术学系国画组的课程说明则为我们提供了更清晰的信息。③ 在这份年级课程安排中，从一年级山水、花鸟、人物的临摹和基本的笔墨程式和笔法练习开始，逐渐进入二年级对古代名作的临摹、分析；至三、四年级，山水课的要求中虽有"渐可自由拟稿"的条目，但其后对课程具体目的的解释仍反映出传统画学"临摹古人"而后"略参己意"的主张，"拟详论各家源流，南北宗画法，气味之雅俗，笔墨之精彩，章法之新奇，务使各有心得，博采诸家，渐能独树己帜，然后外师造化，不逾规范，以期大成"。这反映出当时的山水画教学思想中，并没有作品和"图式"的意识。在同一份课程安排中，我们看到了三、四年级花鸟画课的具体安排："创制章法，辨别古今花鸟画派及源流，

---

① 金城：《画学讲义》，载王伯敏、任道斌主编《画学集成》，河北美术出版社2002年版，第935页。

② 鹤田武良编《和泉市久保惣纪念美术馆、久保惣纪念文化财团东洋美术研究所纪要（2—3—4）——民国时期美术学校毕业同学录·美术团体会员录集成》，第146页。

③ 《民国三十六年私立北平辅仁大学一览》之六"本科学科说明"之"美术学系国画组"，北平辅仁大学印书局1947年版，第119—123页。私立辅仁大学教育学院美术学系国画组，是1943年由创设于1930年的教育学院美术专修科演变而来。任美术系主任并兼管国画组的，是中国画学研究会评议，画家、书家、琴家溥忻。转引自曹庆晖《中国画"三位一体"教学体系的来龙去脉——对影响中国画现代教育形态的一个案例研究》，博士学位论文，中央美术学院，2011年，第22页。

画之真伪及雅俗。"其要求与同年级山水课大致相仿。至于什么是"拟稿""创制章法",画家石鲁曾做过一个相对可信的解释:"就是有了临摹的基础,写生时把稿子重勾一下","连张大千先生都是这么搞的。他画峨眉山水,有很多是古人的稿本,变了几个位置,这就叫创稿。"① 由此看来,强调以"临摹"为基础的"创稿"(亦名为拟稿)之学,虽在前人的绘画风格图式的基础上不乏个人的造化体悟,这其中虽也包含"化古为新"的可能,但其总体诉求显然不在对作品外部形态或视觉效果的个人差异的强调。而北平辅仁大学教育学院美术系推行以"临摹"为基础的"创稿之学"的同一时期,徐悲鸿在北平艺专实施以"素描"为基础,倡导写实主义"以构图现生活"②的教学改革。

由此看来,越是贴近"中西融合"思维就越是强调中国画的"创作"或"构图",而延承传统的中国画学思维则习惯于"创稿"或"拟稿",而这二者之间,除在显而易见地对待现实社会生活态度的不同之外,还在于他们对待作品视觉形态效果或曰图式创新的自觉程度有别,③ 这正是本文强调的。对于中国画家而言,"创作"这一词语所包含的艺术实践方法论是外来的,民国时期持不同意见的教育者尚有自我选择的空间,但中华人民共和国成立后徐悲鸿这一方法论在延安文艺思想和苏联美术的合力阐释与加持下全面高扬,势必引发中国画家对图式的高度关注和用力。

当然,民国时期即使一些西画氛围很强的院校由于教育方案制定者对专业绘画教学的不同理解,也会出现不大重视"创作"课程的情况,比如杭州艺专,不消说中国画,就是油画也基本是以基础训

---

① 石果编著:《石鲁画论》,河南人民出版社1999年版,第67页。
② 曹庆晖:《中国画"三位一体"教学体系的来龙去脉——对影响中国画现代教育形态的一个案例研究》,博士学位论文,中央美术学院,2011年,第27页。
③ 当然这种区别的核心是中西艺术不同的方法论中,对"人"与"艺"的关系理解的完全不同,另文详论。

练为主①，但这并不影响我们对"创作"基本是一个来自西画体系的判断。而且徐悲鸿的"以构图现生活"主张虽然落实为具体课程，但由于其中国画改良主张，在其继执教中央大学、北上主政北平艺专之后落实得并不理想，"创作"作为与基础练习有着清楚分野的概念便始终没有新中国以后那样明确②，即便是"构图"课在徐自己担任的人物和花鸟画课上也未来得及展开③，但他却为中华人民共和国成立之后受延安和苏联社会主义现实主义影响的中国画转型奠立了逻辑基础。

二 "创作—作品"意识与新方法论的成形

1949年以后，以徐悲鸿的"写实主义"为基础的"以构图现生活"的主张和来自延安革命美术的创作传统与苏联的社会主义现实主义模式相融合，构成中国文艺界的根本创作法则，这套法则对"创作"的空前强调给中国画带来的影响，一方面非常明确地显现为中国画家们要努力凝练和追寻艺术作品为社会主义"人民"服务的"主题性"和"思想性"，另一方面，"社会主义现实主义"要表现的"新内容"

---

① "林风眠先生与法国教授克罗多共同执掌最高班的课程。克罗多先生回国以后，他的课由吴大羽先生接替。油画是习作为主，学校不设创作课。从整个绘画专业来看，都以基础训练为主。中国画系，也画木炭画，只有在上中国画课时，个人按自己的擅长画画。惟在全校奖学金考试中才进行命题创作。"参见蔡振华《无限感慨话当年——林风眠先生百岁周年写此以表纪念》，载许江主编《林风眠与20世纪中国美术国际学术研讨会论文集》，中国美术学院出版社1999年版，第645页。蔡振华在校五年，1934年毕业。

② "北平艺专时期……在国画教学中，习作和创作往往是统一的，老师的示范作品就是老师的创作，山水课的树法、石法、水法，花鸟课的勾法、点法、染法，人物课的描法、擦法、粉法等等技法都安排在示范中穿插进行，所以习作和创作结合很紧……"参见叶浅予《细叙沧桑记流年》，群言出版社1992年版，第281页。

③ 叶浅予回忆说："北平艺专时期的国画系，执行的是徐悲鸿体系。造型基础课主要是木炭素描，画的对象是人；山水和花鸟两门课由教师示范，学生临摹。当时教山水的有黄宾虹、李可染；教花鸟的有李苦禅、田世光；徐悲鸿自己教人物和动物，他的教法也是示范。有的教师整堂课一面画一面讲，留下画稿给学生临。……那时，教员会什么就教什么，没有系统的教学方案和进度。各个教师每周轮流上一堂课，各教各的，互不通气。"这说明徐悲鸿"以构图现生活"的主张在当时山水、花鸟画的教学中并没有得到真正落实，教学情况反而比较随意自由。参见叶浅予《细叙沧桑记流年》，群言出版社1992年版，第278页。

"新情感"也对作品表现方式或图式语言提出新的要求①,而这种内在的要求一方面造成对诸如偏爱"临摹""旧风格"等的批评,②同时也使中国画家绘制作品的艺术实践方法论发生巨大转变,特别是对于明清至民国时期中国画那种类似"即兴挥毫""临见妙裁""笔笔写去"的艺术实践方式而言,这种变化更加明显。赖少其在1954年华东美术家协会成立大会上的讲话中,明确强调了"创作"和"即兴挥毫"的区别和作为现实主义标准要求下的"创作"与"即兴挥毫"的优劣:"大的创作,往往还要经过一系列的准备过程,如局部的、整体的草图以及个别的描写,现在我们却把它简单化了,甚至毫不准备,即兴挥毫,那怎么能创作出优秀的作品呢?"③ 而对于明清中国画主脉的文人画而言,其延续相当长时间的绘制状态就是"即兴挥

---

① 画家石鲁对此曾有过清楚的表述:"当有了生活内容之后,形式变成了决定的关键。在艺术创作中,发现内容难,发现适合于表现内容的形式也不易。好像画什么还不太难,而怎样画,倒更难了。这里就是寻找表现新内容的新形式问题……不是有什么内容,就有什么现成的形式,要经过主观的创造。当然任何创造都不是凭空而来的,离开生活不行,离开传统也不行,传统的形式和技法,我们是要重视的,但不是居于某家某派的模仿……""中国画原有的传统程式不完全能适应于表现新时代的人民生活和情感。为了适当反映生活,使作品具有新情调,新感情,新内容,应当创造相应的新程式。"参见《新意新情——西安美协中国画研究室习作展座谈会记录》,《美术》1961年第6期。当时许多画家和理论家都认识到"内容变了,形式就不得不变"的道理,比如画家陈子奋认为"无疑的间架与布局也应服从于主题思想的",并且认为古人也是这样:"在古人传统的对对象和景物的处理,则无关于主题的,都给他剔除;也有时有帮助表现主题的,反而增入。"(陈子奋《关于中国画传统技法的几点体会》,《美术》1957年第12期) 美术理论家洪毅然也认为"国画……采取新的题材、表现新的内容,完全使用老一套的传统技法,是不能胜任的"(洪毅然《关于国画创作中的两个问题》,《美术》1955年第3期)。

② 如1954年王逊在北京中国画研究会第二届展览会观后的一篇文章里,以汪慎生的《苹果》为例,阐述他对待"老老实实"描写现实和"临摹旧稿"的不同态度:"《苹果》是这次展览会中的一张好作品。汪慎生的三张作品,有人说那一张《山喜鹊》好……有人说那一张《群花怒放》好……但是在表现了创造性这一点上,在摆脱了旧束缚这一点上,这两张都不及那一张《苹果》。"在王逊看来中国画创作或创造性等于摆脱旧束缚,这代表了当时的普遍观点。参见王逊《对目前国画创作的几点意见——北京中国画研究会第二节展览会观后》,《美术》1954年第8期。

③ 赖少其:《进一步发展华东美术创作　为贯彻国家过渡时期的总路线而奋斗——在华东美术家协会成立大会上的讲话》,《美术》1954年第6期。

毫"式的，① 当然这并不是说，传统文人画不讲究构图和经营，而是说传统的文人写意画更适应临见妙裁、随机生发的绘制方式。然而当来自苏联（或从更大的系统来说来自西方）的现实主义创作方法成为新中国文艺中唯一合法的创作原则和方法标准时，也就意味着中国画也必须进行这样一种从深入生活、确立主题、采集素材、推敲构图甚至设计色彩直到按照这一整套意图实施完成的"创作"过程，而贯穿整个过程的是形象的调整（这必须依赖定点写生）和视觉效果的控制（往往依靠笔墨的黑白干湿和色彩的调整），这样笔墨的价值就在发生转变，即由以往"笔笔写去"的"作者现场经验的呈现"和"笔墨是人格价值的投射"② 转化为一种靠近视觉化的语言因素和呈现整体画面效果的视觉材料。新的创作方法论正是在这种条件下形成的。

在中华人民共和国成立后十七年时期的美术评论文本中，"创作"包含两个层面的含义：首先，体现为作品对新颖并正确的立意的挖掘，指向主题思想，当然也会引申出诸如"立场""态度""阶级情感""社会意义"等表述方式；其次，"创作"还有一层指向作品的新形式、新方法、新图式的含义，即"构图"。上文提到的徐悲鸿"以构图现生活"的主张显然是这一方面的历史前缘；在 1954 年、1955 年《美术》杂志连续多期集中刊登的苏联画家谈创作经验的系列文章和一篇编辑撰写的介绍性文章中，都以"构图"或"构图作品"来称呼"创作"，用以区别

---

① 苏联木偶艺术家 C. 奥布拉孜卓夫在 1952 年 11 月以苏联艺术工作团代表身份来我国参加"中苏友好月"时，曾访问并观看了齐白石画画的过程。他在 1954 年 2 月的《苏联文学》上发表的《我在中国的日记的一部分》中描述了这一过程，《美术》杂志选译了其中一部分并以"看齐白石作画"为题发表，文章说："（齐白石）在知识和经验的支持下，他的想象，总是富于诗意和画境的，是完全无拘无束的，因为在他的知识和经验里，无论选取任何角度去画……都没有他的技巧所不能胜任的。这个就使他成为一个在创作过程中道地的即席挥毫的画家，并赋予他的作品以中国绘画所特有的绘画性质和优美。"看来至少在这位苏联艺术家眼中，这种"即兴挥毫"的方式的蕴含，恰恰最能体现中国绘画的"性质"。参见 C. 奥布拉孜卓夫《看齐白石作画》，常那丹译，《美术》1954 年第 5 期。

② 关于该观点潘公凯在其多篇文章中都有所阐发，最早可见其《自我表现与人格映射》一文，载《限制与拓展——关于现代中国画的思考》，浙江人民美术出版社 2005 年版，第 64 页。

"习作"①。这说明以"构图"来代称"创作"也符合画家们在解决了作品主题或内容问题之后的核心任务所在②,"大部分作者将于五月初返回,届时将研究草图"。在一段报道"美协西安分会'百花画会'"的研讨会上,大家"首先强调了立意的新,并准备在草图方面多研究"。③ 这里出现的"草图"二字意味着,当在生活中确立了立意,搜集了素材(包括具体造型、色彩的记录),最终让一件作品能够诞生(区别于习作)的关键之处,就在"草图",也即通常说的构图。

在草图中论证修改最后敲定构图,按照草图经过一系列的绘制和制作成为作品,即是本文所强调的"创作—作品"意识引发的图式转型方法论,这种方法论使从传统走来的中国画家的绘制状态和内在心境与以往完全不同,因为他们必须着力于画面严整的视觉形态和效果控制,于是作品图式风格的个性获得了空前重视,这是新中国的中国画图式之变的一个重要观测点。④

---

① 参见 E. 基布利克《绘画的构图》,《美术》1954 年第 5 期;H. 德米特里耶娃《论美术家的创作构思——绘画构图讨论》,《美术》1954 年第 6 期;谢·楚伊科夫《论构思和制作——绘画构图讨论》,杨成寅译、吕叔东校,《美术》1954 年第 7 期;H. 涅普林茨夫《艺术形象与构图——绘画构图讨论》,杨成寅译、吕叔东校,《美术》1954 年第 12 期;马·亨·马尼泽尔《论构图(构图结构)的基本原理》,三槐译、吕叔东校,《美术》1955 年第 3 期;阿·拉普切夫《构图的几个问题》,三槐译、吕叔东校,《美术》1955 年第 4 期;本刊编辑《关于绘画构图讨论的介绍》,《美术》1955 年第 3 期。另在《美术研究》杂志上刊登讨论"创作"问题的文章中也将"创作"与"构图作品"同用,参见康·马克西莫夫《关于构图的谈话》,《美术研究》1957 年第 2 期;德米特里耶娃、莫洛卓夫《创作与习作》,《美术研究》1959 年第 3 期。可见在学习苏联的美术创作中,画家一旦解决了主题和立意等内容方面的问题后,"构图"便构成了"创作"的核心,这也再次证明社会主义现实主义的"创作—构图"之维对中国画包括花鸟画图式转型所存在的内在影响。

② 如潘絜兹在评价花鸟画家潘天寿的作品时谈到构图之于创作的重要作用:"创作含有各种复杂的因素,立意是创作的灵魂,构图和笔墨却是使一幅作品树立起来的骨肉。"参见潘絜兹《艺无止境 日新又新——喜读潘天寿先生画》,《人民日报》1962 年 10 月 11 日第 6 版。

③ 《美术》杂志关于美协陕西分会最近以来的大面积"深入生活"的报道。参见《美术动态》,《美术》1964 年第 3 期。

④ 比如在郭味蕖的花鸟画创作中,就非常强调"构图"的决定性作用:"构图是创作成功与否的重要关键,如果只在造型、笔墨技巧上下功夫,而放松了对构图布意、主题思想、宾主地位的慎重研究和安排,就是费尽心机,也不能得到好的效果。""关键在于作者在落笔之前,在脑海里先组织画面,进行完整的创作构思。"参见郭味蕖《写意花鸟画创作技法十六讲》(修订版),北京工艺美术出版社 2005 年版,第 142 页。

三 方法论的意识形态属性和中国画"图式转型"的强化

在中华人民共和国成立后十七年的艺术价值系统中,"创作"是被等同于"创新"来进行认知的,这不仅体现在美术界,也体现在整个文学艺术领域;不仅是美术界领导、专业画家、理论家的逻辑,也是普通观众的认识,这就使"创作"蒙上了意识形态色彩。在1958年以后,兴建的楼堂馆舍邀请潘天寿作画,他后来回忆说:"往往忙于应付,对于创新方面有些矛盾,创作数量,自然比较少。因(此)也没有满意的作品创出来。"① 可见,在潘天寿本人看来,那些为求画者绘制的应酬作品(即便已画得相当严肃认真),是不符合自己对"创作"的要求的。1961年,肖云儒曾在一篇《创作与创新》的文章中反复强调和明确了这一逻辑:"顾名思义,文艺创作,是有所'创'之作……大概也是因为这个缘故,不少作者都喜欢谦虚地把自己那些还不成熟的作品叫做'习作'。"② 文章虽然针对文学创作展开,但也充分体现了十七年文艺评价系统中,评价一件作品是否是"创作",就要看其是否具备内容与形式两方面的"创新"这个要素。而对于中国画而言,如果仅仅完成题材内容的创新而不能创造出能为其服务的"新的形式",那顶多是"旧瓶装新酒"而已,而如果仅仅立足于形式语言的练习,而不能在内容主题上有所创造,那充其量就只是一张"习作"。不新就不能反映这个伟大的时代,不新就不能与其他阶级的艺术有所区别,不新不足以引起"人民"的注意。这是美学家洪毅然在一篇文章

---

① 潘天寿《自述》未刊,转引自纯然、黄专编《潘天寿艺术活动年谱》,《新美术》1991年第2期。

② 在这篇文章中,作者阐述了创作的两个要素:"一是题材内容要新,二是形式和表现手法要新。"而在形式和表现手法方面也有两种路径:"一是能采用别人很少采用的手法和表现形式……二是能推陈出新,使传统的手法和形式突破原来的格式,为新的内容、新的性格服务。"参见肖云儒《创作和创新》,《沈阳日报》1961年9月28日第3版。"创作"="创新"是当时文艺界的普遍认识,对于绘画而言,这种认识明确了创作对于新的视觉感受的强调,从这个角度来说,延续吴昌硕的花鸟画图式风格就不能算"创作",而只能算"习作"。

中谈到的。洪毅然还说:"(在题材、主题既已新颖之后)根据内容决定形式的原理……目前一定要有崭新的形式,才能充分表现其内容。"①从某种意义上说,"创作"="创新"的逻辑成为新中国画图式革新意识形态层面的动力。

1949年前中国画"中西融合"思维框架中的这种"构图—创作—作品"的逻辑链条还并没有完全形成,所以那时对视觉图式外观转型的探索还只是局限在个人及其传派或某些个别地域的努力范围之内,并没有对整个中国画坛的图式转型实践产生普遍的影响。有资料可以表明,直到全面抗战前夕,整个中国画领域真正在创作实践上以笔墨反映现代生活或者着力于符合现代视觉艺术世界的图式要求的作品都并不多,更多画家还是沉浸在古雅的往昔世界中。② 事实上在当时的中国画领域,直接师法徐悲鸿的花鸟、畜兽画的艺术家寥寥无几,因此其以写实主义改良中国画的主张更多的是作为一种思想资源在中国画教育和人物画领域发生影响,而他关于"改良"中国画的主张中并不包含"花鸟画"③,可见他更在意的仍然是写实,而非完整的作品意识。与他类似的是整合西方现代艺术的图式风格和传统民间瓷画等艺术语言为中国画带来图式革新的林风眠,虽然也代表了一种对中国图式进行变革的策略,但由于特定的历史原因,他真正对整个中国画的图式转型发生较普遍影响却是在"文化大革命"之后的事(比如其弟子吴冠中);岭南"二高一陈"的创新实践和图式革新的主张虽然在民国时期也通过展览、出版、授徒等方式进行普及和传播,但其借鉴东洋的方法在当时也

---

① 洪毅然手稿《谈艺术创作的新与美》(1960年2月)。石鲁在一篇题为《新与美》的文章中也结合创作谈到了相同的看法。参见石鲁《新与美》,《思想战线》1959年第12期。
② 徐警百:《全同美展侧面观》,《青年艺术》(广州)1937年第3期。
③ 徐悲鸿认为中国画中成就最高者为花鸟画,因为体物精微的宋代院体花鸟画非常符合他的写实趣味,因而在其关于中国画改良的言论中,不涉及花鸟画。可参见华天雪《徐悲鸿的中国画改良》,博士学位论文,中国艺术研究院,2006年。

同样受到质疑。①"二高一陈"在中华人民共和国成立之前已经去世,弟子中以花鸟画名世的赵少昂、杨善深也离开大陆,因此即使在中华人民共和国成立之后,岭南画家在中国画图式上的努力也并没有在全国得到广泛的传播。②虽然在历史的叙述中,我们不能忽略诸如张书旂、刘奎龄等人以西润中的努力,但在影响范围上讲,他们毕竟不能用以说明20世纪前半叶整个花鸟画的图式发生了集体性的转向。③如果不夸大20世纪前半期徐悲鸿、林风眠、"二高一陈"等人在花鸟画图式革新方面的实际影响的话,我们就会发现,无论金石大写意画风④、小写意画风⑤,还是

---

① 比如1926年高剑父弟子方人定在《国民新闻》文艺副刊上发表了题为《新国画与旧国画》的文章,批评旧派画家因循守旧,而以"二高一陈"为代表的折衷派画家紧随时代,面向现实。文章发表后,代表广东传统力量的国画研究会成员潘达微授意青年画家黄般若撰文反驳,并举出大量高、陈抄袭日本画的图例。论争持续两年之久,史称"方黄论战"(黎葛民、麦汉永《广东折衷派两画家陈树人与高剑父》,载《广东文史资料》第33辑,广东人民出版社1981年版)。这反映出即使在"岭南画派"的大本营,"二高一陈"的主张对整个广东中国画或花鸟画界发生的实际效果并没有想象得那样大,何况整个中国花鸟画坛。甚至直到1948年,围绕高剑父的"新国画"主张仍然不乏争论,广州这方面的文章有:李育中《谈折衷的画——特提供一些问题》、陈思斗《提供的提供》、王益伦《绘画上的"派"——也算是一些问题的特别提供》、胡根天《新国画与折衷》、方人定《绘画的折衷派》、胡根天《新国画的建立问题》、李育中《再谈折衷的画——结束这一次论争》等。大致观点都是对"不中不西"的"新国画"表示质疑或批评,这提示我们注意那种以20世纪花鸟画中出现的"中西融合"的新主张和新探索来概括当时整个花鸟画坛的情况恐怕是有失真实的。

② 况且岭南画派的第一代宿将的政治身份也会对其画风在新中国的传播带来障碍(高剑父、高奇峰、陈树人都是国民党员,至少在他们自己的宣传中,他们都曾在国民党政府中担任重要职位,虽然当时的部分说法在今天的学者那里被证明并非事实。可参见黄大德《张扬的背后:高剑父在辛亥》,《美术学报》2013年第1期)。中华人民共和国成立后十七年中国美术家协会的机关刊物《美术》杂志上没有发表过与"二高一陈"直接相关的文章或作品,对整个岭南画派的介绍也几乎没有,只曾在介绍湖南女花鸟画家邵一萍的作品《萱花》时提到她曾从学于岭南画派。

③ 民国时期虽然有康有为、陈独秀、徐悲鸿等人的"以西方写实绘画改良中国画"的主张和实践活动,但据张涛的研究,当时北京画坛仍然笼罩在传统派的实际影响之下,在民国时期的中国画市场上,买卖双方仍然以传统国画风格为主要诉求。参见张涛《民国前期北京画家生活状况与市场形态研究》,博士学位论文,中央美术学院,2012年。而此时"万国同会"的上海画坛和市场上,吴昌硕、王一亭为代表的金石画风仍是追捧的对象(俞剑华《七十五年来的国画》,《申报》1947年9月21日)。这在某种程度上提醒我们重新思考"中西融合"之维在那段历史中的实际影响。

④ 如吴昌硕之后的齐白石、王震、赵云壑、潘天寿、诸闻韵、陈师曾、陈半丁、王个簃、来楚生等人,代表了金石画风的一路上扬。

⑤ 比如吴湖帆、朱文侯、王梦白、唐云、张大壮、陆抑非、江寒汀等人构成民国时期小写意花鸟画的基本阵容。

对工笔传统的复兴①,从人数和实际影响上仍然代表着当时中国画坛的最普遍状况。20世纪前半叶,虽然中国画的图式革新已经开始,但由于各种原因,并没有在整体的中国画坛形成一种较为普遍的画史趋势,甚至虽然传统的写生观念被重新激活,虽然在民国时期绘画市场的起步和市民的通俗趣味影响下,有些画家开始拓展新的题材,尝试更接"地气"的新的表现语言和色彩效果,但总体上,中国画仍然在传承着宋画及石涛、八大、扬州八怪、吴昌硕、华嵒等的图式风格或方式。②

1949年之后,包括中国画在内的所有艺术形式都要经过"人民"概念的检验和改造,然而,这并不是十七年时期中国画家面对问题的全部,主题的转换可以回答"画什么",但却回答不了"怎么画"的问题,因此,以怎样的图式努力和作为来应对十七年中国画"改造"期间的新主题和新要求,这构成了中华人民共和国成立后中国画图式革新的意识形态要求。而与徐悲鸿同时代的"拟稿之学"在这种转型中感受到了空前的压力,他们不仅需要重新面对现实生活时的"对景写生",更需要积极进入新中国文艺体制和具有意识形态色彩的创作方法论系统的语境,在改造与应对的框架下,中国画的图式转型不断深入和强化。

---

① 溥儒、张大千包括1949年以前的于非闇、陈之佛、谢稚柳、陈子奋等都对工笔花鸟画的复兴作出贡献。

② 俞剑华的《现代中国画坛的状况》(《真善美》第2卷第2号,1928年6月16日)一文中说:"足以代表中国画坛的地方,只有现在危在旦夕的北京和万国同会的上海。"而时至1947年,俞剑华在其《七十五年来的国画》一文中认为最能代表当时北平画坛的画家有"萧谦中、萧屋泉、姚茫父、陈半丁、贺履之、唐定之、陈师曾、胡佩衡、王梦白、凌克直、余绍宋、金拱北、齐白石诸先生。"而"……除齐白石外,都是笔墨纯正、气息古雅……足与北平对抗的是上海,那时叱咤一时的英雄,自然是吴昌硕、王一亭。昌硕先生,金石书画,俱堪名家,尤能以书法入画,虽似粗头乱服,而醇厚温重之金石气,力能扛鼎……其时以日人在欧战中多暴发户,喜购书画,尤嗜昌硕的作品,故能纸贵洛阳,风靡一时",充分说明民国时期花鸟画的图式并未因"中西融合"而产生全面转型,反而那些立足本土资源的图式风格在当时更受欢迎。

中华民族共同体视野下新疆东部地区维吾尔族织绣纹样的艺术体系构建[*]

李 楠 罗晓欢[**]

内容提要：在研究新疆维吾尔族织绣纹样的学术史中，追求对象的差异性、典型性的目标构成了研究思路的惯性，但回到田野，就会发现新疆东部地区的维吾尔族织绣在历史与现实的时空中与内地织绣文化的交融关系和形式上的共通性，这种交融关系促成了新疆维吾尔族织绣纹样在审美与技术上的独特互动。如：新疆东部地区的维吾尔族织绣艺术更依赖"绣"的技术，而新疆南部地区的维吾尔族织绣却是以"织"为主，而在自晋唐时期的阿斯塔那墓葬遗存→清代哈密回王陵→现当代吐鲁番哈密维吾尔民间刺绣的历史更迭中，也明显地表现出早期依赖织造显花，现当代以刺绣显花为主的技术特征。对新疆维吾尔族织绣艺术全方位的研究有助于客观地还原历史真相，筑牢"中华民族共同体"意识。

关键词：中华民族共同体；内地文化因素；织绣纹样；审美与工艺互动

---

[*] [基金项目] 国家社科基金一般项目"中华民族共同体视野下的新疆民艺图像研究"（22MBZ163）。

[**] 李楠（1979— ），女，文艺学博士，重庆师范大学教授，主要从事民艺学研究、中国画创作与理论研究；罗晓欢（1972— ），男，艺术学博士，重庆师范大学教授，主要从事西南地区民间美术研究。

一 从学术史的观察出发

对独特性的追求是研究民族文化与地域文化所持的一种思维导向，主要是针对特定民族与地域文化的特殊性与差异性展开讨论，从而丰富人们对于人类文化表象和类型的认识，深化人们对人类文化性质的把握。但如果我们在民艺学中追寻特定人群的艺术文化活动的样貌和特征时，忘记了人类学从社会条件的角度解释研究对象因果关系的任务，则会将我们的研究引向偏狭。比如，正是基于对维吾尔族织绣艺术独特性样貌的构建，使研究者更加看重维吾尔族与中原（或内地）文化艺术之间反差巨大的阿拉伯—伊斯兰的艺术系统（包括织绣纹样的造型系统与工艺系统）。① 该系统下的纹样主要依靠织造显花，以经纬交织，相互遮掩产生图案，这以新疆维吾尔族地毯最为典型（虽然地毯的显花工艺与传统织造工艺又有所不同，不是以经纬交织直接产生图案，而是在经纬交织的过程中进行挂绒），但这种工艺（不必借助尺子等工具就可完全做到上、下、左、右对称）下生成的纹样仍是一种理性化、数理化、秩序化、几何化的图像，织工们在织造中只要依照事先设计好的图纸，通过对经纬线数目的严格控制，按照所标注的坐标与点就能精确地进行显花。正是这种理性化、数理化、秩序化、几何化的图像及其技术与阿拉伯—伊斯兰艺术的审美追求互为表里，因此人们便在这一相对稳定的解释系统中去探讨与之相似的维吾尔族花帽与其他类型的织物花纹。

从表面上看，通过上述的研究似乎就能把握维吾尔族织绣艺术的主

---

① 阿拉伯—伊斯兰艺术受到希腊与印度几何数理思维的影响，纹样更加注重理性化构图，包括植物纹样在内均呈现出几何构图原理，以圆形为基础，在图像的不断分割中形成其他图形，继而形成一种重复的、繁密的、可无限延伸的图式结构。必须说明的是，虽然表面上看新疆南部地区维吾尔族织造技术下生成的纹样与阿拉伯—伊斯兰艺术有着密切的关联，但是走入田野，许多内地纹样的题材与图式同样对其影响深远，如地毯中的博古纹，亦是在借鉴内地同类纹样的基础上为了适应织造显花工艺而生成的，同样一些典型的团花与"陵阳公样"等图式也会出现在其织造的纹样图案中。

要特征，但是，如果我们重新走进田野（而不是仅在各种民族艺术图案集中搜求答案），我们就会发现事实并非全如上述想象，生活中的许多纹样与内地的同类纹样差别不大，甚至界限模糊，许多现实的材料虽然不具备上述人们所追寻的那种维吾尔族典型特色，但它们却也实实在在地参与着研究对象生活的建构，然而这部分材料并没有引起研究者们的足够重视。因此，本文希望从这批被以往的研究所忽视的材料入手，将其纳入维吾尔族完整的织绣艺术体系的解释中，将研究的视角从以往人们更愿意选择的维吾尔族聚居的新疆南部四地州转向东部地区，并以吐鲁番与哈密为核心展开。

在对新疆东部地区的维吾尔族织绣纹样进行研究时，有三批来自不同时期的材料值得我们重视，一是吐鲁番阿斯塔那墓葬中的大量丝织物纹样，它代表的是新疆东部维吾尔族织绣纹样的晋—唐渊源；二是清代回王府中的宫廷与贵族服饰纹样在民间的流布与传播，它所展现的是清季民国时期新疆东部维吾尔族织绣艺术的总体发展趋势，亦是在内地文化参与构建下的纹样体系；三是现当代新疆东部维吾尔族各类织物上的刺绣纹样，是人们能够看到、接触到的客观存在，其中不仅继承了自晋唐时期就在当地流传的织绣纹样与清季民国时期该地区所盛行的源自贵族系统中的诸多纹样，还包括了与内地自民间底层的交流、交融中所新现的部分纹样，这类纹样虽然较早期传入的部分纹样在造型与图式上均有所区别，但也渊源有自，亦是当下新疆东部维吾尔族刺绣纹样的组成部分。

二 历史与现实中的文化交融

自东汉以降，伴随着政权的更迭，新疆地区就有大量的汉族人口迁入，在当地建立了政权，并进行了几乎不间断的长期统治。晋—唐时期大量的内地织物传入新疆东部，随之而来的一些先进的织绣工艺与精美的纹样图案对当地的民众艺术产生了极为深远的影响。尤其是到了明清时期，该地政权与内地无论是在军事、经济还是文化、艺术上都有着非常密切的联系,随着清代回王府中源自内地贵族与文人艺术系统的大量刺绣的民间传播,使得满、汉、蒙等织绣文化也融入维吾尔族的刺绣艺术中。在对当下的刺绣纹样进行田野调研时,我们同样发现大批维吾尔族刺绣纹样,无论工艺技法、图案样式,还是审美风格都与内地的同类纹样极为相似,由此也能推断出,该地区与内地的交流是多渠道进行的,也为我们了解完整的新疆维吾尔织绣打开了一扇重要的窗口。

(一) 新疆东部地区维吾尔织绣的晋—唐渊源

晋—唐时期吐鲁番阿斯塔那墓葬中的织绣纹样多为织造显花,这种工艺极为符合秉承阿拉伯—伊斯兰造型理念的新疆南部维吾尔族织绣艺术,因此与该墓葬织物较为相似的花纹造型与图式也多出现在后世的维吾尔族织绣纹样中。当下的新疆东部维吾尔族织绣,除了部分纹样同样具备上述的特征外,还有部分纹样是从该墓葬遗存的织绣纹样题材中提取元素,并加工改造散播在该民族的刺绣中,如:刺绣中有自汉代甚至更早期起在内地所流传的纹样,包括:菱格纹、柿蒂纹、龟背纹、龙(夔)纹、凤纹、仙鹤纹、云纹等,这些纹样紧随内地纹样造型的演变而发生变化。其中部分纹样,如:菱格纹、柿蒂纹、龟背纹,在当下的维吾尔族织绣中虽多为织造而成,但也在刺绣中出现。[①] 此外,在新疆东部的维吾尔族刺绣中,龙凤纹样发展至现当代,其神性特征被逐渐弱化,

---

① 这部分纹样大多出自吐鲁番阿斯塔那墓葬群,如:菱格纹多见于墓葬中唐代宦官偶的衣物之上;柿蒂纹在南北朝时期的"夔纹锦"与唐代的"绛纱地柿蒂纹蜡缬"中可见;龙(夔)纹较为典型的有39号墓地出土的东晋"织成履"中的龙(夔)纹造型、382号墓出土的南北朝时期的"共命鸟纹刺绣"中的刺绣龙纹、177号墓出土的北凉时期的"藏青地禽兽纹锦"中的龙纹、88号墓出土的南北朝时期的"夔纹锦"中的龙(夔)造型,以及该墓葬出土的唐代双团窠"联珠龙纹绮"中的龙纹等;在阿拉沟墓地28号墓出土的公元前300年的"凤纹丝绣"与阿斯塔那381号墓出土的唐代"真红地花鸟凤蝶纹锦"以及吐鲁番胜金口佛寺中出土的唐代"红地飞凤蛱蝶团花锦"中出现有不同的造型凤纹;仙鹤纹与云纹作为道教题材亦出现在阿斯塔那191号墓中的唐代"绿地模板印仙人骑鹤纹绢"之上。上述的这些纹样中虽有少量的印染与刺绣,但最为多见的还是织锦纹样。因此,该时期的织绣纹样在造型与图式上表现出较为规整的图案化特征。但是发展到后世这部分纹样中除了几何化的菱格纹、龟背纹与柿蒂纹外,其他类型的纹样均朝着写实性的方向发展,并在世俗化的过程中逐渐以刺绣替代了织造,这与内地同类纹样的发展轨迹极为相似。

朝着更为世俗化的方向发展（见图1）；仙鹤纹与云纹等汉地道教题材随着明清时期内地宫廷服饰纹样在新疆东部传播而分流至维吾尔族民间，在造型上相较晋—唐时期的同类纹样更为写实。如：仙鹤纹样作为明清时期一品文官的补子纹样①（见图2）被当地的维吾尔人所熟知，并逐渐在民间传播与使用；云纹朝着更加具象的"如意纹"方向发展；牡丹纹与蝴蝶纹在发展中写实化的造型特征凸显，在清季民国时期的维吾尔族刺绣中发展到了极致。除了上述的纹样题材外，阿斯塔那墓葬中也有部分经内地文化改造后的外来纹样或融合纹样亦成为新疆东部维吾尔族刺绣纹样的本源之一，如：被赋予内地文化特征的葡萄纹、石榴纹等，这类纹样虽然在图式上较传入之初并没有太大的改变，但是其中多子多福的象征寓意却是源于内地的；再如：绶带纹样在织绣中的出现虽然与外来纹样的使用有关，但在我国山东沂南的汉墓石刻武士像的服饰之上就已出现了绶带纹样，不但如此，内地舆服制度建立后，绶带还具有区分官阶的作用，这些在《周礼·天官》《礼记》《新唐书·车服志》等内地典籍中均有记载，在唐代官服的花色名目中也有"鸾衔长绶"。在后世的发展中绶带纹样常与各类"八宝"纹组合为寓意吉祥的纹样，且因"绶"与"寿"谐音，又具有长寿之意；还有部分纹样在被借鉴的同时在图式造型上发生了改变，如：由忍冬纹与卷草纹演化而来的"唐草"纹样，包括逐渐在后世中演变而成的缠枝花卉等，都明显具有内地文化特征。而一些随佛教等诸多宗教文化传入的纹样，包括孔雀纹、联珠纹、莲花纹等，在后世的传播中要么原有的宗教性质被隐匿，如：孔雀纹样只是因为其华美艳丽的造型被当地人所使用，其"大明王菩萨"的象征不复存在，莲花纹在被内地文化同化后，更多传达的是儒家思想观念下清廉与高洁的文人气息；要么在图式造型上发生了极大的变化，朝着更加符合

---

① 明清时期的内地官服之上以各种瑞兽禽鸟来区分官品等级，其中代表文官的是为九种禽鸟，只是明朝与清朝的八品与九品文官补服上的禽鸟有所不同：明朝文八品为黄鹂，九品为鹌鹑；清朝文八品为鹌鹑，九品为练雀。

图 1

上排从左至右：东晋—唐 织成履、夔纹锦、共命鸟纹刺绣与清代回王蟒袍上的龙纹、现当代东疆民间刺绣中的龙（蟒）纹。

图片来源：笔者2015年4月与2017年8月拍摄于新疆维吾尔自治区博物馆与哈密博物馆、2017年9月拍摄于哈密阿加汗特色产业开发有限公司展厅。

下排从左至右：唐"真红地花鸟凤蝶纹锦""红地飞凤蛱蝶团花锦"中的凤纹、清季民国新疆东部维吾尔族的刺绣凤鸟纹样、现当代 新疆东部维吾尔族的刺绣凤鸟纹样。

图片来源：李肖冰《中国西域民族服饰研究》，新疆人民出版社1995年版，第204、205页；张昕中《哈密维吾尔族服饰》，新疆美术摄影出版社2006年版，第87页；笔者2017年9月拍摄于哈密四堡阿米娜·买买提艺人家中。

中国审美的方向发展，如：孔雀颈部的绶带纹逐渐消失，从侧面站立的造型逐渐发展为体态优美多姿的写实纹样，联珠纹除了传入之初的太阳象征被逐渐弱化外，珠纹还不断地朝着盘绦纹、卷草纹，以及其他类型的几何纹与双环珠纹等多样化方向发展，珠纹中的小型联珠纹与回纹也逐渐消失或被仰面莲花等纹样所替代，而团窠中的域外独兽亦被"陵阳公样"[①] 所

[①] "窦师纶，字希言，纳言陈国公抗之子。初为太宗秦王府咨议，相国录事参军，封陵阳公。性巧绝，草创之际，乘舆皆阙，敕兼益州大行台检校修造。凡创瑞锦宫绫，章彩奇丽，蜀人至今谓之'陵阳公样'。官至太府卿，银、坊、邛三州刺史。高祖、太宗时，内库瑞锦对雉、斗羊、翔凤、游麟之状，创自师纶，至今传之。"参见（唐）张彦远《历代名画记》卷10。

取代。除此之外，还有部分为了迎合域外市场所设计的适销纹样也在当地积淀，如类似"胡王"纹锦①中的牵驼人纹饰在当下新疆东部的维吾尔族绣品中依然可见。

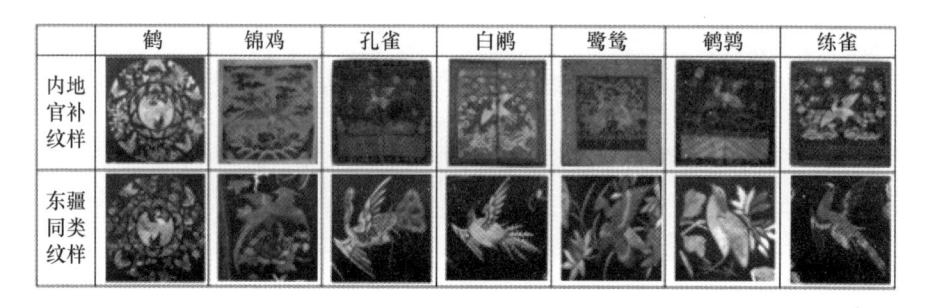

	鹤	锦鸡	孔雀	白鹇	鹭鸶	鹌鹑	练雀
内地官补纹样							
东疆同类纹样							

图2　内地官补纹样的借鉴

图片来源：王金华《中国传统服饰·清代服装》，中国纺织出版社2015年版，第57、91、95页；张昕中《哈密维吾尔族刺绣与传统服饰文化》，四川美术出版社2016年版，第64、136、137页；笔者拍摄于田野考察。

（二）清代回王府中的服饰纹样在新疆东部地区的流布

自伊斯兰教在新疆地区的传播与地位的巩固，新疆墓葬文化发生了改变，遗存至现当代的实物已非常罕见。也正因如此，研究中所要呈现的第二批实物材料就显得尤为重要，这批材料是清代回王府中的宫廷和贵族服饰上的刺绣纹样。

史料记载，清代回王府中的宫廷服饰皆为内地政府配给，因此与内地宫廷与贵族中的服饰在造型上抑或是纹样题材与工艺上都极为相

---

① 阿斯塔那墓葬出土了多件"胡王"锦，纹样造型颇为相似，是当时内地织工为了适应外域审美，投其所好设计的适销纹样。这种纹锦在诸多学者的研究中均被提及，可见其典型性。关于对"胡王"锦的具体描述可参见武敏《吐鲁番出土蜀锦的研究》，《文物》1984年第6期；新疆维吾尔自治区地方志编纂委员会《新疆通志·文物志》，新疆人民出版社2007年版，第512页；李肖冰《中国西域民族服饰研究》，新疆人民出版社1995版，第114页；新疆维吾尔自治区博物馆编《古代西域服饰撷萃》，文物出版社2010年版，第83页；李楠、潘鲁生《传播与回授：公元5—8世纪吐鲁番地区服饰织锦遗存中的几种动物纹样》，《美术与设计》2016年第5期。

似，只是随着这批材料在当地民间的不断传播，一些纹样在不断世俗化的过程中发生了些许变化，但回王府服饰纹样的存在和其在民间的流布给新疆东部的维吾尔族刺绣注入了新的活力，维吾尔族对其在工艺、纹样题材和图式风格上的借鉴，构成了与内地织绣文化交融的事实。

首先是在工艺上的借鉴。对清季民国时期哈密的维吾尔族刺绣遗存进行分析就会发现，此时刺绣的针法包括：平绣（直针、斜针、缠针），抢针绣，套针绣（平套、散套、擞和针），锁针绣（辫针、锁边），打子绣（打籽、绕针），盘金绣，平金绣，补绣等，与内地同时期刺绣工艺大致相同。相传，清代回王府在建府之初从内地挑选了200名优秀的绣娘将刺绣工艺带入新疆东部各地，这类说法在当地民众中已成为共识。

其次是纹样题材的借鉴与吉祥文化的吸收。该时期的刺绣纹样除了极少部分为本土原发性纹样外（如：在一件维吾尔族妇女的大襟上衣的前襟边饰中以二方连续排列的巴旦木纹样①），大部分题材皆源自内地，其中吉祥文化的融入成为该时期刺绣纹样的一大特征，有象征富贵太平的牡丹、海棠、灵芝、谷穗纹样；有寓意多子多福的石榴、瓜瓞、佛手、葫芦纹样；有代表长寿的桃子、松树、菊花、月季纹样；有赋予人格化品质的梅、兰草、竹、水仙、玉兰纹样等。② 另外还有直接从宫廷与贵族服饰中提取的如：鹤、孔雀、锦鸡、白鹇、鹭鸶、练雀、鹌鹑、海水江崖纹、八宝纹、龙凤纹、太阳纹、博古纹、团寿纹、回文、

---

① 该衣物为清季民国时期的哈密维吾尔族团鹤海浪纹大襟上衣。参见清代内地的满汉服饰的造型样式，右衽大襟、除了沿用传统的装饰方式外（如在下摆使用海水江崖纹，袖口以如意云纹做装饰），依照维吾尔族的审美特点，团鹤纹样自由排布、领口与大襟处饰有海水江崖纹样，其中袖口部位镶嵌着一条以"S"形头尾相向连续排布的巴旦木纹样。

② 这里按照纹样在使用中所包含寓意的多寡进行大致分类。就像汉文字中的一字多义，同一种纹样往往在不同的语境下具有不同的文化寓意，如葫芦纹样，既象征多子多福，又代表"福禄"；松树与菊花既寓意长寿，又是"岁寒三友""四君子"题材中的元素，自然也被赋予文人的人格化品质等。

卍纹等。① 除了上述纹样外，还有部分出自内地民间系统的纹样，有鸳鸯、喜鹊、蝙蝠、鱼、松鼠、螳螂、蝴蝶以及人物纹样等。② 这些纹样与内地的同类纹样在造型与工艺上都极为相似，部分纹样甚至是被直接拿来使用。

最后是纹样图式风格的借鉴。这时期的纹样图式绝大多数是直接源自内地，如：福寿三多、松鹤延年、连生贵子、龙凤呈祥、五福捧寿等都延续着固定的样式，有着明显的图案化特征，但是其中部分纹样采用的传统绘画图式也不容忽视，在调研中我们可以看到一批写实性的花卉纹样，如：梅、兰、竹、菊、玉兰、紫藤、秋葵、螳螂、牡丹、菊花等，均是从内地绘画中所提取的造型元素，并以折枝构图、丛聚构图、清供构图等方式呈现（见图3、图4），与内地的同类型绘画图式极为相似，有非常明显的写实化与程式化的特征，这在之前的维吾尔织绣纹样中是从来没有出现过的。

（三）现当代的新疆东部地区维吾尔族刺绣纹样

顺应当下生产生活的需要，如今新疆东部的维吾尔族刺绣载体从服饰向家用织物偏移，虽然依旧延续传统中的部分题材元素，但在使用上有了侧重，基于装饰的需要，除了少量的动物纹样外③，大量的不同种类

---

① 之所以确定这批纹样源自清代回王府中的宫廷与贵族服饰，是因为这类服饰的纹样题材有着较为固定的图式，如该时期维吾尔族服饰中搭配使用的海水江崖纹、八宝纹、红色蝙蝠、卍纹等，这种组合方式明显源自清代内地的龙（蟒）袍，还有上述的一些禽鸟纹样与太阳纹，也是借鉴了清代官补服中的造型，如与海水纹相互搭配使用的太阳纹造型，以及鹭鸶、白鹇与练雀尾部的程式化造型与内地文官补中的同类纹样几乎一般无二，加之这类禽鸟是新疆地区所没有的，更能说明其借鉴的可能性。再有维吾尔族虽然有豢养孔雀的历史，鹌鹑新疆也有，但是将孔雀与鹌鹑纹样使用在织绣中却是受到内地官补纹样的影响，尤其是清季民国时期随着社会底层文化的不断交融，与牡丹搭配使用的孔雀纹样也出现在新疆东部的维吾尔族刺绣之中，鹌鹑与菊花搭配构成的"安居和美"亦是内地民间纹样中的固定图式。

② 严格意义上讲，这类纹样亦是借鉴了清代贵族服饰元素。生活在社会最底层中的劳动人民很少挂花样绣制在服饰之上，但在"风"与"俗"的交织变化中这类纹样逐渐传播至民间，并多使用在民间刺绣之中，而且这类题材亦多为百姓喜闻乐见且寓意吉祥。

③ 现当代维吾尔族传统刺绣中动物纹样与人物纹样的大量缺失与伊斯兰信仰反对偶像崇拜有着重要关联，但是在新疆东部的维吾尔族刺绣中却有着部分动物纹样甚至人物纹样，虽然与在织造（包括其他类型的装饰艺术）中大量出现的几何纹样与阿拉伯藤蔓纹相比使用的频率较低，却也时常与花卉搭配使用在刺绣中，这也是内地文化根植于此地的有力证明。

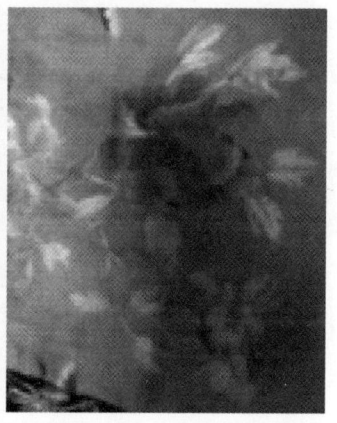

中华民族共同体视野下新疆东部地区维吾尔族织绣纹样的艺术体系构建　　271

图3

左图：（清）郎世宁《仙萼长春图之牡丹》，台北"故宫博物院"藏；右图：清季民国 东疆维吾尔族绣片上的牡丹纹样。

图片来源：笔者2017年9月拍摄于哈密天山乡热娜古丽·麦合苏木的"巧手室"。

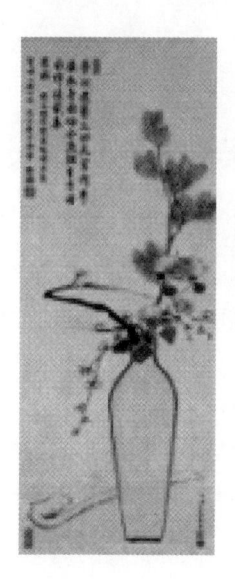

图4

左图：（清）永瑢《平安如意图轴》，北京故宫博物院藏；右图：清季民国 东疆维吾尔族清供刺绣。

图片来源：张昕中《哈密维吾尔族刺绣与传统服饰文化》，四川美术出版社2016年版，第112页。

的植物花卉与果实纹样成为装饰中的主体,并在传统图式造型的基础上有着从写实向着图案化方向发展的趋势。一些表现维吾尔族民俗和审美并寄托生存繁衍美好愿望的牡丹、荷花、菊花、葡萄、石榴、寿桃、佛手、哈密瓜等诸多纹样成为刺绣中最常见的题材。除此之外,一些新近现世的纹样也开始在刺绣中使用,包括:和平鸽、麻雀、水鸭、家禽、家畜等动物纹样,其中也不乏部分参照绘画与摄影作品所创作的风土民俗题材纹样和一些近年在当地出现的外来植物花果纹样。这类由当地维吾尔族绣娘群体自发创作的纹样虽然与传承久远的纹样在成熟度上无法比拟,甚至在造型与图式上都显得较为稚嫩,但却是对现实生活真实感悟的体现。

图5　凤鸟、孔雀纹样 卡德尔·热合曼的纹样设计稿
图片来源:笔者2017年9月拍摄于哈密传统工艺工作站。

近年来,国家对于非遗保护出台的诸多相关政策的有效实施成为新疆东部维吾尔族刺绣发展的一大契机,在借鉴内地先进组织机制的同时,在与内地知名企业与高校的研发机构进行合作中,一些接受了先进设计理念的维吾尔族绣娘(郎)开始对刺绣文化进行自觉保护,除了对传统纹样与工艺的继承外,还注重对纹样的设计创新,由此市面上也出现了大批具有现代气息的新兴刺绣纹样。典型案例：2016年3月哈密传统工艺工作站成立。随着在哈密地区工作的开展，以及与内地知名高校与企业的共同合作研发，一些先进的设计理念逐渐影响着当地的绣娘（郎），如卡德尔·热合曼（男）在接受内地诸多设计师的指导之后，成为一名纹样设计师。据艺人自述当下在哈密市面上出现的创新纹样至少一半以上均是由其设计（这点在对当地刺绣行业的调研中也得到印证），这类创意纹样既体现了维吾尔族的传统审美，又与时代紧密结合（见图5）。

三　织绣纹样技术与审美的互动

从现存世的晋—唐时期的新疆东部地区织绣可以看出多采用织造显花工艺，通过经纬交织与相互遮掩显现花纹，这其中有交织网状的几何骨骼纹样，有条带状排布的夔纹与山形云气骨骼纹样，有以对称著称的陵阳公样，有包括联珠纹与宝相花在内的团窠纹样，也有部分散花构图纹样。该时期的丝织造工艺在借鉴毛织物工艺的同时，在纹样的构成排布上发生了变化，从传统汉锦中由经线显花的竖式构图向着纬线显花的横向构图转变，此时丝织物中的花纹题材较之以往更为丰富，图式更加多元化，配色也由以往的三种向着更为丰富的方向发展，如：阿斯塔那墓葬中的织锦配色基本上都在五种颜色及以上。这种工艺与图式发展至后世主要被新疆南部地区的织绣所吸收，而新疆东部的维吾尔族刺绣除了借鉴其纹样的题材外，在工艺与图式上主要是吸收与传承了清季民国时期回王府流布的以及由内地民间传入的大量刺绣纹样。当下的刺绣纹样所呈现的是一种随机的、写实的、世俗的、绘画性的特征，刺绣中更加注重表现自然物象的本来样貌，并进行尝试性还原。但在此过程中，由于受到固定图式原有模板的影响，虽然在表现同一物象时会呈现出不同的样貌特征，但是大体上还是较为一致的，这也是由世俗化、底层化、工艺化所导致的可复制、可批量的民间工艺特点所决定的。

通过晋—唐时期、清季民国时期与现当代三个时间节点的实物材料比对发现，新疆东部的维吾尔族织绣工艺在历史进程中呈现出由织到绣的转化过程,这种工艺上的改变实则是由社会顶层文化向民众底层文化转变的过程,早期的织造显花需要集中化和规模化的生产和专门的社会组织,其图案模板也来自订件需求而不是织工的自觉自为;而现当代的刺绣显花的生产方式则是典型的个体劳动,不仅劳动时间和劳动强度完全由绣娘自己决定,而且图案模板也是由师徒家族在上述文脉变化中的自觉传承,而非外界强行"植入",这就使历史中由"织"到"绣"的技术变化过程与织绣审美由官方到民间、由数理计算到自由随机、由严肃理性到世俗生活的变化过程完全顺应。"风"与"俗"在此过程中不断的交织、渗透与演化,时至当下由贵族系统传承而来的刺绣纹样亦在不断世俗化的过程中朝着更加图案化、规律化的方向转化(见图6)。但不可否认的是,如今多元文化发展的背景下,顺应不同层次人群的需求,传统的纹样与造型图式在刺绣市场中还是占有一席之地。

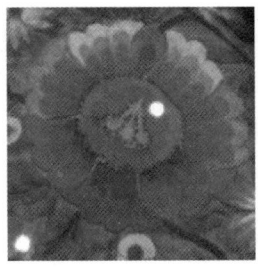

图6 清季民国与现当代东疆维吾尔族刺绣中的牡丹纹样

图片来源:笔者2017年9月拍摄于哈密天山乡二道沟村塔合恰细玛手工艺品展览馆、哈密阿加汗特色产业开发有限公司展厅、哈密四堡阿米娜·买买提家中。

研究中发现:新疆地区的维吾尔族织绣艺术中存在某种规律,即在地缘靠近内地的地区(如新疆东部)就越多的会选择刺绣为主要的显花工艺,也更能体现出内地文化当中以绘画为基础的造型装饰,即一种随机的、感性的、写实的纹样,这与在地缘上相较远离内地的新疆南部四地州的织绣所展现的几何化、秩序化、重计算性的纹样特征存在非常大的差异,织造工艺的显花方式更能便捷地体现出阿拉伯—伊斯兰艺术系统当中对于几何美的追求，因此两地的织绣纹样在美学风格上产生分歧，与我们惯常所认识的维吾尔族的那种阿拉伯—伊斯兰装饰纹样形成了巨大的反差。以在两地织绣中都在使用的清供纹样为例（见图7）：清代的维吾尔族清供构图借鉴了内地的绘画图式，在新疆东部地区这种写实化的图式造型依然延续，亦同样采用刺绣为工艺手段进行设计创作，但是这种图式在新疆南部的维吾尔族织造工艺下却产生了较大的变化，如几何化的造型与平面无交叠、无遮掩的图案化构图已具有地域文化特征，以适应当地维吾尔人的装饰观念与审美特征。

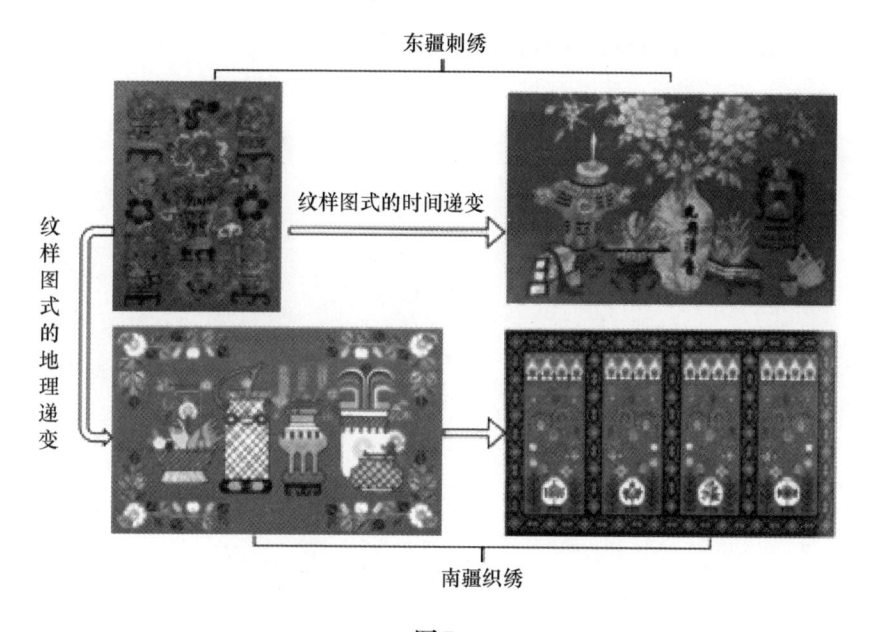

图 7

上排 左图：清季民国哈密维吾尔族马面裙裙门装饰；右图：现当代东疆维吾尔族刺绣中的博古纹样。

图片来源：张昕中《哈密维吾尔族刺绣与传统服饰文化》，四川美术出版社2016年版，第75、181页。

下排 左图：博古式地毯；右图：拜垫毯。

图片来源：《维吾尔族手工艺图案集》编委会《维吾尔族手工艺图案集》，新疆美术摄影出版社2015年版，第85、95页。

在新疆广袤无垠的土地上分布着大量的维吾尔族居民，他们的织绣艺术既有织也有绣，这也是在对维吾尔族织绣纹样的研究中为什么会使用"织绣"一词的原因所在。对于新疆维吾尔族织绣艺术的探讨，如果仅从典型性材料入手，一味强调其某种特殊性而忽略其共性所在，未免会陷入误区，如文中所讨论的这批材料虽然在新疆织绣艺术的总体样貌上不具备所谓的典型性，但是却客观存在且在当下新疆东部维吾尔族织绣艺术中占据着非常重要的位置，基于此，本文呈现的是由织到绣的地域上的变化与由织到绣历史维度上的变化，共同构成我们今天所要询问的维吾尔族织绣的本来面目究竟是什么的问题，同时也包括对形成这种面貌的因果关系的梳理与探讨。

书评与会议综述

"美美交融，其美无穷"儿童世界的营构
——评钟代华儿童诗集《大风的嘴巴》*

付冬生**

内容提要：《大风的嘴巴》是重庆诗人钟代华近年来的原创儿童诗精选，共收录童诗55首。诗集用绘本的形式呈现，诗中有画、画中有诗，将孩子们看似简单、琐碎的日常生活描摹得真切、鲜活、有趣，从而揭示他们内心微妙幽深而多彩的情愫。钟代华用孩提视角去审视探寻这个神秘的世界，揣摩孩子对大自然的亲近与陶醉之情，试图营构"美美交融，其美无穷"儿童世界。

关键词：钟代华；《大风的嘴巴》；儿童世界；营构

1983年起，重庆诗人钟代华在《人民日报》《当代》《儿童文学》等报刊上公开发表诗文近千首（篇）。1993年，钟代华推出第一本诗集《微笑》。此后，他便一发不可收拾，相继出版抒情诗集《穿过那段雨声》和六部儿童诗集《纸船》《让我们远行》《迎面而来》《画山的孩子》《叶片上的童话》《会走路的树》。钟代华曾荣获"宋庆龄儿童文学奖""陈伯吹儿童文学奖""台湾薛林怀乡青年诗奖""首届重庆儿童文学奖"

---

* ［基金项目］重庆市高等教育教学改革研究项目"'课程思政'视阈下高校本科《创意写作》课程改革研究"（223137）。

** 付冬生（1977—），男，文学博士，重庆师范大学文学院、重庆市抗战文史研究基地助理研究员，研究方向为儿童文学。

"建国40周年重庆文学奖"和"小天使"铜像奖等多项大奖。他还夺得1995年、1996年、1997年、1999年及2003年度全国读者投票评选的上海《少年文艺》杂志"好作品奖"。作品《纸船》《翅膀》《我们的六月》等被收入《儿童文学选刊》《中国儿童文学》《儿童文学教程》《中国儿童文学60年典藏·诗歌卷》等多种选刊、选集及大中小语文教材或语文读本。著名儿童文学评论家、北京师范大学教授王泉根曾评价钟代华,"站在儿童本位的立场,以儿童叙事视角,观察儿童生活,展现儿童心灵世界,写出了他们的灵与肉、歌与笑、情与泪,写出了他们对自我对同伴对学校对人生对大千世界的思考、渴望与探求"①。诗人石天河赞扬钟代华的儿童诗:"有一种青春气息,有一种带着微笑带着歌唱走向春天走向阳光的力量。"②

重庆诗人吴芳吉曾将诗人分为三等:"其下为自身之写照,其中为他人之同情,其上为世界之创造。"③ 照此标准评判,许多诗人未曾摆脱"自身之写照"的范围。笔者曾在《钟代华儿童诗情感世界及语言风格透视》一文中指出:"新世纪以来,在中国儿童诗歌的版图上北京、上海和重庆呈现三足鼎立之势。而重庆市巴南区、永川区又成为西南直辖市重庆儿童诗歌的重镇。戚万凯为巴南区儿童诗坛的领袖,永川区的领军人物则为钟代华。"④ 事实上,数十年如一日坚持儿童诗创作并持续发力的钟代华早已成为重庆乃至全国非常有实力和影响力的儿童文学作家,其创作的一首首小、平、奇的儿童诗当属于孩童的"世界之创造"。

2021年开年之际,由重庆出版社出版的儿童诗绘本集《大风的嘴巴》公开发行,这是钟代华的第9部诗集,也是他出版的第7部儿童诗集。

---

① 王泉根:《儿童诗的两种尺度与儿童的认同度——序钟代华诗集〈迎面而来〉》,《重庆文理学院学报》(社会科学版)2006年第1期。
② 彭斯远:《钟代华儿童诗透视——〈青春少年〉代序》,《重庆师专学报》1998年第3期。
③ 蓝锡麟:《巴渝诗话》,西南师范大学出版社2020年版,第302页。
④ 付冬生:《钟代华儿童诗情感世界及语言风格透视》,《重庆文理学院学报》(社会科学版)2019年第3期。

《大风的嘴巴》是钟代华近年来原创童诗的精选,共收录儿童诗 55 首。诗集用绘本的形式呈现,诗中有画、画中有诗,将孩子们看似简单、琐碎的日常生活描摹得真切、鲜活、有趣,从而揭示他们内心微妙幽深而多彩的情愫,该诗集一出版便引起众多读者和学界的高度关注。

一

多年前,由上海《少年文艺》编辑部、四川省作协儿童文学委员会、重庆作家协会、四川少年儿童出版社、重庆出版社、《红领巾》杂志社等单位联合举办的"钟代华儿童诗研讨会"上,有学者就指出儿童诗的文体意识问题。与会代表认为,作为诗歌的一种类型,儿童诗具有与一般抒情诗相通的共性,也有其个性。从文体上讲,儿童诗具有一定的明朗性,它所表现的审美理想要从儿童心灵出发,表现孩子的成长意识和独立意识。"钟代华对儿童诗的文体意识体现在诗人对儿童诗文体规律的认识和把握,他创作儿童诗,都遵循这种文体规律,比如以儿童心理观照世界和人生,以清新、明快的手法表现诗人的童心体验等等,这就使他的儿童诗始终具有儿童诗的特征。"[①] 我们知道,儿童对这个世界充满好奇,希望能更多地感知和认识世界。钟代华的儿童诗用孩子的视角去审视和探寻这个神秘的世界,试图去揣摩孩子对大自然的亲近与陶醉之情。他的许多儿童诗充满着美感和生活气息,类似的诗作在诗集《大风的嘴巴》中比比皆是:有的诗写儿童观察身边的小动物,如《大蜜蜂》《七星瓢虫》《萤火虫》等;有的诗写儿童用双眼里发现的美,如《水花》《花王》《潮娃》《喷泉娃》等;也有的诗写孩子们享受生活的乐趣,如《小画板》《我放走了一只小蚂蚁》《黄昏时光》等。钟代华用孩子的眼光打量世界,用童诗写出孩子对身边事物有趣的观察、新鲜的认知、小小的惊喜,从而彰显儿童的天真活泼、纯真善良、童趣想象。来看《大风的嘴巴》:

[①] 蒋登科:《儿童视角下的诗歌探索——钟代华儿童诗研讨会综述》,《当代文坛》1995 年第 4 期。

谁惹大风发怒了／翻山越岭／扑向原野水岸／一路狂吼怪叫／还得意忘形地咆哮／鸟儿全都逃跑／花草树木们／吓得弓背弯腰

大风扮演的／是什么角色／满天的乌云作背景／舞台大得无边无际／却总在晃晃摇摇／大风的嘴巴／究竟长在哪里／为什么每一句唱腔／都张牙舞爪／没有一点儿友好①

诗人用孩子的双眸去审视和观察世界的自然现象——风。风能给人类造福，也能给人类带来灾害。它时而狂吼怪叫、得意忘形，吓得鸟儿、花草树木逃跑弯腰；它时而翻山越岭扑向原野水岸。有意思的是，风咆哮时好似张开的大嘴巴，每一句唱腔都张牙舞爪，对人的态度没有一点点友好。诗人将咆哮的风比拟为张大的嘴巴，比喻鲜明、贴切生动、童趣盎然，生动形象的比喻让孩子对风这一自然现象有了更直观、形象的感受。

再来看《萤火虫》：

亮了 亮了／点亮小灯笼／走进夜空下的花丛

星星们好羡慕／那么多关注的眼神／那么多呵护的观众

同样是一闪一闪／地上片片温热／天上阵阵冷风

照没照亮／月光下的林间小路／吓没吓坏／草根旁的那只小虫

什么时候才回家／什么时候才碰上／那个飞翔的梦②

我们知道，大自然的震撼之美在于它无时无刻不让人感叹它的美妙、它的神奇、它的广大，大自然的千变万化赋予孩子无穷的想象力，孩子对自然的热爱也推动着其内心理想的成长。一直以来，钟代华用儿童诗为孩子探索大自然的精神点赞，为孩子崇尚自然意识的情怀歌唱，其儿童诗张扬着永恒性、艺术性，极大地影响着孩子的内心情感及对世界自

---

① 钟代华：《大风的嘴巴》，重庆出版社2021年版，第4页。
② 钟代华：《大风的嘴巴》，重庆出版社2021年版，第30页。

然的认知。

二

别林斯基说:"童年时期,幻想乃是儿童心灵的主要的本领和力量,乃是心灵的杠杆。"① 爱因斯坦说:"想象力比知识更重要,因为知识是有限的,而想象力概括了世界上的一切,推动着社会进步,并且是知识进化的源泉。"② 我们知道,幻想对儿童天性的发展很重要,幻想可以将儿童精神世界和存在于他们自身之外的现实世界连接。当然,幻想也是儿童诗的核心。新时期以来,儿童诗创作面临着幻想性转变,更多的儿童诗采取的是现实性与幻想性互补的路径,这种转变更多地体现为幻想空间的拓展、诗歌意象的丰富以及素材的开拓。近几年来,儿童诗歌在创作上遭遇困境,特别是难以摆脱的成人本位的束缚、市场出版的冲击及消费时代娱乐因素干扰等,这在不同程度上给儿童诗创作带来困境。因此,如何在儿童诗的现实生存危机中构筑精神世界的丰富多彩显得尤为重要。为此,儿童诗人必须对儿童的精神世界有近乎本能的好奇并将自己幻化其中,以此还原诗歌本真的艺术魅力。诗人钟代华在创作中特别注重把握这一特征,其儿童诗创作更多地融入了幻想的特质。他的儿童诗往往高于一般的单纯幻想性文学作品,其诗作为小读者提供了充满幻想性的描述画面,让他们在自由想象中体验生活的快乐,从而去探索、认识世界和自然。

2020 年,新冠疫情肆虐全球。面对未知的病毒,孩子用自己的眼光和想象去揣摩、打量这个被病毒感染的世界。于是,钟代华的《病毒魔王》应运而生:

好吓人/好可怕/庞大的城市/遥远的乡村/都在躲避
那个病毒魔王/长什么样子/总是装神弄鬼/带着腾腾杀气/无论

---

① 周忠和编译:《俄苏作家论儿童文学》,河南少年儿童出版社1983年版,第13页。
② 文献良、文彦:《知识经济与意识创新》,四川辞书出版社1999年版,第44页。

到哪里/都不怀好意/干的全是坏事/神不知鬼不觉/爬进鼻孔/溜进嘴皮/钻进肚子/难道是好奇/想寻找人类的秘密/排出毒阵/专门攻击/一个个人体/听不到怪叫咆哮/看不见张牙舞爪/却轻而易举地/让你发烧/让你咳嗽/相互传染/亲情隔离/疼痛不已/甚至在空气里/也横行霸道/来无踪去无影/幸灾乐祸/洋洋得意/击中他/缠上你/却无声无息

　　厚厚的雪地上/竟没有小孩游戏

　　春天出发了/花儿们相约聚集/病毒魔王/准备撤退 逃离

　　也许一颗颗爱心/能赶走猖獗的邪气/所有害怕阳光的/总是那些阴暗潮湿/病毒魔王/看你还耍什么花招/跟人间的神医天使/斗勇斗智/还有干净清洁/还有许许多多/好习惯的魔力/是不是/你最惧怕的天敌①

　　孩子的想象力是无边无际的，他们喜欢用想象和幻想来猜测未知事物。而钟代华试图在童诗中培养孩子对世界和自然未知事物的感知力。于是，幻想性也成为其儿童诗的一大特征。面对新冠病毒的肆虐，孩子们无法理解病毒的危害，只觉行动不便，一切都那么不自然，无法在室外游戏，出门要戴口罩。诗人则用孩子的眼光去观察病毒到来时社会的变化：人们都纷纷躲避，不能外出。在诗中，诗人将病毒比拟为可怕的魔王：杀气腾腾、装神弄鬼、张牙舞爪、横行霸道、来去无踪、恐怖可怕。这种比喻形象贴切，符合孩子的想象。尤为难得的是，诗的最后一节歌颂了白衣天使及世间的大爱，指出孩子要养成干净清洁好习惯的重要性。此外，类似的儿童诗还有《蒙面人》：

　　这个世界怎么啦/大家都戴上了口罩/大家都变成了蒙面人

　　蒙住了帅气/蒙住了美丽/蒙住了天真/蒙住了熟悉/蒙住了微笑/

---

① 钟代华：《大风的嘴巴》，重庆出版社 2021 年版，第 63 页。

蒙住了歌声

　　不知谁在生气/不知谁很高兴/几分防范/几分恐惧/相互间还相不相信

　　如果阳光/被染上了灰尘/如果蓝天/被卷起了乌云/的确 人的脸面/不是简单的事情①

面对突然如其来的新冠疫情，大家惶恐不已，人人蒙面，戴上口罩。诗人将当时的社会现状幻化为阳光被灰尘污染与蓝天被乌云席卷，真实自然，充满幻想。幻想是儿童独特的心理品质，它"既是一种现实性缺乏的补偿，也是一种对未来的憧憬、预测、预演，一种以神秘方式展现在他们面前的关于未来的无限可能性"②。李学斌认为，我们现在的儿童文学，大多仅仅是热衷于表现现实中的孩子，表现他们真实的童年生活状态。这样的写作实际上是一种"表象化"写作，缺乏童年生命超越时空激荡心灵的那种核心元素和情感力量。于是，大量的儿童文学作品蕴涵寡淡，无法走进儿童的内心世界。与之相反，那些充满幻想世界的作品则在很大程度上延伸了儿童的现实生活，引领孩子从成人世界进入属于自己的童话王国，享受生活的自由与快乐。钟代华充满幻想和探知世界的儿童诗洋溢着童心、诗心和童趣，调动了孩子的想象力，让他们在自由的想象中感知世界的神秘。当然，这也是幻想在儿童文学作品中发展儿童天性的意义。就连他自己也说："往往出人意料，恰恰在情理之中。培育想象力，也许正是未来创造力所需的软实力，童诗之担当。"③

三

无论是诗言志，还是诗缘情，都是诗人人格、操守、性情、志趣的综合体现。1983年，从永川师范学校毕业的钟代华先后在永川十一中学

---

① 钟代华：《大风的嘴巴》，重庆出版社2021年版，第64页。
② 吴其南：《中国童话发展史》，少年儿童出版社2007年版，第10—11页。
③ 钟代华：《大风的嘴巴》，重庆出版社2021年版，第74页。

和永川来苏镇初中工作，多年的校园生活成就了他浓郁的教师情结、教育情愫与博爱情怀。即使多年后，成为永川区政协副主席和重庆市作协副主席的钟代华依旧关心和关注着孩子的成长，心中始终装着孩子的未来。长期以来，钟代华用童诗抒发少年儿童对校园、对社会的诸多探索与思考。他的不少儿童诗豪放大气、富有激情，敢于触及孩子在成长中与现实生活的碰撞。儿童诗集《大风的嘴巴》中依旧有一些作品延续着这一主题。处在成长期的孩子天真烂漫、活泼好动，喜欢玩耍，他们对世界充满好奇。但是，在应试教育大行其道的当下，没完没了的家庭作业和课外辅导将孩子玩耍的天性剥夺，孩子整天周旋在考试和作业之间。因此，减轻小学生课业负担，还孩子一个轻松的童年成为其儿童诗抒写的另一主题，《我　不想让我自己难过》则真实地反映了这一社会现象：

　　妈妈/别那么催我/我真的还小/我真的有点儿受不了/妈妈别那么逼我

　　难道作业的名字/叫纠缠/纠缠得我呀/睡得很晚很晚/星星早已提醒过/夜深了会闯进噩梦/噩梦里的凶神/又凶又恶

　　我/舍不得我自己/我/不想让我自己难过/刚做完这拨/又堆来那拨/一道道题/简直就是一个个怪物/让我紧张/让我苦恼/让我真的很不情愿/想玩玩不了/想唱也唱不好那支/想唱就唱的歌

　　真想爬出梦中/牵着月光/追上那阵风/蹚过弯弯的小河①

除了上述特征外，钟代华还对儿童诗的文体进行拓展，如对散文美的重视。诗人用自然、舒缓的语言表现美丽的情怀，而一般不用整齐划一的豆腐干式，这种向成人诗表现手法的借用不但丰富了儿童诗的文体建设，也为儿童诗语言、结构等的发展提供了新的营养。正如第三届台湾薛林怀乡青年诗奖颁奖词中所说："钟代华的诗，用光亮的童心去融化

---

① 钟代华：《大风的嘴巴》，重庆出版社 2021 年版，第 67 页。

外部世界,用光亮的童心去建筑语言方式,形象地展现了纯净、光亮的童心世界,联想丰富,技法多样,节奏明快,为我国儿童诗的拓展积累了有益的艺术经验。"在儿童诗集《大风的嘴巴》中,钟代华持续保持着单一的浅显及欢乐明快的风格,如《树下》:

  一片草地/一块泥坝/一方翠绿的天下

  风吹枝丫/叶片抖落云霞/谁能捉住风声鸟语/听到树尖上的花/眼睁睁地/看着阳光爬上爬下

  那群娃/还在树下/把月光踩来踩去/是不是想搭个天梯/腾云驾雾/与星星比试/谁小谁大①

  一片草地、一片云霞,鸟语花香,树下躺着的孩子欢快地看着阳光爬上爬下,一切都那么恬淡自然。诗人用简洁干练、明净欢快的语言描绘了一个欢愉快乐的童年,明朗纯净的诗风让读者流连忘返,这才是孩子心中最真实的美好世界。类似风格的儿童诗在《大风的嘴巴》中还有《花王》《光芒的叶子》《水花》《蜗牛》《小蚂蚁》《黄山松》等。此情此景,正如钟代华在《大风的嘴巴》一书的后记中所写:"最美童诗,当在美语中生长童真的原色、本色、底色,美美交融,其美无穷。"② 三十多年来,钟代华正用实际行动践行着这一创作理念。

---

① 钟代华:《大风的嘴巴》,重庆出版社2021年版,第65页。
② 钟代华:《大风的嘴巴》,重庆出版社2021年版,第74页。

"纪念何其芳诞辰110周年学术研讨会"会议综述

袁洪权　李振龙[*]

2022年12月16—17日，"纪念何其芳诞辰110周年学术研讨会"以腾讯会议的方式顺利举办。本次会议由《现代中文学刊》、《现代中国文化与文学》、贵州师范大学、重庆三峡学院联合主办，贵州师范大学文学院、重庆三峡学院文学院联合承办。来自北京大学、华东师范大学、中国人民大学、四川大学、山东大学、东南大学、南京师范大学、陕西师范大学、中国传媒大学、广西大学、黑龙江大学、中南民族大学、河北师范大学、重庆师范大学、长沙理工大学、集美大学、鲁东大学、衡水学院、贵州财经大学等高校和中国艺术研究院、浙江省社会科学院等科研机构的研究者共九十余人参加会议。各位代表围绕何其芳的生平细节、文学作品的辑佚与考订、学术思想等问题展开了讨论，现就会议论文的核心观点以综述的形式呈教于学界。

一　何其芳文献的辑佚、考订工作

2000年5月河北人民出版社出版的《何其芳全集》，学术贡献不容置疑，但因搜集局限，仍有不少文献散佚在报刊中，学界一直围绕着何其

---

[*] 袁洪权（1978—），男，文学博士，贵州师范大学教授，博士生导师，主要从事中国现当代文学史料及中国现代思想史研究。李振龙（1994— ），男，贵州师范大学文学院中国现当代文学专业2022级博士研究生。

芳相关文献的完善做着接力工作,朱金顺、宫立等学者曾长期躬耕此一领域。本次会议论文在这一领域有所突破。陈越(中国艺术研究院)从成都版《新民报》"血花"副刊、《商务日报》"青年文艺"副刊钩沉出《拟日记》《北国之雁》,并延展到对《星火集续编》中"回忆延安"为总题的十五篇被删文章提出学术思考。这些佚文的发掘、整理与解读,为还原何其芳1938—1939年在成都、抗日前线,以及延安时期的生活情况和思想状况,提供了新文献,有助于进一步深入分析何其芳在赴延安前后的思想与情感,更贴切地重返历史现场、理解何其芳其人其作以及"何其芳道路"。李朝平(重庆三峡学院)以《川东文艺》上刊载的何其芳"诗歌杂论"系列、《论文学的用途》《给比我更年轻的一群》《补白谈》《创刊辞》等文献的发掘为基础,努力还原抗日战争初期何其芳的文学理念、主张,通过佚文释读,进而勾勒1938年何其芳思想转型的历史原貌。杨华丽(重庆师范大学)以新发现的《我一年来的生活》为中介,钩沉出何其芳在战时,特别是七七事变前后十余天至1938年6月24日的生活轨迹、学术交往、创作动态,从而为何其芳的转向展示出更为清晰的历史脉络与内在逻辑,与李朝平的研究形成呼应。荣挺进(北京雨枫书馆)对何其芳的重要文本《还乡杂记》的版本做了详细考订,以1949年文化生活出版社版作为"底本",从中国现代文学文献学的角度呈现出版本异文差异,为学界观察何其芳经历延安文艺整风运动后思想的细微变动,提供了可靠的文字证据和清晰的脉络。

二 何其芳的中国现当代文学史问题

陈子善(华东师范大学)注意到1938年何其芳给中学生编选的《新文学选读》,并就选本的诗歌、小说、散文、剧本的选编情况进行文学史的解读。这一发现为还原何其芳的"新文学史观"提供了新的文献支撑,也将对何其芳在中国科学院、中国社会科学院文学研究所的文学史编纂工作的研究,提供学术思考的空间。周思辉(贵州师范大学)基于何其芳在1929—1931年这一时期新诗创作中与"新月派"高度相似的外在形式和内在精神的部分诗歌文本,呈现出何其芳不被人熟知的"新月时期",这对理解早期何其芳的诗歌创作、文学原点具有重要的学术价值,并为研究一大批从"新月派"走向"现代派"的诗人转型提供可靠的例证,从而进一步了解中国现代诗歌流派的演进脉络。

三 何其芳代表性文本的学术阐释

深入对何其芳诗歌、散文文本的讨论,也是会议论文的聚焦点。周维东(四川大学)围绕何其芳的未完成小说《无题》展开讨论。他认为,《无题》创作的背后是作家对外部世界的真实反映,何其芳的"未完成",某种程度上来说是作家何其芳如何面对知识分子的自我改造、与他在十年摸索期中的人生遭际之间呈现出的张力,这是"何其芳道路"复杂性的体现,同时也对文本呈现出的鲁迅、郭沫若、巴金等作家的影响提出了新的学术思考。韩镇宇(东南大学博士生)注意到《预言》对于战后台港现代诗的学术影响,其论文呈现出《预言》与三四十年代中国新诗传统的血脉联系,以及它对痖弦、郑愁予、马朗等港台南来(渡)诗人青少年时期写作产生的影响。陈怡诺(重庆三峡学院硕士生)通过对《预言》进行文本解读,着眼于诗作中的空间意象,借助空间叙事学的相关范式对其结构、技巧与意象进行分析,挖掘诗歌中表现出的不同的空间叙事理论特色,以求加深对何其芳及其诗歌的理解。陈梦婕(重庆三峡学院硕士生)以典故作为视域,全面考察何其芳的文学历程,着重将"京派时期"的《预言》和"延安时期"的《夜歌》进行比对,发现了何其芳在诗歌用典上的变化,而这种倾向亦见证了何其芳从唯美主义者向现实主义者的转变轨迹。孙裕翔(重庆三峡学院硕士生)以何其芳诗集《预言》中的"声""色"描写为考察对象,以文本细读法展现了《预言》的思想内容与艺术特色,体现出何其芳诗艺上的融通和对待人生的真实心境。王万军(贵州财经大学硕士生)对《画梦录》中何其芳书写的梦境进行研究,解读出梦境是何其芳汇通古今、联结中外的渠道,并通过"造梦"传达了何其芳的美学追求、文学旨趣以及生活态度,展示出何其芳对中国古典美学的融会贯通，以及对 30 年代散文创作所作的贡献。张晓琴（贵州财经大学硕士生）对《画梦录》诗化特征展开讨论，认为其散文的诗化境界体现在浓郁、深沉、哀婉的诗情。主观情绪意识流动的构思，唯美的语言，现代诗化的表现手法，这些都是"何其芳散文体"个性鲜明而独特的象征，为现代散文的创作提供了新的艺术特质。

张廷玺（贵州师范大学）通过《给 G.L 同志》，以小见大地凸显了解放区文艺创作的外部生态环境，进而探寻"文艺讲话"发表的历史必然性，以及何其芳文艺创作转向的历史共振。向阿红（长沙理工大学）立足于何其芳因检讨而导致的对《夜歌》的文本修改，认为这种修改体现了政治符号对文学符号的取代，是何其芳政治立场转变和文学转型的典型文本，进而为探讨何其芳的创作危机、"何其芳现象"做出了有效的分析。马贵（中国人民大学博士生）也以《夜歌》为切入点，展示了何其芳创作《夜歌》的文学现场。他结合《画梦录》时期的反思现代主义文学修养，阐释了何其芳诗歌中对"快乐"的抒情、"抒情"与"革命"等情感基调的把握，对何其芳"延安道路"时期的创作心理有新的认识。郑丽霞（集美大学）着眼于京派散文家的何其芳所体现的突破性时空模式，论述何其芳散文创作蕴含的哲学思考及与世隔绝的人生姿态，以及时空的朦胧感、虚幻感，为京派抒情散文增添了浪漫色彩，促成散文的诗性特质生成，为当代抒情散文的文体突破提供了建构路径与书写范式。李艳敏（衡水学院）将何其芳与俞平伯的记梦散文进行思想内容与艺术特色的比较，展现出不同的成长环境、个人气质和交游范围对作家的影响，彰显出中国现代文学的曲折历程。许江（辽宁师范大学）以古希腊文艺精神和现代心理学美学为阐释依据，对《画梦录》的"静穆"观念进行重读，揭示出《画梦录》所蕴含的一种超达、深湛、讲求神韵的美学风格，这有助于更加深入理解其作其人的艺术真谛。值得一提的还有徐莫迟（北京大学本科生）的论文。她对比了何其芳的《快乐的人们》和戴望舒的《我用残损的手掌》，指出两首诗在表现手法、情感态度、抒情主人公形象等方面的异与同，以便更深地理解诗歌和诗人以及诗人们所处的时空。

四 十七年及新时期的何其芳问题

郑绩（浙江省社科院）以何其芳的《红楼梦》研究为考察对象，梳理何其芳与《红楼梦》研究结缘的过程，将其放置在对《红楼梦》批判、文学经典性重建的大历史背景下，探讨何其芳作为马克思主义研究者和文艺研究者的"复杂性"。陈祖君（贵州财经大学）以《少数民族文学史编写中的问题》为中心进行文本自身与周边的学术还原，提出何其芳结合了自己作为国家文学事业的监管者与文艺批评者、创作者的双重身份，不仅在大局中做到准确把握政治方向，而且为少数民族文学史的编纂提供了指导。何其芳在少数民族文学史编写过程中对写作原则、整体方向的把握，体现了作为体制内管理者的特殊坚守。冯雷（北方工业大学）结合20世纪50年代至70年代的诗歌鉴赏、文学评论，认为何其芳在这一时期体现了"艺术自觉"，这有助于重新认识和评价何其芳在中华人民共和国成立之后的诗歌贡献，对何其芳诗人形象的勾勒亦起到支撑作用。毕文君（鲁东大学）围绕何其芳《不怕鬼的故事》序言的写作背景、定稿过程及发表情况，探讨20世纪60年代中文艺生产文化领导权建构的学术问题，并对"革命"一词在观念生产与现实渗透的复杂性有所钩沉。蔡东（中南民族大学）以1960—1977年何其芳的写诗、译诗、编诗实践作为考察对象，提出晚年何其芳诗情爆发的意义，全方位地展示出何其芳的晚年心事，即在写诗与评诗、新诗与旧诗、新诗与民歌以及外文与译文之间存在明显的矛盾裂隙，导致其内在缠绕着深刻的苦闷与孤独，同时也展示出何其芳在自我精神的解放下整合出的独具特色的诗艺主张，彰显出何其芳作为一位诗人革命家坚定的生命理想信念与高度的文化自觉精神。杨伟（河北师范大学）选择以1959—1964年何其芳在中国人民大学"文研班"的班主任身份为对象，对何其芳政策性文件的讲授和文学艺术的审美性解读二者之间呈现出的纠结，深度考察文艺管理者、学术研究者的双重身份给何其芳带来的矛盾与游离。袁洪权（贵州师范大学）以巴金《衷心感谢他——怀念何其芳同志》的创作过程为论述对象，通过巴金《一封信》连接两位川籍作家的文学交谊，观照两位作家在历史转折时期（1976—1977）的扶持行为，努力还原巴金、何其芳转入新时期文学历史的复杂性，为新时期前潜伏期（1976—1978）的历史描述提供了新的思路。冯佳（中国传媒大学）以中国传媒大学特藏室的何其芳藏书批语文献为基础，对照《论阿Q》的论述，考察何其芳的阿Q研究，试图探析何其芳的鲁迅观。李盛（南京师范大学）选取北大"歌谣"运动和其背后所暗含的民歌转型的背景，以确定何其芳在这场运动中的位置和作用，展现出何其芳等人在编选《陕北民歌选》及其研究论文《论民歌》所蕴含的中国传统文化的底蕴和民歌的当代转型。

五 学术史视野中的"何其芳现象""何其芳道路"的学术话题

李怡（四川大学）认为，何其芳是新诗史上的重要诗人，在延安实现自我改造后，成为一代知识分子精神流变的典型。他梳理了"何其芳现象""后期何其芳"的学术概念，强调不管时代如何变化，这些概念已经触及知识分子思想史的核心，对于当下青年亦有思想的启发，这是何其芳作品今天仍能重读的现实原因。赵牧、刘艳粉（广西大学）针对何其芳与艾青围绕散文集《画梦录》的论争，对何其芳的"延安道路"进行辩证性思考，认为何其芳的论争并不是意气之争，而是对革命内涵的不同理解。刘世浩（山东大学）以近四十年的"何其芳现象"为题，在学术史的视野中还原学术研究与作家自我反思的空间，并对"何其芳现象"的生成机制与理论限度提出新思考。苟健朔（四川大学博士生）以京派作家、川籍作家、男作家的三重身份，并参以地方经验还原何其芳的"成渝想象"，试图为"何其芳现象"的研究探寻新路径。程志军（陕西师范大学、南宁师范大学）通过对《我歌唱延安》《夜歌》等诗歌文本写作过程的考察、解读，以延安道路为视角，探究"青年何其芳"对延安歌唱呈映出的青年个体成长趋向，论述"青年何其芳"向"革命何其芳"转型的特殊性。

贵州师范大学文学院、重庆三峡学院文学院逐渐形成了以何其芳研究为中心的学科建设特色（以李朝平、周思辉为代表），期待以本次会议为契机，两所高等学校的中国语言文学学科协同全国现当代文学研究界各位同人共同推进何其芳的学术研究，切实把何其芳作为经典个案的文学史、思想史价值真正凸显出来。

稿 约

《区域文化与文学研究集刊》诚约稿件

　　《区域文化与文学研究集刊》是一本专门研究区域文化与文学的纯学术刊物（书代刊）。本刊以"区域"为理论视角审视文学及文化的构成和发展，展示推介相关研究成果；以促进文化学术的繁荣为宗旨，为当下的文学与文化研究提供新思维和新方向；坚持"双百方针"，强调社会责任，服务学术事业和区域经济文化发展建设。本刊暂定一年两期，由中国社会科学出版社出版，全国发行。

　　为此，本刊向学界同人诚约稿件，欢迎选题独特精当、内容充实、思想深刻、观点新颖、具有前沿性和前瞻性的学术论文。敬请关注，不吝赐稿，并予以批评指正。

　　为联系方便和技术处理，来稿要求如下：

　　（一）论文篇幅最好不超过 15000 字。书评不超过 3500 字。

　　（二）论文若系课题阶段性成果，请在标题后添加脚注，说明课题来源、名称及编号。

　　（三）作者名后请以脚注方式添加作者简介，说明作者姓名、出生年月、职称（或学位）、研究方向及工作单位等信息。

　　（四）论文请附 300 字以内的中文提要，并附 3—5 个中文关键词。

　　（五）注释格式及规范

1. 一律采用脚注，注释序号用 123 格式标示，每页重新编号。

2. 中文注释具体格式如下列例子：

例1：

余东华：《论智慧》，中国社会科学出版社2005年版，第35页。

《马克思恩格斯选集》第2卷上册，人民出版社1972年版，第25页。

刘少奇：《论共产党员的修养》，人民出版社1962年第2版，第76页。

例2：

［美］弗朗西斯·福山：《历史的终结及最后之人》，黄胜强等译，中国社会科学出版社2003年版，第7页。

例3：

刘民权等：《地区间发展不平衡与农村地区资金外流的关系分析》，姚洋主编《转轨中国：审视社会公正和平等》，中国人民大学出版社2004年版，第138—139页。

例4：

茅盾：《记"孩子剧团"》，《少年先锋》第1卷第2期。

杨侠：《品牌房企两极分化　中小企业"危""机"并存》，《参考消息》2009年4月3日第8版。

例5：

费孝通：《城乡和边区发展的思考》，转引自魏宏聚《偏失与匡正——义务教育经费投入政策失真现象研究》，中国社会科学出版社2008年版，第44页。

参见江帆《生态民俗学》，黑龙江人民出版社2003年版，第60页。

例6：

赵可：《市政改革与城市发展》，博士学位论文，四川大学，2000年，第21页。

任东来：《对国际体制和国际制度的理解和翻译》，全球化与亚太区域化国际研讨会论文，天津，2006年6月，第9页。

《汉口各街市行道树报告》，1929年，武汉市档案馆藏，资料号：

Bb1122/3。

例 7：

陈旭阳：《关于区域旅游产业发展环境及其战略的研究》，2003 年 11 月，中国知网（http：//www.cnki.net/index.htm）。

李向平：《大寨造大庙，信仰大转型》（http//xschina.org/show.php?id＝10672）。

例 8：

《太平寰宇记》卷 36《关西道·夏州》，清金陵书局线装本。

姚际恒：《古今伪书考》卷 3，光绪三年苏州文学山房活字本，第 9 页 a（指 a 面）。

（汉）班固：《汉书》，中华书局 1983 年标点本，第××页。

《太平御览》卷 690《服章部七》引《魏台访议》，中华书局 1985 年影印本，第 3 册，第 3080 页下栏。

乾隆《嘉定县志》卷 12《风俗》，第 7 页 b。

《旧唐书》卷 9《玄宗纪下》，中华书局 1975 年标点本，第 233 页。

3. 外文注释如下列例子：

例 1：

Seymou Matin Lipset and Cay Maks, *It Didn't Happen Hee*：*Why Socialism Failed in the United States*，New York：W. W. Norton & Company，2000，p. 266.

例 2：

Christophe Roux-Dufort, "Is Crisis Management (Only) a Management of Exceptions?", *Journal of Contingencies and Crisis Management*, Vol. 15, No. 2, June 2007.

（六）来稿一律采用电子版，请在文末注明作者联系电话、电子邮件、详细通信地址及邮编，以便联系有关事宜。

（七）切勿一稿多投。

本刊同意被中国知网（CNKI）收录，并许可其以数字化方式复制、汇编、发行、网络传播本刊全文，文章作者版权使用费和稿酬本刊将一次性给付。如作者不同意文章被收录，请在来稿时向本刊声明，本刊将作适当处理。

本刊地址：重庆市沙坪坝区大学城重庆师范大学文学院《区域文化与文学研究集刊》编辑部

邮政编码：401331

电子邮箱：qywxjk@163.com

重庆师范大学区域文化与文学研究中心

《区域文化与文学研究集刊》编辑部

后　记

《区域文化与文学研究集刊》自 2010 年创刊以来，转瞬已近 14 载，此正如杜牧诗所云，"娉娉袅袅十三余，豆蔻梢头二月初"。本人从第三辑开始，便不同程度参与该刊的编务，能够亲眼见证其成长，自是足可慰怀。

2022 年 4 月，重庆师范大学中国语言文学学科在经过各二级学科的相摩相荡之后，最终氤氲化醇，将"区域文化与文学研究"凝练为学科发展的方向，并决定各学科轮替主编此一辑刊。是月 10 日，编者曾受比较文学与世界文学专业的委托，就该专业与中国语言文学"区域文化与文学"研究方向及学科特色的相关性，作出简要论述：

一、理论层面的契合

地方文学、区域文学与世界文学，若从一国范围来看，就是地区与地方之间的文化区隔现象；但若从全世界范围看，则是国别文化现象。区域文学的研究，倘以国别为单位，逢山开路，遇水搭桥，当可通达世界文学的广阔天地。而地方文学、区域文学与国别文学，实可构成世界文学的层级存在结构。

二、学科层面的结合

重庆师范大学比较文学与世界文学的研究方向，目前主要有五项，即比较诗学、中外文学关系、文学与媒介跨学科研究、欧美文学和海外华人文学。其中至少四个方向，可以不同程度地汇入"区域文化与文学"研究的浩荡潮流，何以见得？

首先,"欧美文学"即是显明的国别文学,且堪称国别文学之大宗。

其次,国别文学的交流与互动,一方面,表现为国别文学之间的影响与接受,是为中外文学关系和比较诗学。另一方面,也表现为人员的迁徙与侨寓,是为流散文学,而海外华人文学尤为学者关注,允称当下学术研究的热点。

据此来看,"比较文学与世界文学"专业与"区域文化与文学"的学科方向,具有内在的高度一致性。简言之,它将以囊括四海、包举宇内之势,极大地拓展区域文化与文学的研究范围和研究领域,丰富并充实区域文化与文学的研究对象和研究内容;同时,因为国别文学自身的生生不息,也将为区域文化与文学的研究,注入绵绵不绝、永不衰竭的发展动力。在此背景之下,比较文学与世界文学专业当乘势而上,趁势而为,扬鞭奋蹄,以驷马奔腾之姿,去迎接、拥抱学科发展的光明未来与灿烂前景。

上述文字,虽是庄谐并出,但其中道理,应是彰彰甚明。

本辑在保持集刊的基本栏目和整体特色的前提下,较多凸显比较文学与世界文学的专业特点和研究方向,所刊 16 篇论文,无不具有跨区域、跨学科、跨文化的特征。其中,曾艳兵、邹建军诸先生,赐文加持,使本刊大为增色,尤令编者感动。本校美术学院罗晓欢院长,音乐学院吴伟、郑华二院长,竭诚组稿,鼎力支持;同事伏飞雄教授、杨华丽教授对栏目的精到评论,有如画龙点睛;而比较文学与世界文学专业的同人,为本辑成稿,亦多方襄助。上述师友所付出的心力,已经熔铸辑中,并将与所载论文,一同熠熠生辉。

责编慈明亮先生,与本刊已合作多辑。其所成之书,绝少纰漏,编者在此谨遥致谢意。

熊飞宇

2023 年 6 月 2 日,于重庆市抗战文史研究基地